课程改革：
新世纪的国际视野

和学新 等◎著

中国社会科学出版社

图书在版编目（CIP）数据

课程改革：新世纪的国际视野／和学新等著．—北京：中国社会科学出版社，2018.1
ISBN 978 - 7 - 5203 - 1292 - 9

Ⅰ.①课… Ⅱ.①和… Ⅲ.①基础教育—课程改革—研究 Ⅳ.①G632.3

中国版本图书馆 CIP 数据核字（2017）第 267070 号

出 版 人	赵剑英
责任编辑	马　明
责任校对	胡新芳
责任印制	王　超

出　　版	中国社会科学出版社
社　　址	北京鼓楼西大街甲 158 号
邮　　编	100720
网　　址	http://www.csspw.cn
发 行 部	010 - 84083685
门 市 部	010 - 84029450
经　　销	新华书店及其他书店
印　　刷	北京君升印刷有限公司
装　　订	廊坊市广阳区广增装订厂
版　　次	2018 年 1 月第 1 版
印　　次	2018 年 1 月第 1 次印刷

开　　本	710×1000　1/16
印　　张	15.25
插　　页	2
字　　数	246 千字
定　　价	65.00 元

凡购买中国社会科学出版社图书，如有质量问题请与本社营销中心联系调换
电话：010 - 84083683
版权所有　侵权必究

目 录

绪论 关注新变化，迎接新挑战 …………………………………（1）
  一 系统研究新世纪以来国外基础教育课程改革的新变化
    具有重要的现实意义 …………………………………………（1）
  二 新世纪以来国外基础教育课程改革的主要特点 ……………（3）

第一章 新世纪以来美国基础教育课程改革及其启示 ……………（8）
  一 新世纪以来美国基础教育课程改革的背景 …………………（8）
  二 新世纪以来美国基础教育课程改革的进程 …………………（12）
  三 新世纪以来美国基础教育课程改革的主要内容 ……………（14）
  四 新世纪以来美国基础教育课程改革存在的问题 ……………（19）
  五 新世纪以来美国基础教育课程改革对我国的启示 …………（22）

第二章 新世纪以来俄罗斯基础教育课程改革及其启示 …………（30）
  一 新世纪以来俄罗斯基础教育课程改革的背景分析 …………（31）
  二 新世纪以来俄罗斯基础教育课程改革的主要内容 …………（34）
  三 新世纪以来俄罗斯基础教育课程改革的问题 ………………（41）
  四 新世纪以来俄罗斯基础教育课程改革对我国的启示 ………（43）

第三章 新世纪以来英国基础教育课程改革及其启示 ……………（47）
  一 新世纪以来英国基础教育课程改革的背景与过程 …………（47）
  二 新世纪以来英国基础教育课程改革的主要内容 ……………（51）
  三 新世纪以来英国基础教育课程改革存在的问题 ……………（56）
  四 新世纪以来英国基础教育课程改革对我国的启示 …………（59）

第四章　新世纪以来加拿大基础教育课程改革及其启示 …………（64）
　一　新世纪以来加拿大基础教育课程改革的背景 ……………（65）
　二　新世纪以来加拿大基础教育课程改革的内容 ……………（68）
　三　新世纪以来加拿大基础教育课程改革的特点 ……………（74）
　四　新世纪以来加拿大基础教育课程改革存在的问题
　　　及对我国的启示 ……………………………………………（77）

第五章　新世纪以来日本基础教育课程改革及其启示 ………（83）
　一　新世纪以来日本基础教育课程改革的背景 ………………（84）
　二　新世纪以来日本基础教育课程改革的主要内容 …………（88）
　三　新世纪以来日本基础教育课程改革存在的问题 …………（93）
　四　新世纪以来日本基础教育课程改革对我国的启示 ………（95）

第六章　新世纪以来芬兰基础教育课程改革及其启示 ………（101）
　一　新世纪以来芬兰基础教育课程改革的背景 ………………（102）
　二　新世纪以来芬兰基础教育课程改革的主要内容 …………（105）
　三　新世纪以来芬兰基础教育课程改革存在的问题 …………（111）
　四　新世纪以来芬兰基础教育课程改革对我国的启示 ………（113）

第七章　新世纪以来韩国基础教育课程改革及其启示 ………（118）
　一　新世纪以来韩国基础教育课程改革的背景 ………………（118）
　二　新世纪以来韩国基础教育课程改革的主要内容 …………（120）
　三　新世纪以来韩国基础教育课程改革存在的问题 …………（127）
　四　新世纪以来韩国基础教育课程改革对我国的启示 ………（130）

第八章　新世纪以来德国基础教育课程改革及其启示 ………（136）
　一　新世纪以来德国基础教育课程改革的背景与进程 ………（136）
　二　新世纪以来德国基础教育课程改革的主要内容 …………（140）
　三　新世纪以来德国基础教育课程改革存在的问题 …………（147）
　四　新世纪以来德国基础教育课程改革对我国的启示 ………（151）

第九章　新世纪以来澳大利亚基础教育课程改革及其启示 …………（157）
  一　新世纪以来澳大利亚基础教育课程改革的背景 ………（158）
  二　新世纪以来澳大利亚基础教育课程改革的主要内容 …（160）
  三　新世纪以来澳大利亚基础教育课程改革存在的问题 …（166）
  四　新世纪以来澳大利亚基础教育课程改革对我国的启示 …（168）

第十章　新世纪以来法国基础教育课程改革及其启示 ……………（173）
  一　新世纪以来法国基础教育课程改革的背景和过程 ……（173）
  二　新世纪以来法国基础教育课程改革的主要内容 ………（178）
  三　新世纪以来法国基础教育课程改革存在的问题 ………（185）
  四　新世纪以来法国基础教育课程改革对我国的启示 ……（189）

第十一章　新世纪以来印度基础教育课程改革及其启示 …………（194）
  一　新世纪以来印度基础教育课程改革的背景分析 ………（195）
  二　新世纪以来印度基础教育课程改革的主要内容 ………（198）
  三　新世纪以来印度基础教育课程改革存在的问题 ………（205）
  四　新世纪以来印度基础教育课程改革对我国的启示 ……（206）

余论　走向理性的课程改革 ……………………………………………（210）
  一　秉持理性态度 ……………………………………………（210）
  二　强化课程意识 ……………………………………………（216）
  三　转变教学观念 ……………………………………………（219）

参考文献 …………………………………………………………………（223）

后　记 ……………………………………………………………………（240）

绪　论

关注新变化，迎接新挑战

一　系统研究新世纪以来国外基础教育课程改革的新变化具有重要的现实意义

自 2001 年我国开启新一轮基础教育课程改革，至今已有 10 余年时间。在此期间，新课程改革有力地推动了基础教育的发展和进步，取得了很大的成绩，也得到了多方面的认同。[①] 同时，在课程改革的推进过程中，不断出现一些新的问题，比如改革的进程过快，教师不适应[②]，课程目标分类不合理[③]，教材组织不够连贯和严密[④]，评价考试制度不配套，资金投入不足，等等；也给各方面带来了一些困惑，如新课程改革的目的是要减轻学生负担，结果却是教师、家长、学生都觉得负担增加了；新课程改革的本意是要提高课程的地域、学校、学生的适应性，给教师、学校赋予一定的课程权利，但结果是学校、教师不愿接受这些权利；等等。与此同时，新课程改革还引起了学术界的理论争论，在本次课程改革的理论基础、知识观、课程观、评价观、教师观等方面都出现了激烈的争鸣。[⑤]

[①] 刘坚、余文森、徐友礼：《课程改革还需进一步深化》，《中国教育报》2009 年 4 月 3 日第 6 版。

[②] 杨小微：《新课程实施中若干问题的反思》，《教育研究与实验》2007 年第 4 期。

[③] 乌焕焕、和学新：《新课程目标的问题检视与改进》，《教育科学研究》2011 年第 1 期。

[④] 和学新、马苏静：《我国基础教育课程教材开发与管理的问题检视与改进》，《教育理论与实践》2013 年第 28 期。

[⑤] 吴永军：《我国新课改反思：成绩、局限、展望》，《课程·教材·教法》2009 年第 7 期。

针对新一轮课程改革的这些问题、困惑和争论，几乎在课改推进的同时，人们就开始了研究和反思，这方面的研究成果和著述也很丰富。在我们看来，这是对新课程改革进行认识和反思的一个方面。实际上，针对新课程改革的研究和反思，可以从更广阔的多个层面来认识。比如，可以通过对新世纪以来国外基础教育课程改革的发展进行研究，来分析和认识我国改革过程中出现的问题和困惑，通过对国外基础教育课程改革的系统比较来探讨我国课程改革应采取的对策。

20 世纪 50 年代以来，世界性的基础教育课程改革从来就没有停止过。在迎接 21 世纪曙光到来的时刻，世界各国更是把课程改革看成是国际竞争的核心力量。他们未雨绸缪，竞相启动课程改革。从相关资料可以看出，在 20 世纪八九十年代，世界各国就开始了世纪交替时刻的课程改革。进入 21 世纪以来，他们不断调整课程改革的目标、内容、结构以及评价，以期不断适应各方面发展和变革对教育及其课程提出的新要求。

因此，我国新世纪的基础教育课程改革有着广阔的世界背景，在制定改革的方案和策略时已经参考和借鉴了世界各国的经验。时间在延续和变化，改革在继续和发展。当今世界已处于全球化、信息化、知识化的境遇。我国的改革和发展离不开对世界的了解，课程改革同样如此。各个国家进入新世纪以来的基础教育课程改革究竟呈现了什么样的变化，有什么样的新特点，我国新世纪课程改革的问题、困惑和争论是否在其他国家也出现了，等等。这些问题对我国正在深入推进的基础教育课程改革无疑是有重要参考意义和借鉴价值的。在探讨我国基础教育课程改革的问题时，必须深入研究国外基础教育的课程改革，并在系统研究和深入比较各国基础教育课程改革的基础上，为我国课程改革提供必要的对策。

我国地域辽阔，各地经济、文化差别较大，统一的课程改革方案显然是不合理的。在研究和探讨世界各国基础教育课程改革的经验时，可以有意识地关注与我国相应地域类同的国家课程改革的特点，从而有针对性地吸取有益的经验，从多样性、差别化中寻找启发。

二 新世纪以来国外基础教育课程改革的主要特点

通过对世界主要国家新世纪以来的基础教育课程改革的相关资料进行梳理，发现他们有以下几个方面的特点。

（一）全球视野，本土出发

随着经济全球化的日益推进，信息技术的迅猛发展，知识社会和终身学习的时代已经来临，各个国家的发展日益融入全球化的进程之中。国际竞争的日益激烈使得各个国家在谋划新世纪基础教育课程改革的方略时，首先考虑的是国际视野，力求在改革的目标方面着眼于全球化的人才质量背景。英国教育和科技部针对5—6岁年龄组课程提出，"它应随着外部世界对学校要求的变化而变化"。2006年，布什总统在《美国竞争力计划——在创新中领导世界》一文中指出："美国的经济是卓越的，但我们在动态的世界经济中不能自满得意。我们正面临着新的竞争者，如中国和印度，而这造成了不确定性。"[1] 2010年，美国总统奥巴马表示，美国学生的竞争对手不再是美国其他州的学生，而是中国、印度以及韩国的学生。他指出，要想长期处于世界强国之林，就必须根据国际形势进行教育的改革，以应对国际竞争的压力。[2] 这些都是在国际视野方面的突出反映。

（二）改革的系统性、全面性

由于课程改革已成为国家基础教育改革的核心内容，20世纪50年代以来世界基础教育课程改革的持续进行以及经验积累，课程改革理论的日益进步和成熟，使得课程改革不再成为一时之兴致。各个国家的课程改革有了系统的设计，不再局限于课程的某一个方面，而是从改革的理念、改革的目标、改革的内容、改革的策略、改革的结果分析等，都有

---

[1] 赵中建：《美国教育：在创新中迎接竞争》，《中国教育报》2006年10月27日第6版。
[2] 张妹芝：《促进平等，追求卓越》，博士学位论文，河北大学，2011年。

了全面的设计，并且能够根据各自的实际灵活处理。课程改革实践的复杂性、多样性得到了各国的认同，具体改革措施的针对性、有效性成了改革的重点。

（三）改革的持续性

改革没有一劳永逸的，总是随着世事的变化而发展。纵观新世纪以来各国的课程改革，始终处于不断的发展变革之中，总是针对前一个阶段的不足和问题提出新的思路和对策，改革在持续、在进步。比如，新世纪以来，美国基础教育课程改革侧重于对课程实施的保障，以保证每一个孩子无论贫富、种族、文化背景差异，都能得到优质的教育，于是小布什政府出台了《不让一个孩子掉队》法案。奥巴马出台的《改革蓝图》又针对《不让一个孩子掉队》法案的实施瓶颈做了改进，如将学前教育正式纳入到新世纪基础教育课程改革的体系之中，不让孩子输在起跑线上；强调信息技术的重要性；注重平衡各地优秀教师的需要，将优秀教师公平地分配于每个学校；等等。日本2002年开始实施新的《学习指导要领》，删减了课程内容，压缩了课时，扩大了学习范围，更加重视国际化和信息化的课程等。随着课程的标准和要求降低，日本学生开始出现学力下降的现象。2008年，日本又出台了新的《学习指导要领》，增加学习时间和课程内容，减少综合学习时间，使教材变得更厚，更加重视基础知识学习的"学力教育"。各个国家的课程改革都在持续发展之中。

（四）课程目标面向全体，追求高质量

如果说20世纪50年代以来国际基础教育课程改革注重于精英教育，那么进入新世纪以来，各国的课程改革则转向了公平，开始关注每一个学生的发展。美国在这方面的表现最为典型，比如出台了《不让一个孩子掉队》法案，要求使教育适用于教育系统中的每一位学生，以保证所有学生，不论年龄、性别、文化背景等差异，都能平等地获得当代社会生活必需的知识和技能。新世纪的课程改革在面向全体学生的同时，也向教育的高质量提出了要求。英国课程改革的总目标是提高全体学生的教育成就水平，使学生的道德、文化、智力和体

制得到全面发展，把学生培养成健康、有活力、有探索力的新一代。韩国新世纪课程改革着眼于学生个性和能力的全方面发展，并且面向每一个学生，在追求国家水平的共同性课程的同时，关注地区、学校、个人水平的选择性教育课程，培养具有创造性的人才。俄罗斯于2000年颁布《联邦教育发展纲要》，指出"纲要的主要目的，是在俄联邦所宣布的教育优先的基础上，使教育系统的发展有利于造就和谐发展的、有社会积极性的、有创造性的个人，并使教育系统成为经济和社会进步的因素之一获得发展"[①]。2004年，俄罗斯又颁布了《关于小学、中学与高中普通教育国家教育标准（联邦部分）》，确保所有公民接受高质量教育的平等机会。由此可见，各国在追求公平、追求质量方面是一致的。

（五）重视课程结构的变革

课程结构决定了课程的功能，决定了学生发展的质量和水平。新世纪各国课程改革十分重视课程结构的变革，力求通过课程结构的优化实现学生的良好发展。各学科、道德教育以及特别活动是日本基础教育课程的三大领域，2003年又增设了综合学习时间，变为"四大领域"。新世纪日本课程结构表现出必修课程与选修课程结合、学术型课程与非学术型课程结合以及重视活动课程等特点。日本正在努力改变课程结构偏学科和缺活动的弊端，体现出均衡性、综合性和选择性。英国以国家课程为纽带，努力实现课程之间的沟通和综合平衡。英国课程结构由核心课程和基础课程组成，核心课程即数学、英语和科学三门课程，基础课程包括信息和交流技术（ICT）、现代外语、宗教教育、历史、地理、美术、音乐、设计与艺术、体育和公民，共12门课程。升学与就业指导、人格培养、健康教育都作为横跨各门学科的学习主题。社区活动、劳动体验等活动课程也被纳入学校课程体系。新世纪韩国课程改革加强了课程的纵向和横向联系，强调学习内容的连贯性，形成整体的课程体系；规定学科群，强调了课程的综合性；引入学年组，加强集中学习；明确学时

[①] 王义高：《俄〈联邦教育发展纲要〉的要点分析》，《比较教育研究》2002年第1期。

分配，采用学分制；促进学生习得整体性的知识观和世界观，减轻学习负担。①

（六）强调课程内容的现代化、综合化和终身化

课程内容是课程改革的核心要素。新世纪各国课程改革在这个方面突出强调了课程内容的现代化、综合化和终身化。2007年，英国发布了一份基础教育课程改革报告——《2020愿景：2020年教与学评议组的报告》，要求课程需适应每个学生的需要，教学方式应该多样化，加强学生的个性化学习。②即强调课程内容要与生活实际相联系，为学生日后的生活和学习做准备。俄罗斯从小学二年级就开设信息和信息技术课，初高中开设通识教育（经济和法律）、生活安全课和自然科学等课程，整个课程体系都体现了务实性，关注学生生活和社会需要，及时更新课程内容，为学生未来选择生活和职业的道路做充足的准备。③加拿大是世界上信息技术发展较为迅速的国家之一，从1999年起，就在中小学开展了范围空前广泛的信息与通信技术教育。信息技术几乎渗透到教育的各个方面，计算机已成为加拿大课程改革的重要工具。④

（七）重视教师的参与和培训

教师是课程改革的具体执行者、参与者，教师对课程改革的认同程度、接受程度会深深影响到课程改革的实现效果。新世纪以来，各国的课程改革都非常重视教师的作用。美国《不让一个孩子掉队》法案要求到2005—2006年学年结束时，美国每一间教室的教师都是"高质量的"。所谓"高质量教师"是指教师必须通过州颁发的全职教师资格证书或通过所在州的教师执照考试。奥巴马政府在《改革蓝图》中除了继续实施

---

① 和学新、高飞：《21世纪韩国基础教育课程改革及其启示》，《河北师范大学学报》（教育科学版）2013年第6期。

② "2020 Vision: Report of the Teaching and Learning in 2020 Review Group", http://www.teachernet.gov.uk/educationoverview/briefing/strategyarchive/whitepaper2005/.

③ 和学新、高飞：《新世纪以来俄罗斯基础教育课程改革及其启示》，《当代教育与文化》2014年第1期。

④ 和学新、杨静：《新世纪以来加拿大基础教育课程改革及其启示》，《当代教育与文化》2013年第6期。

提高教师质量的政策之外，还将优秀教师公平地分配于每个学校。在教师聘用方面，设立新的"教师服务奖金"，并为在职教师提供高质量的、具有选择性的学习项目。英国在《教学的重要性：2010学校白皮书》中，提出"赋予教师更多的权利，保证教师的合法权益"，将教师的课程参与权利等上升到了法律的高度。

总之，新世纪以来国外基础教育课程改革在理念、目标、内容、策略等方面都出现了一些新的变化。我国新世纪基础教育课程改革也进行了10余年，有些方面也在不断的变革发展之中，如义务教育阶段课程标准进行了修订，普通高中课程标准正在修订过程之中，教师培养与培训形成了体系，等等。因此，应及时认真地研究和学习新世纪国外基础教育课程改革的新变化，以对我国的课程改革的深化提供参考和借鉴。

（和学新）

第一章

新世纪以来美国基础教育课程改革及其启示

21世纪是世界各国由政治、经济、军事、科技、教育等方面组成的综合国力激烈竞争的时代。为了保持和提高在竞争中的有利地位，各国纷纷采取了一系列的改革，尤其是在教育领域进行了影响国民基本素质的基础教育改革。1995年韩国政府公布了新一轮教育改革方案，目的是建立起迎接21世纪的"新教育体制"，以"确保技术主权国和文化输出国的地位"；1997年英国政府提出了"教育优先"口号，目的是使教育"适应21世纪世界的需要"；2001年印度政府启动了SSA计划，要在较短时间内普及并提高基础教育质量，并将重点放置于初级小学及高级小学；2005年法国政府出台了《教育指导法》，要求在义务教育普及的前提下实现教育内容的平等，让所有学生拥有共同的基础和能力。而美国一向走在世界发展潮流前端，面对新世纪的转型和挑战，在基础教育课程改革方面也采取了一系列措施，以提高儿童学业成就，促进教育平等，追求卓越教育。

一 新世纪以来美国基础教育课程改革的背景

（一）国际竞争的压力

虽然美国一直处于世界发展的领先水平，但在进入21世纪之后，各国迅速崛起，国际发展形势出现了多极化的局面，即使是充满自信的美国人也明显感受到了国际竞争的压力。进入2000年以后，美国的两任总统小布什和奥巴马先后在公众场合表示了他们的担忧。2006年2月,布什总统在《美国竞争力计划——在创新中领导世界》一文中指出:"美国的经济是卓越的,但我们在动态的世界经济中不能自满得意。我们正面临着新的竞争者,如中国和印度,而这造成了不确定性。"① 2010年12月,美国总统奥巴马在北卡罗来纳州的一所社区大学发表演讲时10次提到中国。他列举中国在科研、教育等领域取得的领先于美国的种种成就,并提醒美国在未来的竞争中有落后的危险。同年12月,奥巴马邀请在中期选举中获选的州长到国宾馆做客,在致辞时高度评价了韩国、中国和印度的教育水平。他表示美国学生的竞争对手不再是美国其他州的学生,而是中国、印度以及韩国的学生。他还呼吁美国国会全力支持美国教育,并表示如果美国儿童不能受到优质教育,就会落后于上述国家的学生,从而也会对美国经济发展造成不利影响。②

而事实的确如此,在激烈的国际竞争中,美国的优势变得不再那么突出。美国国家科学院繁荣21世纪全球经济委员会主席诺曼·奥古斯丁曾通过各种调查研究的数据指出美国正在面临"慢性危机",如美国已经严重依赖出生在外国的人才,38%拥有博士学位的美国科学家和工程师均出生于国外;美国在全球高技术出口产业中所占的份额在过去20年从30%下降到17%,而美国高技术产品贸易从1990年的顺差330亿美元变为2004年的逆差240亿美元。③ 在教育方面也是如此。2010年12月7日,《纽约时报》在教育版头条发表了题为《上海的高分震惊教育者》的文章,称中国首次参与国际性标准考试"国际学生评估项目"(PISA),测验结果显示,上海学生在阅读素养、数学素养和科学素养三个方面的得分第一,远远高于美国。曾在里根政府期间教育部任职的切斯特·E.费恩表示,上海学生高分带来的震撼,让他想起了当年苏联第一颗人造卫星上天。④ 美国的地位在各方面都遭受到了挑战,要想继续保持世界领先地位,要想长期处于世界强国之林,就必须根据国际形势进行教育改

---

① 赵中建:《美国教育:在创新中迎接竞争》,《中国教育报》2006年10月27日第6版。
② 张妹芝:《促进平等,追求卓越》,博士学位论文,河北大学,2011年。
③ 赵中建:《美国教育:在创新中迎接竞争》,《中国教育报》2006年10月27日第6版。
④ 李大玖:《美华裔教育学家解读上海PISA全球第一》,《参考消息》2010年12月16日第9版。

革，以应对国际竞争的压力。正如美国总统奥巴马所说的那样："美国欲在21世纪保持其在20世纪的领导地位，就要自强，只有教育比别人强，竞争力才能比别人强。"①

（二）令人担忧的基础教育现状

美国的基础教育一直以来就饱受公众的关注和批评。不管在官方还是民间的调查中，得到的结论均是美国基础教育的现状颇令人担忧。这主要表现为以下两个问题：一是基础教育的质量不高；二是基础教育的学生学业成就差异显著。

2005年10月，美国繁荣经济委员会在《迎击风暴》报告中指出：美国不到三分之一的四年级和八年级学生在数学方面能达到或超出"熟练"水平；"熟练"水平指的是拥有在挑战性问题领域竞争的能力。让人吃惊的是，大约三分之一的四年级学生和五分之一的八年级学生缺乏进行基本数学计算的能力。② 不仅如此，美国民众对基础教育的成果也颇为不满。在1996年的民意调查中，近一半的人强调了私立学校的教学质量，其中31%的人认为非公立学校能够提供"更好的教育"，14%的人称"私立学校更好或质量更好"③。由此可以看出，美国公立学校的教育质量受到了质疑。而在2000年的盖洛普民意调查中发现，公众强烈认同学校中的大多数学生仅实现了他们的一部分潜能。④ 可见美国人民迫切希望通过基础教育课程改革，改变基础教育不尽如人意的现状，从而实现大多数学生的潜能。

美国学生间的学业成就差异显著，则是美国基础教育中一个复杂的新旧交织的问题。在美国基础教育发展的历史上，个体差异、贫富差异、种族差异等问题一直困扰着基础教育的发展，一直反复强调重视，也一直悬而未决。2001年的民意调查深入调查了少数种族的教育。结果显示，

---

① 薛娜娜：《美国联邦教育部〈2007—2012年战略规划〉制定理念研究》，《文教资料》2012年第1期。

② 赵中建：《美国教育：在创新中迎接竞争》，《中国教育报》2006年10月27日第6版。

③ 范国睿、刘涛、王佳佳主编：《美国公众眼中的公立学校》，科学教育出版社2009年版，第665页。

④ 同上书，第772页。

48%的受访者认为白人学生的学业成就超过了黑人学生和西班牙裔学生，55%的受访者认为公立学校有责任缩小这种差距。① 进入新世纪之后，美国基础教育的学业成就差距可谓是旧病未除又添新病，移民的大量增加加剧了移民子女与美国儿童的学业成就差异。这些移民来自不同的国家，他们有着与美国迥异的文化背景，他们中的大部分人对英语的掌握程度不高，自然而然他们的子女的学业成就就低于白人孩子的学业成就。这些学生人数较大，因此对基础教育改革缩小差距施加了不少的压力。2003年，公众的关注点指向了提高学生学业成就的尝试，特别是那些少数种族及其他非白人群体的学生，他们历来都无法完全获得未来成功所需要的优质教育。这些学生在校的成就差异已经演化成为众所周知的"学业差距"，弥合这种差距几乎得到了所有人的认同。②

（三）美国政治、经济、社会发展的需要

从经济方面来看，实行基础教育课程改革是新世纪经济转型的需要，也是美国应对新世纪国际经济危机的需要。当今社会信息和科学革命已经创造了高科技的全球经济，全世界进入了知识经济时代。因此，经济发展要求教育培养人民适应知识经济模式工作所需要的工作技能、批判性思维、勇气、创造性、企业家精神、团队精神、领导力等素质。奥巴马总统曾指出："为所有儿童提供优质教育资源对于美国经济的未来是重要的。美国经济的竞争和美国梦想的实现取决于每一个儿童所接受的教育，这种教育能够使他们在可预见的知识全球化和经济改革中获得成功。"③ 2007年之后，金融危机席卷全球，给美国造成了巨大影响，失业率大规模上升。2009年，经济危机在美国继续扩大，对各行各业都造成了不同程度的冲击。在此情况之下，奥巴马颁布了《美国复苏与再投资法案》，并将教育作为投资的重大项目之一，斥资1150亿美元扶持美国进行教育改革，希望以教育带动就业，使每一个孩子都具备高技能的劳

---

① 范国睿、刘涛、王佳佳主编：《美国公众眼中的公立学校》，科学教育出版社2009年版，第797页。

② 同上书，第841页。

③ 张妹芝：《促进平等，追求卓越》，博士学位论文，河北大学，2011年。

动力，促进美国经济的复苏。

从政治方面来看，虽然美国教育历来重视个体发展的需要，但是进入2000年之后美国的教育越来越强调对国家社会的贡献，尤其在2001年"9·11"事件之后。"9·11"事件不仅使美国清醒地认识到最危险的敌人是恐怖主义，而且也进一步认识到教育对国家安全的重要意义。培养身心健康、爱国、守法、掌握使用科学技术的年轻一代是一个国家长治久安的基础。因此，在布什颁布的《不让一个孩子掉队》法案中就指出："我们承诺提高教育质量，提高对学生的成就的期待值，我们承诺不让一个孩子掉队。同样，我们的国家也可以表示我们的年轻人运用他们的技能和知识保卫我们的公民、贡献于我们的经济、重建我们的社区以及增加我们的民主。"

此外，由于美国吸毒和持械枪支比较普遍，因此对美国社会的稳定和安全造成了极大的隐患。美国的学校也面临着毒品泛滥、青少年犯罪等社会问题。学校的健康与社会的稳定安全息息相关，因此美国希望教育能够提高每一个学生的素质，通过基础教育课程改革培养学生的社会责任感，以缓解复杂的社会问题的频发。

综上所述，美国既面临着严峻的国际竞争压力，又要应对国内令人担忧的基础教育现状，同时还承载了经济、政治、社会发展的需要，承载了重振美国国力的使命与梦想。因此，进入新世纪之后，基础教育课程改革势在必行。

二 新世纪以来美国基础教育课程改革的进程

（一）开端于20世纪80年代末

美国人的竞争意识和危机意识很强，因此21世纪的基础教育课程改革并非始于2000年之后，早在1985年的《2061计划》中就已经提出。之所以命名为"2061计划"，是因为美国人希望在2061年哈雷彗星再次临近地球时，美国的儿童能成为下个世纪的主人。作为21世纪美国基础教育课程改革的指导性文件，它具有综合性、长效性和基础性。《2061计划》提出在基础教育课程方面，要对基础科学、数学和技术教育实行系统改革，让所有的儿童都培养起良好的科学素养和科学精神，以便将来能愉快地、有效地生活。除了重视和强调核心课程的教学之外，基础教育课程改革还谋求课程结构的合理性，力求处理好核心课程和一般课程的关系；要求继续保持课程的弹性，增大选修课比例，特别在高中阶段；要求加大教学安排的开放性；要求实现教学手段的日益现代化。在全美科学技术教育委员会的召集下，诸多优秀的科学家、数学家和工程师组成专家小组，参与研究并确定科学基础知识的课程内容；随后又将提出的建议转化为"2061计划科学知识课程设计"模式、"调查"模式、"设计"模式、"交叉学科学习"模式等几种不同的可供选择的课程模式。此外，还给出了师范教育、教学资料和教学技术、考试方针和实践、学校组织、教育政策和教育研究等方面的发展蓝图。在教育实践修正的基础上，《2061计划》还走出美国的国门，寻求国际的教育合作。如在亚太地区，就与中国科技大学共同合作研究《2061计划》，分享基础教育课程改革的经验与教训。①

（二）预热于20世纪90年代

20世纪90年代以来，随着苏联的解体和冷战的结束，国际格局发生了巨大的变化，而经济与文化全球化发展的趋势也日益明显。因此，美国政府在80年代基础教育课程改革的基础之上，又进行了一系列的教育改革，以顺应国际和国内发展的需要。1991年，老布什签发了《美国2000年：教育战略》，提出了四项"教育战略"和六项"国家教育目标"，指出政府要为今日的学生，创办更好、更有收效的学校，使美国学生在英语、数学、科学、历史和地理五门主要科目上达到世界领先水平，国家教育目标委员会还为四年级、八年级和十二年级制定五门主课的统一考试，各地各学校的学生，可以自愿参加统考；还承诺为明天的学生创建新型的美国学校；把美国改造成一个"学生之国"；使社区成为具有浓厚学习风气的地方。②《美国2000年：教育战略》的关键是制定统一的

---

① 高红梅：《开展与美国"2061计划"的合作研究促进我国基础科技教育改革》，《教育与现代化》1997年第3期。

② 杨爱程：《简评美国总统布什的教育方略〈美国2000计划〉》，《比较教育研究》1992年第4期。

国家课程标准,但是由于保守派的强烈反对未能完成立法程序。虽然此次改革并没有出台统一的国家课程标准,但是各州开始自觉地转向"基于标准"的教育改革。1993年,克林顿执政,联邦政府颁发了《2000年目标:美国教育法》,在保留《美国2000年:教育战略》中六大目标的基础上,又增加了教师培训和家长参与两个目标,并要求学生学习的五门核心课程增加为包括外语和艺术在内的七门核心课程。该法案继续了《美国2000年:教育战略》未完成的事业,制定了全国统一的国家课程标准以供地方基础教育改革做参考,但是"2000年11月的大选之后,克林顿离开白宫时并未给美国教育留下任何实质性的影响,所有的问题和他1992年入主白宫时一样,无任何进展"①。

(三) 发展高潮于21世纪初

直到真正进入了21世纪,美国人又根据十几年来基础教育课程改革的成功经验和失败教训,制定了一系列一脉相承而又与时俱进的法案。如果说,2000年以前的基础教育课程改革侧重于特定课程科目和特定领域的教学改革的话,那么进入2000年之后的基础教育课程改革则侧重于对课程实施的保障,以保证每一个孩子无论贫富、种族、文化背景等差异都能得到优质的教育。在这十余年的时间中,美国主要实行了小布什政府出台的《不让一个孩子掉队》法案和奥巴马政府出台的《改革蓝图》,并根据这两个法案的主要精神制定了《2002—2007年战略计划》和《2007—2012年战略规划》,从更为具体的操作层面保障了法案的实施。进入21世纪之后的基础教育课程改革也是本书探讨的主要内容。

三 新世纪以来美国基础教育课程改革的主要内容

(一) 课程理念:促进平等,追求卓越

美国以往的教育侧重于精英教育,希望这一小部分精英儿童能承担

---

① 李荣田:《追求卓越——20世纪末美国基础教育改革》,硕士学位论文,山东师范大学,2010年。

美国充满竞争的未来。进入21世纪以后，美国的基础教育课程改革开始面向每一个儿童，要求使教育适用于教育系统中的每一位学生，以保证所有学生，不论年龄、性别、文化背景等差异，都能平等地获得当代社会生活必需的知识和技能。布什总统曾指出："有些人说，对劣势儿童执行严格的标准是不公平的。我认为要求太低才是一种歧视——是把期望值降低的软性偏执。"① 因此在《不让一个孩子掉队》法案中，联邦政府提出要"缩小优等学生和处境不利学生之间的差距，确保不让一个孩子掉队"。法案还提出要全面提高所有儿童的学业成就，各州必须确定一个最低的成绩标准，并使其每三年提高一次，逐步靠近所规定的学业熟练度，最终在第12年使所有学生都达到规定的学业熟练度。在该法案的保证之下，在全国测试中学术成绩低下的儿童确实取得了学术成就的进步，但是最聪明的儿童却由于缺少关注而显示出了烦恼。因此，不少课程专家指出：该课程改革的能力标准对于残障儿童而言太高，但对于优秀生来说又太低。

为了延续促进平等、追求卓越的课程改革理念，为了解决《不让一个孩子掉队》法案实施中出现的瓶颈，奥巴马政府做了如下几点改进：首先，将学前教育正式纳入到新世纪基础教育课程改革的体系之中，不让孩子输在起跑线上。提出"0—5岁计划"，即重视幼儿的早期保育和教育，重点拓展低收入家庭托儿教育计划和低收入家庭幼儿教育计划。其次，重视特殊儿童基础教育的课程改革，对特殊儿童进行特殊教育。确保残疾儿童获得学业成功，支持对残疾婴幼儿的早期干预和服务，增加残疾学生上大学的机会。

（二）课程内容：重视基础学科，强调信息素养

基础学科是中小学课程的核心，通过对英语、数学、科学、历史和地理等核心课程的学习，使学生具备系统、扎实的基础知识和基本技能。而美国向来有重视理科的传统，21世纪以来的课程改革继承了美国的优良传统，特别强调数学和理科各科的教学改革，以提高所有学生的数学

---

① "U. S. Department of Education: Strategic Plan 2002 - 2007", Washington, D. C., March 2002.

和理科的成绩。此外,读写算能力和信息素养对于 21 世纪的公民来说是不可或缺的,是所有儿童适应未来社会的前提,是开展终身学习、促进自身完善与发展的基础。在《不让一个孩子掉队》法案中,提出要实行"阅读先行计划",普及美国学生的识字率,确保所有学生的阅读能力达到三级水平。教育部保证要通过以科学研究为基础的阅读教学,提高所有学生的阅读成绩,包括少数族群、低收入家庭儿童、非英语母语族群和残障儿童。美国还针对不以英语为母语的学生实行了一系列提升英语学习的补偿教学计划。

奥巴马政府还特别强调信息技术的重要性。其在《2009 美国复苏与再投资法案》中指出,要成立"以技术推动教育"基金,主要目的就是通过信息技术在公立学校中的广泛应用,提高所有学生的学业成就,并使所有学生在八年级结束时具备良好的信息技术素养。此外,该基金还支持在教师的专业发展中增加与教育技术有关的内容,促进信息技术与教师培训及课程发展之间的整合。[1]

(三)师资保证:提高质量,均衡需要

鉴于教师质量对学生学习成绩起到重要的作用,21 世纪的基础教育课程改革对教师素质的提高提出了较高的标准。《不让一个孩子掉队》法案要求到 2005—2006 年学年结束时,美国每一间教室的教师都必须通过州颁发的全职教师资格证书或通过所在州的教师执照考试,仅特许学校可以例外。从 2002 年起,新雇佣的教师必须符合这些规定,到 2006 年每间教室都拥有高质量教师,每个学区每年都要提高达标的教师百分比,直到 100% 达标。此外,法案还提高教育专业入学和教师资格制度;扩大教师责任,实行两套教师评价体系——专业教师认证体系和优秀教师认证体系。

但是《不让一个孩子掉队》法案中对教师的要求太高,时间太短,反而造成了诸多现实困扰,尤其是偏远地区和农村地区由于教师质量无法达标甚至出现了没有教师的现象。因此,奥巴马政府在《改革蓝图》

---

[1] 王志强:《〈2009 美国复苏与再投资法案〉教育项目解读》,《比较教育研究》2010 年第 4 期。

中除了继续实施提高教师质量的政策之外，还更加注重平衡各地优秀教师的需要，将优秀教师公平地分配于每个学校。在教师聘用方面，设立新的"教师服务奖金"，并为在职教师提供高质量的、具有选择性的学习项目，但这些教师必须要在急需的地方至少从教四年。在教师培训方面，所有教育学院必须要通过认证环节。国家建立一套自愿参与的全国性绩效评价体系，确保新教师接受培训。设立教师实习计划，为急需教师的学校提供3万名新教师。在教师留任方面，支持老教师和新教师的结对模式，采取激励措施，共同分享成功的经验。在教师奖励方面，以新颖的方式提高教师薪酬。学区可以奖励那些辅导新教师的优秀教师，奖励那些在农村和市中心条件差的地方从教的教师，还可以奖励那些课堂教学出色的教师。

（四）课程管理：增加弹性，家长参与

长期以来，美国基础教育已经形成了国家建议、州级标准、学区决策、学校实施的一体化的管理体制。进入新世纪之后，各州延续了美国传统上的州自治制度，并且在实施基础教育课程改革方面有极大的弹性，根据各州的教育情况制定课程标准，开发课程内容，改革教学模式。各州可以根据自己的情况制定最低教育标准，但是各州必须为自己制定的标准负责，确保本州的学生成绩逐年提高。同时，《不让一个孩子掉队》法案还赋予了所有州和每个地方学区使用联邦经费的自主权和灵活权，把96%的联邦经费直接下拨到地方。这样做的目的是促进州政府把联邦经费用在课程改革最需要的地方，从而避免过多的官僚主义的推诿和扯皮。

同时在课程管理上纳入学生家长的意见，扩大学生家长的知情权。州、学区以及学校必须向家长提供其子女就读的学校的教育信息，包括学校教育质量、教师状况、校区安全与否、学校发展计划等，同时，还要求州或学区要向家长通报每次联邦或州年度考试的结果，从而保证学生家长对其子女的教育状况具有全面的知情权。课程改革还增强了薄弱学校学生家长的选择权，一旦学校被认为是薄弱学校，在校学生的父母将被允许把孩子转送到更好的公立学校或特许学校。在课程管理人员方面，奥巴马政府在改革中提出要对校长进行培训，加强校长对学校的领导，提高校长的管理素质。从管理手段上看，所有基础教育课程改革的信息资源都将用 e-gov 电子平台进行管理，为每一个学生建立从学前—小学—中学—大学—职场的成长数据库。

（五）课程评价：统一考试，绩效考核

为了检验基础教育课程改革取得的成果，对学生成绩的评价主要通过州级和全国统一考试来对基础课程和核心课程的学习成果进行考察。而检验各州的基础教育课程改革的成果，则采用绩效问责的方式。其中，《不让一个孩子掉队》法案提出，各州建立基于标准的评价体系，联邦对其质量进行监测。各州要对三至八年级学生阅读和数学进行年度考试。全国教育进步评估组织每年从各州抽取一批四年级和八年级的学生样本，参加全国的阅读和数学考试，对各州的考试结果予以确认。考试测评结果与奖罚措施之间有直接的关系。对州课程改革的奖励和惩罚将基于州是否在三至八年级学生阅读和数学成绩方面缩小了优等生和处境不利学生的差距，并取得了"适当年度进步"。对于连续两年未能实现"年度适当进步"为目标的州，联邦教育部将缩减对其的经费支持，并同时对其提供技术支持。而那些在实现州级熟练目标方面未能取得"年度适当进步"的学区和学校将面临改进、纠错乃至撤销。

布什政府的"惩罚失败"的绩效手段，为那些发展不利的学校贴上了失败的标签，大大挫败了这些学校发展的激情，使这些学校陷入了压力和紧张之中，反而造成了这些不佳学校发展更加不利的恶性循环。因此，奥巴马政府推行的课程改革评价方式取消"惩罚"，"奖励"成功，鼓励竞争，斥资43.5亿美元实行了"竞争卓越"计划。在"竞争卓越"计划进展中，教育部对各州提出了明确要求：第一，鼓励各州采纳更有竞争性的标准，鼓励学校摒弃那种一成不变的方法，而采用更好的评价标准来分析学生知道什么、能做什么。第二，主张学校和学区要确保有优秀校长来引领学校，优秀教师引领课堂。第三，要求各州采用尖端数据系统来追踪学生整个学术生涯的进展。第四，鼓励各州帮助低质量的学校。若州政府在这四个方面均表现突出，政府将加大对该州的教育投资，以便奖励各州做出的教育改革，并将其改革的模式向其他州推广。

四　新世纪以来美国基础教育课程改革存在的问题

虽然新世纪美国的基础教育课程改革取得了诸多成就，确实提高了学生的学习成绩，缩短了学生的学业差异水平，然而随着时间的推移，这些改革的弊端也日益呈现出来。

（一）根植于美国历史中的文化制约

美国的总统是联邦政府的首脑。在基础教育课程改革中，他们所具备的社会背景、知识素养、气质性格等个性特征也会渗透到教育改革和行政决策过程，有积极的影响，但也不可避免地带有个人的消极影响。况且，总统任期一到就要进行改选，改选后的总统都会提出不同的教育改革的政策与规划，即使是这些教育改革的理念是一脉相承的，但是在具体实施上还是会出现断层。

美国总统是美国联邦政府行政权力的实施者，同时他们也是美国政党的代表，两大政党构成两个利益主体。以 21 世纪以来的总统为例，布什属于共和党，奥巴马属于民主党。美国民主党强调政府对社会经济生活的大规模干预，而共和党则强调放任自由，反对政府干预。美国政党政治对基础教育改革的方向、策略、措施等产生了积极的作用和影响，但美国基础教育改革也被卷入了美国政党的利益纷争中。如在《不让一个孩子掉队》审议过程中，众议院共和党人士赞同布什的教育计划，而民主党人士则反对布什的教育计划，认为共和党削弱了布什的测验计划。奥巴马上任后也曾指出："在华盛顿，人们可能会认为和对方唱反调是游戏规则。但是，正是这种做法使得两党都无法对民众有所帮助，更糟糕的是，这还会使民众对政府更加不信任。"① 两党的利益纷争，势必会造成基础教育课程改革从政策的出台到政策的实施中诸多意见的分歧和实施的困难。

---

① 《美国总统奥巴马发表 2010 年国情咨文》，http：//www. annian. net/show. aspx？id = 24547&cid = 21。

美国实行三权分立模式，这对于反对专制、维护资本主义民主制度具有一定的积极作用，但是国会和总统之间、国会内部之间的相互否定或推诿容易形成僵局，造成严重的内耗。因此，这样的文化传统既是新世纪基础教育课程改革的保障，又在某种程度上变成基础教育课程改革的阻力。

（二）课程改革核心内容的单一

美国历来有重视数学和理科的传统，以保证美国的综合国力。进入新世纪之后，美国也不例外。虽然历史和艺术也是新世纪基础教育课程改革的核心课程之一，但是这些课程并不用参与州级或者全国统一的考试，因此师生对于这类文科的课程未引起足够的重视。文科和艺术课程对于学生文化素养的提高是十分重要的。科学素养，强调的是探究、运用和实际操作的能力；而文化素养，则是对学生心灵的丰富和充实。文化素养，尤其是关于美国的文化、历史方面的知识，能帮助每一个公民深刻理解作为一个国家中流砥柱的"主流文化"，有助于学生在多元化的文化环境下，形成一种共识，形成"社会的内聚力"。过分强调科学素养，在实际教学上忽视文化素养，是教育的片面发展。

此外，美国对所有的学生都强调核心课程的标准化考试的达标，这是十分生硬且不灵活的表现。这些核心课程的知识对于那些想要继续升学考入高校的学生来说是十分重要的，但是对于那些毕业后就想马上进入职场的学生来说，这些基础知识还不如职业技术知识更为实用。但是为了应对州级和国家的统一考试的要求，不少学校不得不在这些核心课程上花费较多的时间，这必然会缩短选修课的比例，让课程在标准化的考试面前变得日益单一与简化。因此，美国政府这种"一视同仁"的美好愿望在实际操作上却演变成了"一厢情愿"的测试，不免让人深思。

（三）教师制度的改革步伐过大

21世纪的基础教育课程改革要求提高教师的质量，这本无可厚非。但是由于步伐太大，造成了诸多经验丰富却没有资格证的教师无书可教，更严重的是导致了美国偏远和农村地区不合格教师数量庞大，甚至出现没有合格老师能教书的情况。尤其是布什政府实施《不让一个孩子掉队》

法案之后，美国偏远地区的学校面临如下两个严峻的问题：第一，在农村，一位教师同时教授多门科目的现象十分普遍，如果教师必须要获得某门学科的学士以上文凭才有资格进行这门学科的教学，那么同时教授多门学科的教师就应具有他所教授的所有学科的学士以上文凭，这既不现实也不可行。① 第二，即使农村学校配备的教师都达到了法案的标准，但是教师能力的提高会促使教师寻找条件更好的学校，农村教师的流失在所难免。以美国伊利诺伊州的一所农村学校为例，2004 年，该校的 17 位教师中就有 15 位是新教师，而且大部分没有获得州教师资格证。该校被认定为"表现不佳"的学校，因此实行了全面的改革，对教师进行了培训。但是第二年，接受培训的大部分教师就到其他学校去了。为了保证教学的正常进行，学校只能重新雇佣一些"不够资格"的教师。② 因此，在短时间内对教师标准的较快提高，对于教师自身和学校、地区来说都是极大的挑战，师资改革仍需循序渐进。

虽然奥巴马推行的教师政策大大缓和了这种矛盾，并且通过补偿政策鼓励更多的教师服务农村和边缘地区的学校。但是在教师评价上，奥巴马将教师的工资与学生的学业成就挂钩，大部分教师不得不为了考试而教，为了分数而教，使得教育日益沦入应试的藩篱之中。而且严格的绩效考核，受到了全国教师工会的攻击，这和奥巴马当初所言要解放教师相差万里。

（四）课程改革的评价方式不合理

对于学生学业成就的考察方式就是采取标准化的考试，不管是参加州级的考试还是全国统一考试。但是测试成绩的提高并不意味着学生学业水平的提升。有些学区认为，这样的成绩增长只是"暂时的"，或者只是"试卷上的"。学生只是适应了这种考试形式，并非能力上的真正提高。③

---

① 杨亚敏：《21 世纪初美国农村基础教育改革研究》，硕士学位论文，云南师范大学，2006 年。
② 同上书，第 55 页。
③ 武云斐：《〈不让一个孩子掉队〉法案的理想与现实》，《基础教育》2009 年第 11 期。

对州和地区学校的课程改革的评价则采取了绩效问责制，这也存在诸多不合理的地方。因为州具有制定本州测试标准的权利，因此诸多的州为了避免联邦政府所施加的压力，而降低了本州的测试标准。2004年年初，有47个州提出请教育部审核自己对问责计划的修改方案，其中有35个州获得了批准。CEP（"品格教育伙伴"组织）通过对这些申请的研究发现，修改计划的最终目的在很大程度上则是降低难度，使达到国家标准更容易些。[①] 在手段上，州和地区的学校为了达到国家的标准，不被贴上"失败"的标签，对学生进行针对性的训练来提高成绩。研究表明，71%的学区削减了其他学科的学习时间来提高阅读和数学的测试成绩，60%的学区对于阅读课设定了明确的时间要求，95%的贫困地区学校都有这样的要求，而其他地区只有55%左右。[②] 显然这种通过时间投入换取考试分数的手段只是应试考核下一种无奈的极端方式，它大大缩窄了课程的范围。因此，在这种不科学的评价方式之上，我们很难下结论美国是否真正达到了学生学业成绩的提高和缩短学生学业成就的差距。

而奥巴马政府采取了"奖励"的方式代替"惩罚"的方式，大大增加了地区学校和州的发展自信心，加大了竞争意识。但是各州本身的发展水平就不在一个起跑线上，通过竞争的方式对优秀的州加大拨款，而对本身就薄弱的州却不闻不问，这本身就是一种不平等，还怎能依靠这种方式来缩小学业成就的差距呢？况且，奥巴马"奖励"的拨款数额十分巨大，各州积极进行改革很大的目的并不是为了教育改革而改革，而是为了谋取高额的资助经费。

五　新世纪以来美国基础教育课程改革对我国的启示

通过对新世纪以来美国基础教育课程改革的研究，可以得出以下几点启示。

[①] 武云斐：《〈不让一个孩子掉队〉法案的理想与现实》，《基础教育》2009年第11期。
[②] 同上。

（一）课程改革的观念：改革渐进观

任何形式的教育改革都不是一蹴而就的，需要进行长时间的磨合与调整。美国面向 21 世纪的教育改革始于 20 世纪 80 年代末，一直延续到现在，并根据时代发展的需要一直在不断地变化和调整。而这些改革中诸多法案都是对 1965 年《初等与中等教育法》的重新授权。因此，在基础教育课程改革的理念上，美国都是一脉相承的。但是美国政府又会根据不同时代的不同特征与要求做出适当的调整，如"9·11"事件之后，《不让一个孩子掉队》法案就把学校安全纳入到教育改革的范畴之中。

"变革是一项旅程，而不是一张蓝图。"[①] 我们在基础教育课程改革中必须要看到改革的复杂性，看到它是不同的要素（比如经济的、政治的、社会的、心理的、情感的）不可分割地构成的一个整体，各个部分之间是相互依存、相互作用的，因此是复杂的、是非线性的。改革的复杂性注定了改革不是一个一劳永逸的过程。因此，我们要对中国基础教育课程改革抱有信心和改革的毅力，通过改革不断地发现问题，再与时俱进地逐步解决问题，以实现中国教育水平的螺旋式上升。

（二）课程改革的目标：提高质量，促进公平

中国的种族矛盾没有美国那样突出和激烈，所以并没有因此而产生教育水平的差异。但是中国地大物博，存在着不同地区之间的教育水平差异，且差异显著。《国家教育督导报告 2005——义务教育均衡发展：公共教育资源配置状况》显示，在生均拨款水平、校舍建设面积、生均教学仪器设备、中级职务教师比例等方面，东部与中西部地区、城市与农村地区、市中心与城郊地区还是出现了教育资源配置的差距。[②] 因此，为了争夺优质的教育资源，不少学生家长更倾向于将孩子送入发达地区的

---

① ［加］迈克·富兰：《变革的力量——透视教育改革》，中央教育科学研究所、加拿大多伦多国际学院译，教育科学出版社 2000 年版，第 35 页。

② 国家教育督导团：《国家教育督导报告 2005——义务教育均衡发展：公共教育资源配置状况》，《教育发展研究》2006 年第 5 期。

学校，送入市中心的学校学习。因此，教育中的择校现象愈演愈烈。但目前存在的中国式择校实际上是一种钱与权的交易，并非对所有的学生都是公平的，官二代和富二代比普通子女更有优势获得优质的教育资源，而贫困的农村孩子和民工子弟却没有择校的资格。中国政府为了缓解"择校热"的现象，禁止在义务教育阶段进行择校。该手段在维护基础教育相对公平的同时，也取消了广大家长和学生对教育进行选择的权利，是一种治标不治本的方法。而"择校热"并未就此冷却，只是将各种波涛从表面上的澎湃转变成了暗潮汹涌，教育公平问题依旧处于改革的风口浪尖。

虽然每个国家的国情大不相同，但是我们可以借鉴美国实行教育公平的策略，比如适当地推行特许学校。当然有不少的中国学者认为，美国这些促进教育公平的做法是将基础教育引入市场，"市场取向往往会导致过分强调消费者个人的选择权，而作为整体的社群利益则容易被忽视。市场并没有赋予每个人以同等的权利，市场竞争的结果并不保证人与人之间最终的平等"①。市场求快，教育求稳，二者不能混为一谈。但是从美国特许学校的发展成果来看，特许学校不拘一格的办学风格，反而大大满足了学生和家长的需求，教育质量也得到较大提高。因此，在《不让一个孩子掉队》法案中，美国政府允许在未达标学校学习的儿童可以选择特许学校进行学习，且不用支付高额的择校费用，还能得到一定的交通补贴。这不得不引发我们对教育、市场和政府关系的思考。虽然政府应当是维护教育公平的主体，但是不应当是唯一主体，全社会都应当成为维护教育公平的主体。或许市场和教育并不是绝对不相容的两个极端，市场可以在宏观调控的前提下进入教育，但是对于进入教育的市场资格必须进行严格的控制，绝对不允许没有教育背景的资本流入教育领域，在危难时刻抛弃学生。

（三）课程改革的资金：加大投入

财政性教育经费占 GDP 的百分比，是国际公认的评价各国教育投入的主要指标，也是反映一个国家教育经费投入能力和重视程度的常用指

---

① 劳凯声：《公共教育体制改革中的伦理问题》，《教育研究》2005 年第 2 期。

标。在美国进行 21 世纪基础教育课程改革期间,美国经济面临着国际金融危机的挑战,各地财政收入都大幅度缩水,但即便是在这段时间之内,美国的教育经费平均值仍占到了国内生产总值的 7%。而教育投入的不足是中国教育发展的硬伤,中国用不足全世界 3% 的教育经费,支撑了全世界 22% 的受教育人口。虽然 2012 年中国教育的投入首次占到了人均 GDP 的 4%,令中国教育备受鼓舞,但是放眼世界还是与发达国家差距颇大。

虽然中国教育投入不足有中国特殊的国情原因,但是投入的不足确实造成了改革的困局。尤其是普及九年义务教育之后,扩大高中招生规模,在财政投入不足的情况下,许多学校背上了沉重的债务。虽然政府已经将"普九"欠债的偿还纳入财政预算并逐年解决,但高中的债务问题还没有纳入政府的议事日程,教育的发展仍然举步维艰。另外,中国受教育人口的家庭教育负担远远高于国际平均水平。我们的总教育经费当中政府负担 65% 左右,但大多数国家,包括印度在内,总教育经费当中政府负担达 75% 以上,甚至接近 80%。实施城乡免费的义务教育之后,家庭教育负担有所减轻,但学前教育费用、普通高中教育计划外招生费用及居高不下的择校费用,都让许多家庭望而却步。①

因此,对于当前中国教育的发展,持续提高教育资金的投入以保证基础教育课程改革是十分必要的。政府固然是教育投入的主体,但是我们也应使教育投入的主体更为多元化。如在美国,来自企业、基金会、教会和公民的社会捐赠是学校经费的一个重要补充。但是在中国没有形成完整的非政府教育投资机制,使得一些企业和个人即使有心投资也无门可寻。此外,教育发展与经济条件并非是直线关系,并不意味着投入越多成效就会越大。因此,我们在教育投入相对不足的情况下,仍然要保持对教育改革的信心,将该用的资金落实到位,使其发挥出最大的作用,坚决反对教育资金的挪用与浪费。

(四)课程改革的师资:提高教师地位与教师素质

奥巴马曾说:"从儿童进入教室的那一刻起,决定他们成就的一个重要因素不是他们的肤色或出生地,不是他们的父母或金钱,而是他们的

---

① 张妹芝:《促进平等,追求卓越》,博士学位论文,河北大学,2011 年。

老师。"① 由此可见教师的整体素质对教育发展至关重要。美国 21 世纪基础教育课程改革的关键之一就是提高教师的素质要求。而在中国，教师配置和教师素质的情况不容乐观。《国家教育督导报告 2008（摘要）——关注义务教育教师》指出，我国教师学科结构性矛盾突出，中西部农村学校部分学科教师短缺。在边远地区，由于教师待遇低，生活条件差，工作环境艰苦，个人发展机会少，教师数量不足，且教师流失严重，难以满足当地义务教育的需要。从教师教学能力上的调研结果看，中高级职务教师在城乡、校际间仍有较大差距。诸多教师初始学历合格率低，取得合格学历专业与所教课程不对口问题突出。在教师权益保障方面的调查显示，虽然教师的福利待遇受到重视，但是在农村和偏远地区教师医疗、住房面临突出困难。教师培训经费缺乏。②

  从中国教师发展的现状来看，我们也需要稳步提高优秀教师的数量，提高教师学历，强调学历专业与所教课程对口，而且要加大教师的培训，不仅要实现职前教育、入门教育和在职教育，而且要创新培训模式，拓宽培训渠道，采用多样化、多元式培训形式，开展国家、省、市三级培训。但是培训的重点必须是提高教师的能力，尤其是教学能力，激发教师的教育激情，启迪教师的教育智慧，使教师能更加从容地面对具有时代特色的一代学生，而不只是一种形式的培训。对于教师的评价来说，我国一向是以政府为主导的，评价主体较为单一，我国应当学习美国对于教师的评价方式，纳入教师自评、同行评价、学生评价等多元的评价方式。此外，在评价中要强调对教师道德的评价，以应对近些年来屡次出现的教师道德滑坡的现象。最后，政府应当发挥政策的导向作用，鼓励优秀的教师深入到农村、边远、落后地区进行服务，还应当建立起不同地区之间的教师流动，以达到经验的交流和优质教师资源的共享，并提高偏远农村地区的教师待遇及福利，以减少该地区教师的流失。

---

① An Education Week Guide, *The Obama Education Plan*, San Francisco: Jossey-Bass, 2009, p. 138.

② 国家教育督导团：《国家教育督导报告 2008（摘要）——关注义务教育教师》，《教育发展研究》2009 年第 1 期。

（五）课程的管理：分权与现代化

在课程的管理上，美国各州和地方有极大的自由权，甚至将家长也纳入课程管理之中，保证家长的利益，吸收家长的意见。在中国，课程管理有着政府起主导作用的传统，虽自2001年中国实施基础教育课程改革以来，在课程管理上倡导三级管理模式，将权力下放到地方和学校，但是地方和学校的自主权仍然十分有限。课程改革仍然在全国统一的牢笼里，难以实现"因地制宜"的特色。

而就教育管理人员方面来看，中国的教育管理人员基本与行政分割不开，尤其是校长一职。大部分地区中小学校校长都有行政级别，分别为县处级或科级待遇，校长的岗位常常成为组织部门平衡干部的地方，不管这些上任的校长是否具备了优良的教育管理能力。温家宝总理在全国教育工作会议上讲话时曾指出："一个好校长，可以成就一所好学校；一批教育家，可以影响国家和民族的未来。我国教育事业要兴旺发达，一个重要条件就是让真正懂教育的人来办教育。"我们不能否认在这些行政任命的校长中，也有一些是具有先进的教育理念、丰富的教育经验，具有带领一校师生共同前进的魄力与能力。但也不能否认在这些基础教育的管理者中，有一些人不懂得教育的真谛，没有任何的教育经验，甚至在教师道德上也是一塌糊涂，严重导致了广大师生及家长对基础教育课程改革的不信任。因此，我国应借鉴美国在《改革蓝图》法案中提出对校长进行培训的改革内容，对基础教育课程改革的管理者进行教育培训，让懂得教育的人来管理教育。

从管理手段上看，中国基础教育课程管理的手段较为传统，属于"属地管理"的模式，一般学生的档案都是由当地的学校进行管理，学生若转校，则造成档案交接的极为不便。而在美国，教育管理运用的是e-gov的电子平台，建立每一个学生从学前教育—小学—中学—职场的学生成长数据库，实现了教育管理落实到人，对学生档案的调取和管理以及观察具有便捷性和很大的灵活性。因此，中国基础教育课程管理的手段也应当运用先进科技以实现现代化的转型，进一步开发教学平台、应用软件和教育管理系统，使信息技术的应用更为广泛，采用数字化的系统管理，而不仅仅只是将信息技术的应用停留在物质层面。

（六）课程改革方案的制定与实施：民主与落实

美国的教育法案已经形成了一个严密完整的教育法规体系，教育立法更加明确了教育领域的权利义务关系，更多地贯彻公正、平等的原则。进入21世纪以后，美国基础教育课程改革的主要措施都是通过教育立法来确立的。美国法案的制定、颁布、实施、监督是一个极其复杂的过程。从法案的制定来看，国会两院要经过审查、辩论、表决等环节进行法案的审议。在这个过程中，普通公众、民间中介机构和政策研究组织都可以参与教育决策咨询，听证重大教育决策，监督和评估教育政策，使得教育法案能充分反映他们的民意，以达到各方利益的平衡。如2005年，美国教育研究协会苛评《不让一个孩子掉队》法案，美国课程开发团体定期调查读者的看法，并吸收读者的意见以改进法案的实施。再如，奥巴马在竞选过程中提出的教育计划在网站上与公众见面，激起了公众的关注和评论，加速了奥巴马政府的决策进程。从教育法案的实施来看，教育法案是国家与政府颁布实施政策条文，"通过政策的强制性和普遍性'强迫'社会成员接受现行政策所规定的利益分配方式"[①]。通过教育立法，政府对稀缺的社会资源和价值进行合理的社会调配，对社会上的各种利益关系进行适时的平衡，不仅对基础教育改革提出了改革方向，还明确了教育责任的分担，为基础教育改革提供了全方位的法律保障。

在中国，基础教育课程改革方案是以"纲要"的形式颁布的，并未上升到法律的高度，在施行时难免会缺少强制性，导致若干制定的措施没有得到落实。有些政府的执行力较差，弱化了改革方案的尊严，不仅延缓了教育事业发展的进程，还影响了政府的公信力和形象。然而，有些地方政府积极倡导基础教育课程改革，但是在具体实施的时候又走了样，违背了改革的初衷。这主要是因为中国在确定基础教育课程改革方案的同时，缺乏大规模的民主意见的咨询，使得方案的制定和实施分别由不同的主体来承担，由于决策者和实施者分别具有不同的利益目标，改革意图往往在方案实施过程中遭遇"变形"。不同的实施者具有不同的社会背景和利益诉求，他们在方案实施过程中往往要追求自身利益最大

---

① 刘复兴：《我国教育政策的公平性与公平机制》，《教育研究》2002年第10期。

化，因此无法彻底地实施基础教育改革方案。对于目前中国基础教育课程改革来说，倒不需要完全向美国学习，每一次教育改革都要通过教育立法，但是我们要深入学习美国教育"立法"的精神。在制定教育方案的时候必须要综合考虑社会各个方面的意见，尤其是倾听民众的意见。在实施基础教育改革方案的时候必须要落实到位，切实认真地执行。此外，目前中国亟须培养起一批理智的、具有科学精神的民间教育团体，通过合法的手段对教育改革方案进行咨询、听证、监督、评估，而不是通过原始的抗议、游行来表达自身的教育诉求。

"他山之石，可以攻玉。"全球化和国际化为中国教育发展提供了一个很好的平台。可以毫不夸张地说，美国拥有世界上最发达的教育体系，其教育改革、教育规划都是为了进一步巩固与提升美国超级大国的地位而制定的，具有非常强烈的战略意味。而毫无疑问，中国是世界上规模最大的教育国家，在全球化与多元化的背景下，美国新世纪的基础教育课程改革的经验与教训对我国有很大的借鉴与启示意义。

（付谢好、和学新）

第 二 章

新世纪以来俄罗斯基础教育课程改革及其启示

俄罗斯是世界大国强国之一，新世纪以来，其社会政治、经济、文化等取得了世界瞩目的成就，引领时代潮流，颇受世界各国关注。俄罗斯现如今的发展盛况很大程度上要归功于教育事业的发展，尤其是与国家高度重视的基础教育改革密不可分，其中课程改革是基础教育改革的重中之重。

俄罗斯十分重视政策法案的重要性，进入 21 世纪之后，俄罗斯针对教育颁布了多项政策法案，使课程改革走向制度化。在 1992 年《俄罗斯联邦教育法》和 2000 年《联邦教育发展纲要》的指导下，俄罗斯全面推进教育现代化进程，于 2001 年颁布了《实行国家统一考试组织实验的法律》、2002 年通过了《普通教育高级阶段实行侧重专业式教学的构想》、2004 年颁布了《关于小学、中学与高中普通教育国家教育标准（联邦部分）》（以下简称《标准》）。并通过《国民教育优先发展方案》（2005 年）、《全俄教育质量评估体系方案（第二版）》（2008 年）、《我们的新学校》（2008 年）、《俄罗斯联邦实施统一教育大纲学校的联邦基本教学计划和示范教学计划》（2011 年）进一步改善和落实基础教育课程改革。俄罗斯教育体系中的"普通教育"，指的是初等普通教育、基础普通教育和中等（完全）普通教育三个阶段，相当于我国的小学、初中和高中阶段，即我国教育体系中的基础教育。俄罗斯没有专门的课程法案，国家教育标准就是指导课程的基本文件。本章从以上政策法案中提取与基础教育课程改革有关的内容，追寻新世纪俄罗斯课程改革的道路，总结其经验和教训，以期对我国基础教育课程改革有所裨益。

一 新世纪以来俄罗斯基础教育课程改革的背景分析

自 1991 年苏联解体后，俄罗斯经历了 20 多年的社会转型，其"突变式"的社会转型模式引起了社会政治、经济、文化等一系列彻底的变动，这些变动必然影响到整个基础教育课程的变革。认清其历史背景，有助于我们深入理解俄罗斯基础教育课程改革。

（一）国家政治经济转型

1. 政治转型

20 世纪的俄罗斯可谓是命运多舛。1917 年苏维埃革命胜利后，苏联成为世界上第一个社会主义国家，与美国等资本主义大国相抗衡，世界成两极化趋势。然而物极必反，1991 年年底苏联解体，俄罗斯联邦正式独立并进入全方位社会转型时期。20 世纪 90 年代，俄罗斯在叶利钦的带领下走上了"休克疗法"的道路，转向资本主义模式，却因此使俄罗斯陷入了全方位的动乱和危机，国内政治局势动荡不安，社会矛盾激化。虽然叶利钦倡导学校教育要去意识形态化、去集权化，旨在建立人道化、个性化和人文价值取向的教育，然而动荡的社会局势直接导致教育领域乱象横生，出现教育质量下降、道德教育缺失、政策法令失衡失范等现象。[①] 进入 21 世纪，以普京为首的俄罗斯政府，改变了以"乱"为特征的政治局面，加大了国家管理的力度，逐渐调整国家权力与社会权力的关系，争取建立以公民社会为基础的现代化民主制度。俄罗斯的政治转型带动了基础教育课程的变革，引起了课程目的、课程设置、课程权力等一系列变动。首先，课程目的以促进人的发展为首要目的。苏联时期的教育目的是加强国家对社会和个人的控制，以国家发展为首要目的，传播社会主义和共产主义的意识形态。当前俄罗斯教育以促进个人的发

---

① 姜晓燕：《俄罗斯教育 20 年：变革与得失》，《比较教育研究》2010 年第 10 期。

展为首要目的,从而促进社会和国家的进步。① 其次,重视道德教育。"叶利钦时代"的教育要求去意识形态化,造成学校道德教育的缺失,导致社会的不安定与青少年犯罪率的增加,被人们认为是反国家、反民族的行为。普京上台后,重扬爱国主义教育,恢复俄罗斯爱国主义传统,重振俄罗斯大国形象。② 最后,课程权力分化。苏联时期课程决策权力掌握在国家手中,国家制定课程政策,以国家利益优先。而在当今的俄罗斯,政治上实行联邦与地方分权,联邦主体拥有较大的权力,可以独立制定某些法令和政策,逐渐形成了联邦、地方和学校共同参与课程决策的局面。③

2. 经济转型

俄罗斯独立后,由计划经济转向市场经济,市场经济粗具模型,但是市场经济形成过程中产生了三大问题,即粗放型经济增长方式、资源型发展模式和落后的经济结构。面对资源经济的不稳定,俄罗斯转向创新型经济发展的模式,以求实现经济的现代化,适应经济全球化。然而在经济转型过程中,资源型发展模式依然存在,导致俄罗斯长期依赖资源消耗,创新型经济严重缺乏。数据表明,2009 年俄罗斯占世界创新产品出口总额的 1.17%,而美国占 23%—25%,日本占 13%。④ 因此,俄罗斯必须加紧转变经济增长方式。创新型经济对人才培养规格提出了新要求,需要人们具有适应社会快速变化的能力及探索、评价和应用新事物的能力。⑤ 然而传统教育模式下培养的人缺乏个性、主动性和创造性,无法满足创新经济的需求,与劳动力市场所需人才也不相符合。为此,俄罗斯基础教育课程在价值取向和课程设置方面都做出了改变,高中课程设置侧重专业化,培养创新型人才,素质和能力兼备,强调学生个性、能力和创新能力的形成,以迎合创新型经济对市场劳动力提出的高标准。

---

① 张男星:《俄罗斯课程权力:从"唯国家化"到"去国家化"》,《全球教育展望》2005 年第 9 期。
② 姜晓燕:《俄罗斯教育 20 年:变革与得失》,《比较教育研究》2010 年第 10 期。
③ 张男星:《俄罗斯课程权力:从"唯国家化"到"去国家化"》,《全球教育展望》2005 年第 9 期。
④ 陆南泉:《经济转型与俄罗斯经济现代化》,《中国党政干部论坛》2011 年第 1 期。
⑤ 杜岩岩、朱小蔓:《服务创新经济,推进现代教育模式——基于俄罗斯国家教育纲要方案的解读》,《比较教育研究》2009 年第 9 期。

（二）历史文化传统

俄罗斯横跨欧亚大陆，与西方国家毗邻，地理位置上的接近促成了俄罗斯与西方的密切关系，其发展史可以看作是民族文化与西方文化的关系变化史。俄罗斯经历了"全盘西化""疏离西方"和"对立西方"的过程，然而激进的自由主义与亲西方政策却使俄罗斯面临着沦为"二流国家"的现实①，这迫使俄罗斯重新审视国家定位问题。普京上台后，高举民族主义旗帜，走上维护本国传统，积极"迎向西方"的道路。他在《千年之交的俄罗斯》一文中提出了包含"爱国主义""强国意识""国家作用""社会团结"四个方面的"俄罗斯思想"，阐述了俄罗斯民族文化在国家思想中的重要地位②，只有弘扬民族文化，才能团结社会，复兴俄罗斯。回顾苏联时期的民族政策，主要采用民族区域自治政策，但是这种体制造成民族之间的不平等，不利于民族团结和国家的统一。③当前俄罗斯采用民族文化自治政策，在此政策的引领下，俄罗斯民族教育政策也相应做出调整，大力发展民族教育，体现在课改方面的主要措施包括扩大民族地区和学校的自主权力，采用双语教学等等，充分考虑到民族文化的多样性，并且学生在学习过程中能够与自身原有经验相联系，促进教育平等。新世纪俄罗斯课程改革既重视民族文化的传承，又积极吸取西方人道化、平等、多元化等文化价值观。

（三）革除以往课程改革的弊端

新世纪俄罗斯的课程改革，是基于以往课程改革的遗留问题，针对课程领域的弊端而开展的。自苏联解体后，俄罗斯开展了多次基础教育课程改革，先后进行了1993年、1997年、2004年的三次课程改革。2004年的课程改革是20世纪90年代以来课程改革的延续。1993年俄罗斯联邦政府通过了《普通教育基础教学计划》，这是国家教育标准的组成部分。该计划分为不变和可变两

---

① 张男星：《论课程的政治权力——俄罗斯当权政治力量与课程政策的价值取向》，《比较教育研究》2006年第11期。

② 白晓红：《普京的"俄罗斯思想"》，《东欧中亚研究》2000年第2期。

③ 阿依提拉·阿布都热依木：《民族政策推动下的俄罗斯民族教育发展及其政策特征》，《比较教育研究》2012年第2期。

部分，前者即国家课程，旨在形成俄罗斯统一的教育空间；后者可由各民族、各地区和各学校自由制定，旨在培养个性化的学生。然而课程权力下放后，地区和学校未经专业培训，自主开设大量新课程，新编教材质量下降，大量缩减课时，[①] 导致教育活动无秩序，学生负担更加繁重。与此同时，在1995年第三届数学和自然科学的国际测试中，俄罗斯的数学和自然科学的掌握水平，位于"七国集团"国家的中等水平。测试显示，俄罗斯的数学和自然课多重视知识的传授，学生缺乏创新意识和能力。[②]

为了弥补课程管理权的无规则性以及教育水平落后的问题，保证俄罗斯基础教育达到世界领先水平，俄罗斯于1997年公布了《普通基础教育国家教育标准（草案）》，"规定基础教育大纲必修课程最低限度、学生最大学习负担量和对学生及毕业生培养的水平要求，阐明普及普通初等教育和普通基础教育应达到的程度，以帮助俄罗斯公民获得由俄罗斯联邦宪法保证的高质量的基础教育"[③]。在该草案实施过程中，俄罗斯基础教育暴露出一些问题：一是财政问题。当时俄罗斯经济不景气，规定所有教育费用均改由老百姓自己承担，以减少国家投入，财政保障不到位必然影响基础教育的顺利进行。二是学生学业负担过重。据医学家估计，有40%—50%的儿童入学时健康，而毕业时健康的学生只有10%。[④] 俄罗斯课程改革过程中出现的种种问题，都表明原有的普通教育国家标准不能适应新世纪的时代要求，经过多方人士的广泛研讨和试验，新的普通教育国家标准于2004年3月正式颁布。

二　新世纪以来俄罗斯基础教育课程改革的主要内容

新世纪俄罗斯基础教育课程改革主要包括以下几个方面的内容。

[①] 张男星：《俄罗斯国家课程标准述评》，《课程·教材·教法》2005年第6期。
[②] 白月桥：《俄罗斯课程改革的具体剖析及其借鉴意义（上）》，《首都师范大学学报》（社会科学版）2000年第6期。
[③] 同上。
[④] 娜斯佳：《近20年俄罗斯教学论研究和教学实践改革》，博士学位论文，哈尔滨师范大学，2012年。

(一)课程理念：以人为本，公平平等

2000年4月10日俄罗斯颁布的《联邦教育发展纲要》（以下简称《纲要》）是普京上台后签发的第一个教育文件。《纲要》指出，"纲要的主要目的，是在俄联邦所宣布的教育优先的基础上，使教育系统的发展有利于造就和谐发展的、有社会积极性的、有创造性的个人，并使教育系统成为经济和社会进步的因素之一获得发展"①。新世纪首份教改文件直接确定了俄罗斯教育的基本理念和教育现代化的大方向，我们可以清晰地看到，新世纪俄罗斯的教育理念就是以人为本，根本目的就是造就"个人"，通过人的全面发展来促进"经济和社会进步"。新世纪俄罗斯转向民主化的社会以及创新型经济，落实到教育上，就是培养现代化的人，这就从根本上改变了苏联时期以国家为主的教育理念。俄罗斯人性化的教育理念体现在课程改革的方方面面，确定了民主化、人性化的课程目的，并通过《标准》以法律形式肯定了此价值观取向。另一个课程理念就是要保证俄罗斯公民基础教育的公平与平等。《标准》的一大重要任务就是要确保所有公民接受高质量教育的平等机会，建立俄罗斯各联邦之间统一的教育空间。俄罗斯地域辽阔，贫富差距悬殊，各联邦主体自行发展教育，势必会导致教育不均衡发展。《标准》的出现，旨在规定俄罗斯国家课程标准，改善受教育机会不等、教育质量不平的教育不公现象，保证全俄基础教育高质公平地发展。

(二)课程目标：全面协调，循序渐进

俄罗斯传统的教学目标是以知识为本位的，把系统的社会科学知识看作是教学的全部内容，其实质就是追求认知性的教学目标，培养学生的认识能力，忽视情感、个性等非认知目标。传统教学模式下的学生学习兴趣不佳，个性被压抑，无法适应新世纪社会政治经济的发展。马克思认为人是完整的个体，强调人的全面发展，认为全面发展包括"智力和体力的全面发展"和"个人、自由、充分的发展"两个方面。②赞可

---

① 王义高：《俄〈联邦教育发展纲要〉的要点分析》，《比较教育研究》2002年第1期。
② 王焕勋主编：《马克思教育思想研究》，重庆出版社1988年版，第186页。

夫认为知识的教学不代表人的发展，教学要促进学生个性的所有方面的发展。新世纪俄罗斯继承了苏联优秀的教育成果，将人的全面发展作为首要目的。

例如，初等普通教育（小学）国家标准的总体目标为注重个性与能力——促进学生的个性发展，培养学生的创造力和对科学的兴趣，形成学习愿望和能力；培养学生的道德感和美感，培养对自己和周围世界的情感、价值态度和立场；掌握系统知识、能力和技能，完成各种活动的经验；保证学生的身心健康；支持学生的个性发展；优先形成基本能力和技能，为以后的学习打下基础。基础普通教育（初中）国家标准的总体目标：认识世界、认识自我和自我确定——使学生在获得知识、能力、技能和实践方法的基础上形成对世界的总体认识；获得各种实践的经验、认识和自我认识的经验；选择接受学术教育或是职业训练并为之做好准备。中等（完全）普通教育（高中）国家标准的总体目标是：成长为现代社会合格公民——培养公民责任和正确的自我意识、精神和文化、独立性、创新精神和社会化意识；因材施教，根据高年级学生的能力、倾向和要求，利用机会应用个性化教育项目培养学生；保证受教育者将来的职业教育和职业活动的平等机会，包括考虑到劳动力市场的需要。[①]

从各阶段的总体目标可以看出，《标准》从学生主体出发，建立了全面系统的课程目标体系。从横向来看，注重学生获得全面发展。每个阶段的课程目标都涉及了三个方面，包括知识技能、情感态度以及个性发展，学生的发展性课程目标贯穿于整个基础教育阶段。从纵向来看，根据学生身心发展特点循序渐进地设置课程目标。从小学到高中，依次为培养学生的个性能力、认识世界和自我以及成为社会公民。在学生能够理解的基础上，从小我到大我，逐渐加入课程人文性、世界性和公民性的价值取向，以完成学生个性的全面协调发展。

（三）课程内容：人文关怀，务实应用

新课程标准对各课程内容做了以下修改：教育理念转向语言与交流

[①] 白美玲：《当代俄罗斯基础教育课程改革研究》，硕士学位论文，华东师范大学，2006年。

能力的发展，大幅提高此课程比重——在高年级开设俄语必修课，从小学二年级起开设外语课；加强文学课程的道德情操和审美功能，更新教学内容；数学首次要求学习概率和统计理论要素；信息和信息技术课具有理论和实践相结合的特点，为保证计算机知识技能的普及，自小学二年级开始学习；自然课要加强应用性和实用性，要求高年级学生能够整合应用自然知识；生物课显著增加关于"人"的知识，包括人的身心健康问题、健康的生活方式和生态问题等；地理课从分别学习自然地理和社会经济地理转向整合课程；历史课充分展开历史文化视角，突出历史进程中人的作用；艺术学科提高课时比重，1—9年级为必修课，高中为选修课；首次将社会科学学科在学校教育各阶段不间断地学习，在高年级基础水平和专业水平开设经济和法律专门课程；首次在所有学习阶段开设综合活动知识、技能和能力课程。①

从新标准课程内容的变化来看，俄罗斯基础教育阶段的课程体现了两大特点：一是课程内容注重人文关怀。改革后的俄罗斯课程非常重视课程的人文化，将人文课程与科学课程有机融合。当代俄罗斯认为苏联时期的课程内容充斥着"无产阶级意识形态"，使学生形成"共产主义世界观和道德面貌"，国家决定了课程内容，目的是为统治阶级培养人才，控制着学生的思想和行为。普京认为共产主义下的苏联获得了很大的成就，但是也要认识到忽视人民的危害。② 因此在新课程中明显加大了人文学科的幅度，同时赋予科学课程人文目标。通过人文学科和科学学科的学习，使学生了解自我、了解俄罗斯文化和世界，成为真正的"理解者"，形成积极的情感态度，从理解个人的小生活到理解大我的社会和世界生活。二是课程内容侧重务实性。新标准下的课程与时代、与生活紧密联系，适应当代社会的新要求。例如小学开设"周围世界"，通过这门自然科学综合课让学生了解人的生命活动与周围世界的相互关系。③ 小学二年级就开设信息和信息技术课，为今后的学习打下基础。初高中增设通识教育（经济和法律）、生活安全课和自然科学等课程，整

---

① 石少岩：《俄罗斯普通教育国家标准研究》，硕士学位论文，首都师范大学，2007年。
② 张男星：《试析俄罗斯课程内容和评价手段的变化》，《俄罗斯研究》2006年第1期。
③ 姚诗鸣：《"周围世界"——俄罗斯小学一至四年级的一门课程》，《外国中小学教育》2001年第1期。

个课程体系都体现了务实性，关注学生生活和社会需要，及时更新课程内容，为学生未来选择生活和职业的道路做充足的准备。

（四）课程设置：负担合理，侧重专业

1. 学生负担合理化

减轻学生学习负担是俄罗斯课程改革面临的一大问题，主要采取了两个方面的措施：一方面，延长基础教育年限。俄罗斯一直致力于将普通教育的 11 年学制延长至 12 年，前 10 年为义务教育阶段，后 2 年为专业式教育阶段，为学生接受高等教育和选择职业做准备。另一方面，规定普通教育基础教学大纲必修内容的最低标准、学生学习的最高负担量以及学习时间标准。例如，最低必修内容包括民族和世界文化的基本价值与成就、重要的科学理念和事实、普遍的人类世界观，保障学生的社会化、智力和文化发展，以及社会知识和功能的形成；国家普通教育标准规定的完整教学时间为：6 天工作日为 11500 学时/年；5 天工作日为 10500 学时/年。①

2. 高中侧重专业化

在教育现代化的推进下，俄罗斯实施高中阶段侧重专业化教学。2002 年《侧重专业式教学的构想》明确提出此教学方式的四大目标：（1）保证深入学习完全中等普通教育大纲的一门或几门科目；（2）创造条件实现高年级学生教学内容的区别化和个别化；（3）在受教育机会平等的前提下，尽可能满足学生不同的个性需求；（4）保证普通教育和职业教育之间的衔接性，使中学毕业生尽可能多地了解高等职业教育大纲的内容。为此，专业化教学设置了三类课程：必修的普通教育基础课程、必选的侧重性专业课程和任意的选修课程，所占的比例分别为 50%、30% 和 20%。② 2011 年《俄罗斯联邦实施统一教育大纲学校的联邦基本教学计划和示范教学计划》又对专业侧重课程做了细致划分：共有 38 个

---

① 高欣、叶赋桂、赵伟：《俄罗斯关于普通教育标准的争论》，《清华大学教育研究》2005 年第 6 期。

② 乔莉莉、赵惠芳：《俄罗斯普通教育高年级专业化课程实施之管窥》，《外国教育研究》2004 年第 9 期。

专业类型，包括普通类中的物理数学、物理化学、化学生物、生物地理、社会经济、社会人文、语文学等，也包括技术类中的信息技术、农业工艺、电子学等，还包括少量艺术类，如艺术美术。按照制定的主体，科目划分为由联邦决定的必修和选修的基础科目、必选的专业侧重类科目以及由地区和学校决定的任意选修的科目两大类型。[①] 其中联邦主体决定的课程占主要部分，这样有利于避免课程的过分专业化，既能保证学生学习基础教育阶段的通识知识，又能培养学生的个性化和社会化。

（五）课程评价：统一考试，结合专业

新世纪以前，俄罗斯一直沿袭大学自主招生制度，学生要参加高中学校组织的毕业考试和高校入学两次考试，考试分别由任课教师和高校自主命题，这不仅加大了学生的学习负担，而且由于评分随意性大，学生成绩受到质疑，导致世界上很多国家不承认俄罗斯的中学毕业文凭。为了教育公平和减轻学生负担，俄罗斯实行了全国统一考试时间和统一试卷。在每年的5—6月份举办，考试时间为180—240分钟，试卷分为A、B、C三部分，A、B部分是选择题与简答题，较为客观，由计算机评分，C部分是文字论证及数学推理的问答题，为主观题，由教师评分。[②] 统一考试可以有效保证评分的公正性和科学性，有利于提高全俄罗斯的教育质量，尤其是给予乡村地区学生接受高等教育的机会。

为了弥补统一考试带来的压抑学生个性的弊端，俄罗斯将统一考试与专业化教学相结合。2011年俄罗斯科技教育部将入学考试科目分为38类，每一类都包含3—4门考试科目，其中俄语是必考科目，每个专业设置一门必考科目，外加几门选考科目。例如天文学、无线电物理等专业的入学考试目录为：俄语、物理、数学、信息学与信息通信技术，其中物理为专业必考科目，数学和信息学与信息通信技术为选考科目。[③]

[①] 贝文力、顾恒：《俄罗斯普通高中侧重专业式教学研究》，《教育发展研究》2012年第20期。
[②] 李莉：《俄罗斯国家统一考试十年发展述评》，《俄罗斯中亚东欧市场》2011年第10期。
[③] 贝文力、顾恒：《俄罗斯普通高中侧重专业式教学研究》，《教育发展研究》2012年第20期。

（六）课程管理：三级管理，自主赋权

苏联时期课程管理以国家为主，逐渐向分权化、区别化的方向发展，当今俄罗斯继承了苏联时期课程权力划分的方向，由国家逐渐向地方和学校放权，形成了联邦—地区—学校三级课程管理体制。三级课程管理体制在俄罗斯课程标准中得到充分表现，《标准》分为三个部分：联邦部分、民族地区部分和学校部分，以联邦部分为主，各地区和学校必须严格遵守。

俄罗斯课程权力正在逐渐下放，赋予地方、学校和个人更多的自主权和参与权。2008年2月，俄罗斯颁布了《全俄教育质量评估体系方案（第二版）》，从"国家—社会"角度建立一个完善的全俄教育质量评估新体系，评价主体包括国家、生产部门、学校、社会和个人。[1] 多元化的课程评估主体将学校和社会紧密联系起来，使得课程质量监督更加民主化、透明化，为现行课程提供可靠的测评信息，有利于俄罗斯课程改革的进一步完善。

（七）课程保障：法律规范，财政投入

俄罗斯教育改革过程中颁布了众多法律文件，《标准》作为管理课程的基本文件，它本身就是一项法律规范。该标准是规定教育内容的最高规范性文件，也是最基础性的文件，各教学计划和教学大纲都以此为标准。[2]《标准》规定的是正规的学校教育系统的教育内容，规范化的教育内容和结构保证了基础教育课程体系的完整性和系统性，是评价课程质量的指标之一。俄罗斯将课程方案上升到法律高度，表明了俄罗斯对课程改革的高度重视，制度化和规范化的法律政策为课程改革的顺利进行保驾护航。另外，国家对课程改革的财政投入是课改得以有效展开的必备因素之一。俄罗斯《教育法》规定，国家优先发展教育，并保证教育

---

[1] 王旭阳、肖甦：《俄罗斯现行教育质量评估体系述评》，《比较教育研究》2011年第2期。

[2] 高玉洁：《俄罗斯普通教育国家教育标准研究》，硕士学位论文，南京师范大学，2007年。

拨款，教育经费不少于国民收入的 10%，在教育比例上，首先要保证满足基础教育，并大力扶持农村基础教育发展。① 俄罗斯从法律上对基础教育经费问题做出了保证，减少可能出现的财政机关滥用职权或者资金不到位的状况，有效促使基础教育课程改革的全面展开。

三 新世纪以来俄罗斯基础教育课程改革的问题

新世纪以来，俄罗斯对基础教育课程进行了大量改革，取得了一定的成绩，但也存在不少问题。

（一）关于课程标准的规范问题

新世纪俄罗斯课程标准的出现，是由于激进式改革造成的权力过于分化、各地方各学校使用课程权力混乱的产物，是为了防止课程管理权失衡的手段。1997—1998 年联邦政府规定中学教育内容的最低限度为基本的"识文断字"，要求最大限度地减少教学时数，减轻学生负担；所有教育费用均改由老百姓自己承担，减少国家投入。事实证明，不规范的课程标准导致基础教育质量下降，不符合课程标准改革的初衷，对俄罗斯基础教育造成了严重折损。规范的课程标准在基础教育事业中发挥指导作用，规定了课程内容的标准、财政预算的标准以及地方和学校的权限等等，保证课程改革事业的顺利进行。目前，俄罗斯课程标准依然存在一些问题，如规则不够细致、范围不够全面，等等。

（二）关于课程实施难度的问题

俄罗斯新课程标准实施的难点在于农村，因为课程实施不仅仅是课程理念、内容、评价等软件的实施，更需要教学设备等物质资源的支撑。虽然新世纪的俄罗斯已经步入世界强国之列，但是仍然受到 20 世纪 90 年代经济萧条时期的影响，各地区教育资源水平不等，城乡之间面临着教育投入、办学条件、师资水平等差异显著的问题。为此，2005 年发布的

---

① 李建忠、刘松年：《〈俄罗斯联邦教育法〉对我们的若干启示》，《教育探索》2008 年第 9 期。

《国民教育优先发展方案》规定，2006—2008 年，国家联邦预算每年投入 30 亿卢布；2008 年梅德韦杰夫总统提出的《我们的新学校》也强调采取多项措施加强学校基础设施建设。[①] 这些政策都为农村学校办学条件的改善提供了物质保障。然而"冰冻三尺，非一日之寒"，虽然俄罗斯发展农村教育取得了一定成效，但是要实现俄罗斯全境的教学条件现代化还是非常困难的。目前，俄罗斯小型农村学校依然面临着设备不完善、教师量少质低等问题，导致新课程政策无法得到充分实施，阻碍了课程改革的顺利进行。为了减少财政支出，优化课程资源，俄罗斯采取了撤并学校的措施。但问题在于学校是农村唯一的教育环境，是知识和文化的发源地和现代信息的集散地[②]，农村学校承载着传播乡村文化的特殊使命，大规模撤并学校必然导致乡村文化的消失，这不符合新标准提出的区别化、个性化的课程目标。

（三）关于教师的财政保障问题

《标准》改善了俄罗斯课程内容、课程结构等存在的问题，促使政府增加了对基础教育的财政预算，然而《标准》并没有确定教师的工资与福利待遇。教师是课程改革中的重要参与者，教师群体直接决定了课程实施的效果。课程理念与课程实施本是一体相连，若没有好的实施者，再好的课程理念也无法落到实处。《标准》未明确教师的财政保障，会使教师等课程改革实施者产生抵触情绪，消极对待课程改革。尤其在农村学校，保障体系的不完善致使优秀教师大量流失，余下的教师量少质低，无法保证课程改革发挥应有效果。专业化的教学需要根据学生的兴趣和社会生活的要求，开展丰富多样的课程供学生自由选择。课程的多样化无形中也提高了对教师的要求，要求教师具备全面的知识和素养，教师不得不进行自我学习和接受培训，这就加大了教师的工作量，延长了教师的工作时间。因此应该将教师的工资待遇、工作条件和福利待遇等写进《标准》中，有效保证教师等课程实施者得到应有的回报，从而保证

---

① 刘楠、肖甦：《21 世纪以来俄罗斯推动义务教育城乡均衡发展的政策述评》，《比较教育研究》2011 年第 8 期。

② 同上。

课程改革的顺利推进。

四 新世纪以来俄罗斯基础教育课程改革对我国的启示

通过上述介绍，我们可以从新世纪俄罗斯基础教育课程改革中得出如下启示。

（一）制定明确的课程质量标准

俄罗斯教育标准最大的特点就是规定课程质量标准，减轻学生负担。如何保证基础教育的高质量，如何减轻学生的学习负担是俄罗斯乃至世界教育的两大问题。我国同样面临着这样的问题，我国学生学业负担繁重，但是当学生历经十年寒窗苦读后，却无法满足社会的新要求，不符合市场的人才需求。究其原因，我国没有明确的课程质量标准，对基础教育的目标也只是"德智体美劳全面发展"，因此学校和教师往往随意强加学生负担，没有上限。俄罗斯普通教育国家标准规定了必修内容的最低标准、学生学习的最高负担量以及学习时间标准，严格执行，使教师和学生明确了学习任务，也有效减免了学生的学习负担。因此我国完全可以借鉴俄罗斯的做法，制定不同阶段和不同科目的国家课程质量标准，在学生的学习深度和广度以及学习时间上做出明确规定。各级学校在此基础上可以制定多样化的课程方案，但是也要符合学生学习量的最高标准，保证学生愉快学习。

（二）课程内容生活化，侧重专业式发展

新世纪俄罗斯课程内容从人的角度出发，各科课程都包含人的情感态度的培养，为了使学生个性化发展，适应社会和劳动力市场的需求，俄罗斯的教育内容向社会生活和实践靠拢。首先，课程内容贴近生活。俄罗斯基础教育课程体系添加了周围世界、经济和法律、生活安全等课程，扩大了知识与生活之间的联系。各科课程在教学过程中，都渗透了生活化的课程目标。我国新课改后，非常重视学生知识技能、过程方法和情感态度的培养，教师帮助学生形成知识的生活意义。但是我国的课程科目还是比较缺乏同生活和社会的联系,例如生命安全教育、法律法规教育、科学世界与生活世界的结合等仍未得到普及。

我国基础教育课程还存在一大问题,就是学生接受了义务教育后不能满足劳动力市场需求。俄罗斯为了解决学生就业问题,将基础教育的十一、十二年专门设为专业式教学阶段,在此阶段开设多样化的课程以供学生选择,课程涉及物理—数学专业、信息—技术专业、艺术专业,等等。调查显示,2007年,俄罗斯平均有超过75%的九年级学生接受分专业前培养,物理—数学专业、全科、信息—技术专业较受城市中学生的欢迎,农村学生更偏向选择农艺学(农艺技术)等专业。这就避免了学生盲目选择高等教育专业,使学生对自己的职业生涯有清晰的认识。我国学生在进入高校前,往往对所列专业并不清楚,更不了解劳动力市场的人才需求。因此我国基础教育需要开设专业式课程,使学生清晰认识自我、认识职业。

(三) 坚持同一性和多样性的课程评价

新课改的进程中,必然要引起课程评价的变动,只有课程质量评估体系有所改善,才能充分发挥新课程改革的功效。我国考试实行国家统一考试,但是有关课程质量评价的问题一直处于敏感地带,目前我国中考、高考制度备受抨击。许多人认为课改的过程就是推翻"应试教育"的过程,"应试教育"是摧残学生全面发展的罪魁祸首。然而我们从俄罗斯的课程改革过程中可以看出,学校自主招生带有很大的随意性,科学性和可靠性受到质疑,学校滥用职权,造成评价不公的现象,降低了俄罗斯的整体教育质量。因此我国组织的统一考试不能被推翻,它既可以保证全国整体教育质量水平,又能减少徇私舞弊的现象,为学生提供相对公平平等的考试平台。[①]

如何在统一测评的基础上,发展学生的个性,满足社会的需求,俄罗斯的课程评价制度为我国提供了很好的借鉴蓝本。俄罗斯实施全国统一考试,但又侧重专业式教学,也就是在组织上统一课程评价,但是在

---

① 王策三:《应该尽力尽责总结经验教训——评"十年课改:超越成败与否的简单评价"》,《教育科学研究》2013年第6期。

评价内容上是自由多样的。俄罗斯目前的高等教育入学考试科目中包含必考科目、专业必考科目以及选考科目，不仅保证了学生基础课程的学习，又满足了学生个性化的需求，加强了学校与社会的联系。因此，无论学生选择何种专业的课程，都能得到全面协调的发展。我国大部分地区仍然实行文理分科制度，培养的学生过于单调，与现如今社会要求的综合素质不相符合。为此，我国可以借鉴俄罗斯的考试制度思路，将统一考试和多样化的考试科目结合起来，保证基础教育质量的同时，为学生的深入学习或者选择职业创造条件。

（四）加强课程的管理保障、法律保障和财政保障

世界各国的课程管理都趋向于三级课程管理制度，集权型国家逐渐下放课程管理权，分权型国家政府加大对各地各学校的管理。由此可见，课程改革是一项全民参与的活动，社会、学校和公民要有意识地参与，因为学校课程是切合国家、社会和个人利益的，各界人士都应发挥主观能动性，为课程改革效果反馈信息，加强对课改的监督。俄罗斯建立的全俄教育质量评估新体系，集合了国家、社会、学校和个人等多方评价主体，以及正在建立的第三方独立的教育质量评价体系，对教育质量采用综合电子化管理[①]，这些都表明了俄罗斯要构建公开性、公平性的普通教育质量评价体系的决心。我国虽然也实行了三级课程管理体制，但是仍属于政府主导型，广大人民还没有意识参与到课程管理中来，阻碍了课程改革的顺利进行。因此，国家要通过宏观政策调动学校、社会团体和学生等群体加入课改队列，帮助人们形成参与国家教育事业，管理和监督课程改革的意识和习惯。

有关课程改革的法律保障是我国的薄弱环节。现如今的社会物欲横流，滋生了很多令人痛惜的教育问题，教育工作者道德缺失、校车事件、教育不公现象时有发生。究其原因，就是我国缺乏健全的教育法律体系。俄罗斯非常重视教育事业，教育领域的政策法规大大小小不下数十条，有关课程内容、最低限度、考试制度等法律法规都要分门别类细致划分。《标准》本身就是在多项法律法规的基础上，建立起来的国家课程的法律

---

① 李艳辉：《俄罗斯基础教育创新发展动向及启示》，《中国教育学刊》2013 年第 2 期。

文件，有效保障了俄罗斯课程改革的进展。然而我国课改中，出现了很多无法可依、有法不依、违法不究的问题，如教育资源分配不均、教育机会不等、徇私舞弊等问题严重阻碍了课改的推行，国家亟须建立完善的教育法律，运用法律武器，严厉打击不法现象，将会大大提高课程改革的实施效果。

我国同俄罗斯一样地域辽阔，各地贫富不均，物力资源短缺，要实现全国教育现代化是一项大工程。我国城乡之间、校际之间均存在教育不均衡现象，面对如此大的缺口，我国政府已经加大了薄弱地区、薄弱学校的教育投入和政策倾斜。但是相比较而言，国家依然是对薄弱地区和学校的教育投入低，教学设备少，不达标。除了物力资源匮乏外，我国对教师群体也缺少财政保障，经济发达地区的学校、高级别学校中的教师工资福利水平都比较高，而薄弱地区和学校老师的工资福利、奖金和社会保障等方面没有得到良好的保障。这些都大大降低了薄弱学校教育工作者的工作积极性，使得课程改革无法有效落实。因此，我国要健全基础教育课程改革物力和人力的财政保障体系，将其写入相关法律文件中，结合法律，依法严格执行。

（和学新、高飞）

第 三 章

新世纪以来英国基础教育课程改革及其启示

课程改革是教育改革的核心，教育改革的直接落脚点是课程改革。《1988年教育改革法》的实施，代表了英国正式踏入国家课程改革这个领域。1994年，英国针对1988年以来的课程改革中出现的问题，又做出了调整。英国工党在1997年重返政坛后，又继续对教育进行了一系列的改革，并且强调"教育、教育还是教育"为政府工作中心之一，教育成了新工党执政以来的"第一优先"。工党对课程进行了进一步改革，设立英国资格与课程局，正式颁发了《2000年新国家课程标准》。[①] 1999年英国颁布新一轮国家课程标准，强调四项发展目标和四个方面共同的价值观，增加了信息技术和公民教育两个基础学科。这些改革为英国进入新世纪做了较充分的准备。2000年9月，英国开始实施新的国家课程。新国家课程的实施，拉开了21世纪英国基础教育课程改革的序幕。

一 新世纪以来英国基础教育课程改革的背景与过程

（一）全球经济的发展对人才质量的要求

21世纪是知识经济的时代，知识经济依赖于知识创新、知识的广泛

[①] 冯生尧：《课程改革：世界与中国》，广东教育出版社2004年版，第304页。

传播与应用。知识经济时代的核心竞争力"是以知识为基础的信息捕获能力、学习能力、文化和人员的素质"①。科学与技术的革命、人们可能获得大量知识、庞大的通信传播网络的存在,以及其他各种经济和社会因素已经大大改变了传统的教育体系。② 经济的全球化对于世界各国来说是一把双刃剑,只有跟上经济的步伐才能转弊为利。经济的发展靠科技,科技的创新在人才,人才的培养唯教育。知识与经济的发展对高质量人才的需求愈发明显。所以,教育是提升国家软实力、提高国家核心竞争力的归宿。尤其是20世纪80年代以来,强调基础教育改革和提供优质教育已成为一种国际教育潮流。

全球范围内的课程改革都旨在通过课程改革提高本国的教育水平,使本国的教育发展、人才质量适应时代发展的步伐。英国基础教育课程的改革,也是应时代发展之需求。英国教育和科学部曾针对5—6岁年龄组的课程提出:"不能也不应该是固定不变的。它应随着外部世界对学校要求的变化而变化。这对学校提出了一个富有挑战性的任务。"③ 最明显的标志即英国实施国家统一课程,这是与国际教育潮流相吻合的。

(二) 信息技术的迅猛发展

信息技术的迅猛发展和广泛应用,伴随着网络技术的出现和普及,人们已经迈入了信息化社会。信息化社会使整个世界成了"地球村"。信息化社会对人们提出了新的素质要求,即必须具备信息化社会所需的各种素质,才能避免成为当今社会的落伍者,才能积极地、主动地参与到社会的进程中。这些素质包括具有现代意识;掌握信息技术,具有较高的信息素养;具有较强的自主学习能力;具有多方面的知识和较强的综合能力等。④ 信息化将给学校课程带来质的变化,信息技术已不仅仅是教学手段和教学工具。

英国政府自20世纪80年代以来始终强调,在信息化和全球化的时

---

① 刘绛华:《软实力——知识经济时代核心竞争力的关键》,《求实》2006年第12期。
② 联合国教科文组织:《学会生存》,教育科学出版社1996年版,第14页。
③ 瞿葆奎:《教育学文集·英国教育改革》,人民教育出版社1993年版,第438页。
④ 林宠明:《对信息化社会人才素质和教育的理性思考》,《教育探索》2002年第6期。

代,为了"适应面对 21 世纪世界的需要,学校教育应当在培养进取心和适应性方面做更多的工作,使年轻人适应技术时代劳动生活的需要"①。英国政府意识到要创办世界一流的教育,越来越依赖于教育技术。在新的国家课程中,英国政府将以前的"信息技术"改为"信息和交流技术"(简称 ICT)。目的是为了学生有能力参与快速变化的世界生活做准备,学会发现、分析、提供信息,创造性和独立性地学习。为确保政策的落实,政府还制订了"信息高速公路计划",并提出"人人上网,校校上网"的口号。

(三) 教育质量的下降对课程改革的呼唤

自 1997 年新工党执政以来,英国在解决教育投资、较低学习期望以及其他有关儿童服务等问题上取得了很大的进步。但英国基础教育同时也暴露出诸多问题,如阅读、写作和算术等核心科目成绩的国际排名下滑;教育工作者对全国统考的反对声此起彼伏。1997 年新工党执政初期,就面临教育质量下降的问题。调查报告显示,英国有超过一半(1610 所)的中学没有达到政府设定的教学最低目标。截至 2008 年 6 月,仍有 634 所中学没有达到最低标准。② 六分之一的中小学课程的教学质量令人失望;英国中小学生的数学、历史和地理知识等明显没有中国、日本、韩国等亚洲国家的学生丰富。③ 最突出的表现是英国在国际学生评价项目(PISA)中排名的下降:在 2000 年的测试中,英国学生的科学素养排第四位,阅读素养排第七位,数学素养排第八位;2006 年,科学素养排名跌至第十四位,阅读素养低至第十七位,数学素养下降至第二十四位;2009 年,科学素养排第十六位,阅读素养排第二十五位,数学素养排第二十八位。

国际竞争力的下滑、教育质量的下降使得英国政府有了危机感,于是将"适应社会需要"作为其基础教育改革的指导思想。同时,英国政

---

① 瞿葆奎:《教育学文集·英国教育改革》,人民教育出版社 1993 年版,第 550 页。

② 缪学超:《布朗执政时期英国基础教育政策文本分析》,《当代教育理论与实践》2012 年第 9 期。

③ 刘常庆:《英国也"不让一个孩子掉队"——〈你的孩子,你的学校,我们的未来:建设 21 世纪的学校系统〉白皮书评析》,《上海教育》2009 年第 10B 期。

府也认识到要取得基础教育质量的持续提升还需时间的保障，需要做出长远的规划。因此，英国政府又针对基础教育出台了一系列的远景规划。虽然政府通过一些政策来提高教育质量，但随着全球经济、政治形势的飞速发展，英国又面临着新的挑战。通过基础教育课程改革来提高教育质量是刻不容缓的问题。

（四）执政党执政理念在课程方面的体现

1997年，英国工党领袖布莱尔当选首相后，在吉登斯的"第三条道路"思潮的指导下，以他为首的英国政府开始了面向21世纪的新一轮课程改革。"第三条道路可以有多种理解，既可以是撒切尔主义式的'柔性'理解，也可以视为对早期社会自由主义的回归；还可以被看作是对社会民主价值的理性重构。"[①] "第三条道路"走的是中间路线，即不再是单纯地排斥传统的国家干预主义和自由放任主义，而是"以实现兼顾经济效率与社会公平的目的，在政治、经济、政府、民族国家和福利制度这五个方面进行了变革，致力于培育一个全纳的、积极的公民社会，实现权力与责任的平衡"[②]。

在"第三条道路"思潮的影响下，英国的教育改革涉及以下内容。如提高教育水准——教育发展的首要目标，体现在1997年公布的教育白皮书《追求卓越的学校教育》；强化教育公平，推行教育均衡发展，促进入学机会均等，表现为2001年出台的《特殊教育需要和残疾人法》；重视教育学的改革逻辑，提高基础教育的标准，改革课程设置，改革教学方法等；投资于创新、推进创业教育；等等。

（五）课程改革的传承性

英国的《1988年教育改革法》在一定程度上触动了英国教育的某些传统，因此，它在英国引起的反响异常强烈，被认为是自1944年的《巴特勒教育法》以来英国历史上又一次里程碑式的教育改革法案。而此次

[①] Giddens, A., *The Third Way: The Renewal of Social Democracy*, Cambridge: Polity Press, 1998, p. 95.

[②] DfEE, *Excellence in Schools*, London: DfEE Publications, 1997, p. 5.

改革对传统的触动，正是对过去从未做过统一规定的课程、考试等问题开始进行全国整齐划一的管理。"国家课程在历史上首次对课程的全部核心科目提出了挑战性的全国性目标，这些目标反映了广泛的磋商和国家课程委员会的指导，这已在国家课程的所有科目中得到体现。这些目标是所有学校在教育学生时的共同目标，它给所有学生一个共同的权利，要求学校在教学中达到这些目标，家长有权坚持这些目标。"[①] 英国政府之后的教育改革，基本上都是围绕着这一主题进行的。英国 20 世纪 90 年代的课程改革延续了这一发展方向，力图将国家课程的改革向纵深推进。强调基础知识教育，增加灵活性和多样性的选择，建立统一的课程管理和协调机构，改进关键阶段的评价，等等。2000 年掀起的新一轮基础课程改革继续以基础教育的整体质量为核心，推动国家课程的改进和完善。此次改革，提出了 21 世纪国家课程的新见解：是政府旨在提高教育质量的核心教育策略。2000 年，英国资格和课程委员会（Qualifications and Curriculum Authority，简称 QCA）对中学课程重新进行了审查。2007 年，资格和课程委员会公布了新的国家课程，从 2008 年开始实施。

二 新世纪以来英国基础教育课程改革的主要内容

（一）课程目标的改革——质量、效率与公平的演进

1994 年，英国政府在 1988 年教育改革的基础上实施了新的中小学课程改革，强调的是基础知识的教育。目标共 8 个，其中 4 个涉及基础学习方面，4 个涉及终身教育方面。从工党执政后，大力推行"第三条道路"，在保证质量的基础上，更加强调公平和效率。英国政府通过调研，做了充分的准备后，提出了 2000 年基础教育新课程改革，其中包括了一个总体目标和四个基本目标。总体目标是迎接 21 世纪的挑战，为提高全体学生的教育成就水平，为使学生的道德、文化、智力和体质得到全面发展，为把学生培养成健康、有活力、有探索力的新一代。基本目标包

[①] 国家教育发展研究中心：《发达国家教育改革的动向和趋势》（第 6 集），人民教育出版社 1999 年版，第 379 页。

括促进精神、道德、社会和文化的发展，加强健康教育和公民教育，发展学生的各项基本技能，促进其他方面的发展。在政策上，也倾向于公平与民主的教育。如《儿童计划：构建美好的未来》（2007年）旨在为英格兰地区的儿童营造世界一流的教育与成长环境。《你的孩子，你的学校，我们的未来：建立21世纪的学校系统》（2009年）白皮书在保证教育经费正常的投入外，鼓励学校间的合作，使经费流向处境不利的学生群体。

由此可见，英国的基础教育课程目标在课程改革中不断地发展和完善，表现为越来越重视学生的全面发展，包括对学生的公民教育。强调基础教育质量和教育机会均等，重视学生终身学习的能力，为未来的生活做准备。

（二）课程内容的改革——趋于现代化、综合化和终身化

"当今存在着一个世界舞台，无论人们愿意与否，每个人的命运在一定程度上都在这个舞台上决定。全球在经济、科学、文化和政治方面的相互依赖关系正日益加深。"[1] 随着经济全球化的发展，对人才的规格与质量要求都有了一定的变化。英国2000年的课程改革中加入了公民课程，将"信息技术"更名为"信息和交流技术"（ICT）。自2002年8月起，公民课被纳入到11—16岁的法定课程之中，其主要目的是帮助学生理解他们在现代民主社会中的角色和责任感。[2] 而不再将现代外语作为14—16岁学生的必修课程，以便于学生有时间开展自主性的社会体验学习。2007年将个人、社会与健康教育课拆分成个人幸福、经济福利与理财能力这两门课，并随后进行了修订。同年，英国发布了一份基础教育课程改革报告——《2020愿景：2020年教与学评议组的报告》，要求课程需适应每个学生的需要，教学方式应该多样化，加强学生的个性化学习。[3] 也就是说，强调课程内容要与生活实际联系，为学生日后的生活和学习

---

[1] 联合国教科文组织：《教育——财富蕴藏其中》，教育科学出版社1996年版，第23页。

[2] 祝怀新：《英国基础教育》，广东教育出版社2004年版，第64页。

[3] "2020 Vision: Report of the Teaching and Learning in 2020 Review Group", http://www.teachernet.gov.uk/educationoverview/briefing/strategyarchive/whitepaper2005/.

做准备。并且在《儿童计划：构建美好的未来》中指出，"汉语将于 2014 年 9 月之前被列为小学三年级学生的必修课"①。由此不难看出，英国基础教育课程内容日趋现代化、综合化，并且强调学生的终身学习能力的习得。

（三）课程结构的改革——以国家课程为纽带

1988 年法案规定的国家课程共 10 门，又可细分为核心课程和基础课程。即数学、英语、科学 3 门核心课程，现代外语、历史、地理、美术、音乐、体育和技术 7 门基础课程。虽然没有将宗教教育作为一门单独的基础课程出现，但仍然将宗教教育列为法定的课程领域。规定公立学校必须让学生做集体礼拜，并进行系统的宗教教育。②

如果说 1988 年的教育改革开创了英国基础教育实行国家课程的先河，那么接下来的基础教育课程改革都是以国家课程为纽带，实现课程之间的沟通和综合平衡而进行的。2000 年新的课程改革中，基础教育课程的结构基本没变，核心课程即数学、英语和科学 3 门课程，基础课程包括信息和交流技术（ICT）、现代外语、宗教教育、历史、地理、美术、音乐、设计与艺术、体育和公民等，共 12 门课程。为了适应社会的发展，将原来的"信息技术"（IT）更名为"信息和交流技术"（ICT），并增加了公民、宗教教育等课程。此外，升学与就业指导、人格培养、健康教育都作为横跨各门学科的学习主题。社区活动、劳动体验等活动课程也被纳入学校课程体系。这些课程在 2000 年后逐年开展，且中小学稍有区别（小学阶段 10 门课程）。③ 在统一课程的基础上，英国政府重视特色学校的建立，鼓励学校自主开设选修课，即学校课程。

2007 年资格和课程委员会公布了新一轮的国家课程。此次对第三学段（11 岁至 14 岁）的 12 门核心课程和基础课程都进行了修订。12 门课程包括设计和技术、艺术和设计、英语、历史、地理、体育、音乐、信息与交流技术、公民、数学、科学和现代外语。之前的个人、社会与健康教

---

① 马宇：《英国 2020 基础教育发展目标与政策实施》，《教育与管理》2013 年第 1 期。
② 王青汉：《英国基础教育改革值得借鉴的几个特点》，《基础教育》2009 年第 9 期。
③ 钟启泉：《世界课程改革趋势研究》，北京师范大学出版社 2001 年版，第 382 页。

育课拆分成个人幸福、经济福利与理财能力这2门课，也对第四阶段（14岁至16岁）的公民、信息与交流技术、体育与宗教、英语、经济福利、个人幸福等课程大纲进行了修订与开发。① 2010年卡梅伦联合政府发表了《教学的重要性：2010学校白皮书》，对国家课程的改革进行了相关的说明，强调国家课程重视的是基础知识和基本技能的掌握。

（四）课程评价的改革——改革考试与评价制度

课程改革必然引起考试制度的改革，以考试评价改革来保证全国统一课程的实施达到期望水平，是课程改革的一大特色。《1988年教育改革法》除了开创了国家统一课程的先河，也全面推进了全国统一考试。

为了解决统一考试与评价中出现的难管理、缺乏信度等问题，英国政府于2000年重新确定了国家课程各年龄段所要达到的目标，并设立了关键阶段末的测试。国家课程评价是对5—14岁年龄段学生学习国家课程状况的评价。根据英国对义务教育的划分，这一年龄段的学生处于关键阶段1、2、3。关键阶段1、2的测试分别面向的是一至三年级与三至五年级，测试方法主要是纸笔测试。关键阶段3结束时的科学与数学有多种类别的试卷可供选择。并且也将教师评价纳入到国家课程评价体系当中，教师评价包括测验、平时档案和成绩记录。所有学生在前三阶段学习结束时，都要参加国家统一考试（SATs）。第四阶段学习结束后要参加"中等教育普通证书"（GCSE）考试（15—18岁），GCSE试卷也有不同等级的难度划分。成绩较好的学生可以选择在本校或者其他招收十二、十三年级的学校或学院继续学习3—5门课程，2年后参加升入大学的"国家普通职业资格"（GNVQ）考试，或者"高级水平普通教育证书"（A-Level）考试（16—19岁）。2005年，英国教育和技能部公布了《14—19岁教育和技能》白皮书，加强GCSE证书制度和A水平证书制度；将数学和英语作为14—19岁年龄段教育的核心。② 同年，英国政府

---

① QCA，"Secondary Curriculum Review Statutory Consultation Report"，2008.

② "14-19 Education and Skill"，http：//www.dfes.gov.uk/publications/14-19 education and skills/pdfs/14-19 White Paper.

宣布，计划将出生至3岁阶段与基础阶段（3—5岁）合并，这样，0—5岁孩子的保育、学习等将整合为一体。该计划从2008年9月开始正式实施。

综上所述，英国基础教育在对学生进行评价时注重甄别和发展两种功能之间的平衡，将外部考试与教师的评价相结合，并且在评价的过程中，注重学生的个体差异性。

（五）课程管理的改革——平衡中央与地方的课程管理权

纵观英国基础教育课程管理发展，可以说，英国的课程管理权处于"放"与"收"之间的平衡。英国崇尚自由、民主，在课程管理上也不例外。20世纪80年代改革后，结束了英国课程管理上地方自治、放任主义管理的状况，转向中央集权化管理。根据《1997年教育法》的规定，学校课程与评估局（SCAA）和资格局（NCVQ）合并，形成一个统一的具有法令权威的新机构：课程与资格局（QCA）。课程与资格局是国家管理机构，对国家课程的改革、实施有着巨大的作用，同时也推进了国家课程的改革。之前真正的权力掌握在学校管理委员会和校长的手中，校本课程在中小学始终占据着主导地位。并且教师参与校本课程的编制与开发已是一种潮流。[①] 2000年新课程方案减少了对学习科目的硬性要求，给学校和教师提供了更多的课程灵活性空间，增加了学校在开发校本课程方面的自主权。此时，英国政府已经注重了国家统一与学校自主之间的统一。

进入21世纪，政府直接干预基础教育课程改革已经成为大势所趋。但这并不是绝对的集权，不是权力的全部上收，英国政府也在寻求课程管理权的平衡化。国家同地方教育当局、学校之间以协作、协调为基础，从而对课程进行科学、合理的管理。课程的中央、地方、学校三级的分权管理模式，旨在在国家统一要求的前提下，使学生可以共同发展，同时又考虑到地方和学校的特色，给予一定的自主权，发挥学校特色，因地制宜，从而提高教育质量，促进学生的全面发展，促进课程的多样化发展。

---

① White, R. C., *Curriculum Innovation: A Celebration of Classroom Practice*, Open University Press, 1999, pp. 10 – 12.

三 新世纪以来英国基础教育课程改革存在的问题

（一）政治色彩浓厚

英国政府是保守党和工党轮流执政的，因此两党政治的理念对英国基础教育改革政策上产生了重要的影响。不论是1997年新工党的布莱尔执政还是2007年的布朗上台，都坚持的是吉登斯的"第三条道路"理念，这一思潮在教育领域也有鲜明的表现，尤其是在英国政府制定的教育政策中，表现最为突出。一方面，加强基础教育，提升学生的基础学力，为学生在未来社会中做准备；另一方面，强调教育民主和公平，呼吁为每一个学生提供最大可能的发展机会，解决社会排斥问题。强调的是教育优先、教育民主化、教育终身化和教育现代化。倡导的是平衡性，工党政府在教育领域同样寻求平衡性，如国家规划与地方自主性之间的平衡、追求优异与教育平等之间的平衡、学术教育与职业教育之间的平衡，等等[①]。尤其在课程管理上，寻求中央、地方和学校的三级化管理，追求社会公正、效率等。如2000年的国家课程，扩大了学校、教师在课程与教学以及学生评定等方面的自主权。工党执政时实行的"教育行动区计划"表明在课程方面，教育行动区加盟学校可以不受国家课程的束缚，可以根据当地的情况自主设计课程；为提高学生的读写水平，在课程实施方面可以进行更为灵活自由的改革，以激发学生的学习兴趣。2000年的国家课程，呈现出明显的第三条道路的理念与特征。在教育财政方面投入力度较大，全力地支持公共开支；而卡梅伦自2010年5月上台后，则大幅度削减开支。

进入21世纪的英国，不论是奉行"第三条道路"的新工党，还是追随"撒切尔主义"的保守党，其基础教育课程改革与发展都与这些政治理念密不可分，无不披上政治的外衣。

---

① 杨军：《英国促进基础教育均衡发展政策综述》，《外国教育研究》2005年第12期。

（二）改革过于频繁

新工党执政后，提出了"教育优先"的口号。1997年发表了《追求卓越的学校教育》，制订教育行动区计划等。2000年实施了新的国家课程，2008年又实行了新一轮的国家课程，并制定了相关的标准。保守党执政后，发表了《教学的重要性：2010学校白皮书》，赋予教师更多权力，支持校长强化权威等。每一个党派执政后都要颁布相关的政策文件，几乎每年都有一定的新政策出炉。如新工党于2001年颁布的《特殊教育需要和残疾人法》，2002年的《传递结果：一个面向2006年的战略》，2003年的《每个孩子都重要：为了孩子而改变》《每个儿童的未来都重要》，2004年的《为了儿童和学习者的五年战略》，2005年的《为了全体学生：更高的标准、更好的学校》，2007年的《儿童计划：构建美好的未来》《2020愿景：2020年教与学评议组的报告》，2008年的《国家挑战：提高标准，支持学校》，2009年的《你的孩子，你的学校，我们的未来：建立21世纪的学校系统》，等等。

在教育领域，工党与保守党之间因执政理念不同，在政策上也会有所体现，甚至完全相左；而就其中某一党派来说，不同的领导人也会有所区别。工党执政后课程改革致力于为儿童以后适应社会做准备，在课程设置上增加了公民、健康教育、升学与就业等课程。而2010年保守党再次执政时，强调国家课程改革的中心将再次聚焦于基础知识和基本概念，重视学生对基础学科的基本知识以及核心概念的理解和掌握。如此频繁地出台政策，虽然出发点都是为了儿童的健康发展，为了教育质量与国际竞争力的提高，但是落实到具体的课程改革中，结果却是不同的。尽管执政党也出台了一定的长远计划，但是周期仍较短，教育政策执行的连续性不强，且过于频繁的改革弱化了预期的效果。

（三）教育公平的落实未达到期望值

2000年的基础教育新课程，明确了国家课程和学校课程的理念，突出国家课程的目的的同时，也强调课程的包容性，为所有学生提供有效的学习机会。随后也出台了相关的教育政策，以提供法律上的支持。英国的基础教育课程改革以提高教育质量和教育机会均等为主线,历次课程改革都是为了提高教育质量和克服学生参与课程的不平等以实现英国历来标榜的"教育民主"和"教育公平"而进行的。[①] 步入 21 世纪后,尤其是在"第三条道路"思潮的影响下,在课程内容上更注重平衡性、宽广性和一致性。努力在儿童的活动、经验与学生的基本技能、基础知识之间取得平衡,使得课程改革与学生实际更为贴近,促进学生的全面发展。

执政者的初衷总是完美的,但现实却与理想存在一定的差距。虽然国家课程为正规教学与非正规教学留下了余地,对教学方式方法和教学时间未做硬性的规定,但在实践中并未受到充分的重视。虽然在财政上对基础教育课程改革给予一定的投入,以保证课程改革的进展,但在实际中遇到的问题却更为复杂,教育公共投资仍不足,教育不公平现象十分突出。如工党执政期间,国家拨款制度不够公平和透明,为了解决此问题,卡梅伦政府执政后,教育经费直接支付给学校。此举的目的也是为了避免教育经费的流失,尤其是专项经费(如基础教育课程改革的经费)的正确使用,而不再经由地方政府中转。

(四) 忽视教师在课程改革中参与的重要性

国家课程的实施与逐步完善,在一定程度上为教师指明了该教什么,要达到什么标准。而学生通过国家课程的学习,也确实能够掌握比较系统的学科知识。但国家课程却给教师带来了较大的工作压力和心理压力。国家课程削弱了教师的课程自主权,教师需要按照国家课程标准进行教学、评价,不仅增加了学生的负担,也增加了教师的工作,引起了教师的不满,甚至教师辞职现象时有发生。尽管如此,新工党执政后,并未因此而降低对教师的要求,依然强调教育将永远是政府工作的核心,加大对教师的培训力度。[②] 自国家课程实施以来,学校和教师的教学都得围绕国家课程标准而展开,校本课程被国家课程所取代,而政府相关的教

[①] 杨雅琼:《二战以来英国小学课程发展与变革的研究》,硕士学位论文,西北师范大学,2004 年。

[②] 陈晓瑞:《当代英国中小学课程与教学改革探析》,《教育研究》2003 年第 4 期。

育文件中提到的给学校和教师一定的发展课程自由的政策也都成了一纸空文。尽管此后英国在课程改革中,开始重视教师对课程改革的意见,并调动教师参与到课程改革中,以保证课程改革的顺利进行,但实际的收效甚微。当保守党再次执政时,在《教学的重要性：2010学校白皮书》中,再次将"赋予教师更多的权力,保证教师的合法权益"等上升到法律文本的高度。

教师队伍是推进课程改革的极为重要的前提和基础,教师的培训和教师专业发展是新课程改革中的重要环节。若一味地宣传要提高教育质量,促进公平,而忽视教师在课程改革中的作用,则等同于没有桥梁却想到达河流的彼岸。

四 新世纪以来英国基础教育课程改革对我国的启示

英国的社会形态、价值观念及文化习俗等方面虽然与我国大相径庭,但英国的基础教育课程改革过程中仍然有许多值得我国借鉴的地方。此外,也可以从英国的基础教育课程改革中,吸取些许的教训,避免我国在基础教育课程改革中走弯路。

（一）执行"以人为本"的理念,强调学生的主体性

英国政府和学校都重视学生的发展,尤其是进入21世纪以来,更加注重学生的全面发展。政府层面,制定了一系列关于保障儿童权益及学习的文件,为儿童的发展提供了法律支持。学校层面,课程设置尽量做到多样性与灵活性,满足学生的不同需求；课堂教学的内容与方式也多以学生为主体,"不追求学术方面的第一,只希望通过活动来细心地帮助学生做好迎接挑战的准备"[①]。可谓是真正做到了"以生为本""一切为了学生的发展"。

而我国提出的科学发展观,既是对人的素质发展观的概括,也是一

---

① 焦晓骏：《将学习的主动权还给学生——有关英国教育的四个话题》,《江苏教育》2011年第6期。

种未来发展的社会文明观。在科学发展观的指导下，提升人的整体素质，促进人的全面发展的素质教育是教育改革与发展的主题，有力地引领着我国基础教育课程改革。"基础教育课程改革的一个重要目标就是以学生为本，反对杜威主义和精英主义，致力于教育机会均等和追求社会正义，以帮助文化背景各异的所有学生都获得全面发展。"① 教育须适应学生，以应对社会的变化和需求，新课程就需要关注每一个学生的成长和发展，教师也不仅仅是"传道授业解惑者"了。要树立"教育是儿童的教育，课程是儿童的课程，学习是儿童的学习"②的理念，把育人为本作为教育工作的根本要求。对于我国广大的教育工作者来说，这是需要向英国基础教育课程改革学习的地方之一，当然，这也是一项较大的工程，需要一定的时间。

（二）完善基础教育课程教学质量检测评估机制

以布莱尔为首的英国工党执政后，英国政府开始了面向 21 世纪的新一轮课程改革。课程与资格局的成立，负责统筹课程标准和评价水平，同时也加强了学术教育与职业教育之间的联系。8 年后，又出台了新的《国家课程（2007）》，其下属机构国家评价当局（NAA）根据其标准和考试程序具体落实考试编制、开发、实测、报告结果，进行数据搜集和分析，为国家检测学生学业质量、制定政策提供证据。2008 年，资格与课程发展局（QCDA）成立，负责包括开发和制定《国家课程》，并连带负责与"国家测验"相关的一系列事物。2011 年，英国国家教育部进行新一轮《国家课程》修订，教育质量监控系统的官僚性、控制性和规范性等特征被重新审视等。③

由此可见，英国的基础教育质量监控机制比较成熟。反观我国，尚未建立健全课程检测体系。目前只有教育部在北京师范大学和华

---

① 靳玉乐：《多元文化背景中基础教育课程改革的基本思路》，《教育研究》2003 年第 12 期。
② 崔允漷、汪贤泽：《基础教育课程改革的意义、进展及问题》，《全球教育展望》2006 年第 1 期。
③ 张晓蕾：《英国基础教育质量标准〈国家课程〉及监控系统》，《全球教育展望》2012 年第 5 期。

东师范大学建立了基础教育质量检测中心，但这远不能满足课程改革发展的实际需求。通过对课程改革实施状况的监控，可以及时反馈课程方案在不同地区、不同学校的实施程度、水平，并积累数据和案例，为课程方案、课程标准的修订提供实践依据。基础教育质量检测机制的建立与完善，不仅能全面反映基础教育课程改革的实际情况，而且对农村地区的学校来说，意义尤为重大。农村学校在推行基础教育课程改革的过程中，较之城市中的学校，遇到的问题更多、更复杂。因此，基础教育检测体系的建立，能及时反馈农村学校在课程改革中遇到的困难与问题，在此基础上总结和推广成功的案例与经验。

（三）加快教育公平的脚步，加大教育经费的投入

通过上述介绍，不论是布莱尔政府还是布朗政府，都侧重于教育公平与效率。尽管在教育公平方面未达到期望值，但也有了一定的成效。英国政府发现21世纪的世界已进入信息时代、知识经济的时代，并着眼于学生的全面发展与终身学习，同时更加注重教育的公平与民主。"国家核心竞争力的保障在于最大限度地开发所有人的能力，教育的作用不只是为人们提供梯子，更重要的是要促进每个人潜能的发展和提高人们的整体水平，改变社会的整体环境。"① 1996—1997学年英国政府向地方当局拨款7亿英镑，2007—2008学年则增加到63亿英镑，作为建设校舍和购置教学设备之用。②

教育公平是社会公平的重要基础，是现代教育的必然选择。促进教育公平是人的全面发展和社会公平正义的客观要求，是教育为人民服务的具体体现。保障公共财政对教育的投入是落实教育优先发展，实现教育目标公平的根本保障。1993年党中央和国务院印发的《中国教育改革和发展纲要》提出，到2000年年末，财政性教育经费占国内生产总值的

---

① 汪霞：《新世纪发达国家基础教育课程改革的背景、理念及启示》，《外国中小学教育》2009年第8期。

② 翟俊卿：《英国〈为了全体学生：更高的标准，更好的学校〉白皮书评述》，《世界教育信息》2006年第3期。

比例应到4%的目标。1993—2008年的16年间，国家财政性教育经费占GDP的比例始终保持增长，从2.46%增长到3.33%。[①] 由于我国人口多，底子薄，城乡、区域和学校之间教育发展严重不平衡的状况尚未得到根本转变。以小学为例，2008年，全国小学生均总支出3412元，其中城镇4198元，农村3117元；普通小学生均总支出东部地区4650元，中部地区2800元，西部地区3060元。[②] 在《国家中长期教育改革和发展规划纲要（2010—2020年）》中又重提"4%的目标"，即"提高国家财政性教育经费支出占国民生产总值比例，2012年达到4%"，并将促进教育公平作为国家基本国策。促进教育公平，增加教育财政性支出，尤其是基础教育课程改革的专项经费，缩小城乡、区域、校际之间的差距，是我国基础教育课程改革中的重点之一。

（四）发挥学校自主权，重视教师的参与

学校拥有自主办学权是按照教育规律办学和提高教育质量的基础，是推进教育体制改革和建设现代化学校制度的重要内容。办学自主权既是学校处理办学事务的权力，也是学校实施教育活动所承担的责任。英国向来崇尚自由和民主，即使是实行了国家课程之后，也逐步放权给地方和学校。给予学校一定的自主权，重视校长在管理中的作用。为保障和促进课程对不同地区、学校、学生的要求，我国实行的是国家、地方和学校三级课程管理模式。学校在执行国家课程和地方课程的同时，可根据当地社会、经济发展的情况以及自身的传统和优势、学生的兴趣和需要，开发校本课程。但在事实上，政府仍过多地干预学校教育活动，学校行使自主权的积极性和主动性受到了削弱。在课程开发方面，审批过程过于烦琐等。

在学校中，教师是课程改革的核心因素。英国的基础教育课程的发展说明了在课程改革中必须得到教师的支持。新世纪的教师，已不再是

---

① 教育部新闻办公室、中央教育科学研究所：《对话教育热点2009》，教育科学出版社2010年版，第189页。

② 教育规划纲要工作小组办公室：《教育规划纲要学习辅导百问》，教育科学出版社2010年版，第24页。

知识的搬运工,而是要让学生真正成为一个有思想、有道德、有能力、健康、独立的人。教师参与到课程改革中,会对课改有更深的理解与体会。在实践操作中也会避免"无从下手"、对课改适应性不强的境遇。在基础教育课程改革中,应坚持促进教师的专业化发展,将教师队伍建设作为推进课程改革的关键要素。

(张楠、和学新)

第 四 章

新世纪以来加拿大基础教育课程改革及其启示

21世纪是经济社会快速发展的时代，各国都在为增强自身的国际竞争力而不懈努力。新世纪人才对社会进步的巨大贡献在国际上越来越受到重视，各国都十分重视教育在人才培养过程中的作用。加拿大在新世纪对其国内自身的教育现状进行了分析，2000年2月21日加拿大统计局和加拿大省教育厅长理事会联合发表了《1999年加拿大教育指标统计报告》，这份报告对加拿大国内的教育现状进行了较全面的统计与分析，报告中包含加拿大教育指标统计项目序言、加拿大的教育环境、目前加拿大教育体系的特点、教育成果评估、劳动力市场现状，并对21世纪的教育发展做出了预测。2001年，加拿大安大略省教育部公布了中小学教育法修正案草案，该修正案规定了增拨教育经费并且强制规定了教师的职责，表明了加拿大政府对学校教学质量的重视。2003年，由多伦多大学的迈克尔·富兰（Michael Fullan）和教育部常务理事开罗·卡布尔（Carol Campbell）及艾维斯·格拉兹（Avis Glaze）共同完成了有关提高安省中小学学生读写能力和计算能力的《激发学生学习潜力》（*Unlocking Potential for Learning*）报告。[①] 在《2007—2008学年教育财政议会拨款法案》中，进一步对安大略省的拨款政策进行了详细的说明，包括政府拨款的方式、基本拨款项目以及拨款中涉及的公平性问题。此外，安大略

---

① Carol Campbell & Carol Campbell & Avis Glaze, "Unlocking Potential for Learning, Effective District-Wide Strategies to Raise Student Achievement in Literacy and Numeracy", Project Report, 2013–10–11.

省议会于 2006 年 12 月通过了《教育法修正案》,规定未满 18 周岁的青年人都必须接受教育。新世纪以来,加拿大的教育改革就是在这些权威性与强制性的政策报告指导下进行的。

一 新世纪以来加拿大基础教育课程改革的背景

(一) 多元文化政策导致的基础教育混乱

加拿大是一个多民族国家,国内的民族成分复杂,除了之前一直生活着的土著印第安人(Indian)、因纽特人(Innuit)等之外,还有 17 世纪以来开始踏入这片土地的欧洲英法殖民者。随着简单贸易的兴起以及后来加拿大的成立,这片土地吸引着世界上大量不同地区不同民族的人涌入。据不完全统计,加拿大有 100 多个民族,52 种宗教,仅印第安人就操 50 多种不同的语言。① 如此纷繁复杂的人口问题,政府决定让多民族文化共存,推行"文化镶嵌"(culture mosaic)政策,加拿大每个省都拥有各自一套完善的法律制度、政治制度以及教育制度以应对多民族的问题。面对这样的政策,放在教育中应该如何来解决?这成了摆在教育当局面前一个不得不考虑的问题。

在 20 世纪末 21 世纪初,加拿大国内的中小学有 16500 所左右,社区学院约 200 所,其中在课程设置和管理模式上几乎找不到两所一模一样的学校。由于学生的种族与信仰差异以及各学校所处的地理位置也不尽相同,因此,学校必须设置一些富有特色的地方课程来满足其中不同学生与家长的需求。将教育权力下放成为加拿大国内教育管理的一贯特色,各省将教育管理的权力下放给地方各个学区,实行各省教育分权自治的政策,所以加拿大的基础教育课程改革的地方特色比较明显,不同省份根据自身的实际情况采取了适合本省的课程改革措施。例如,20 世纪比较出名的萨斯喀彻温省的"K—12 一贯制"核心课程计划、不列颠哥伦比亚省科学教育计划、佩斯市"新教育"计划以及新不伦瑞克省和新斯科舍省针对培养不同水平学生的标准计划和调整计划等。这些省份的课

---

① 阮西湖、王丽芝:《加拿大与加拿大人》,中国社会科学出版社 1990 年版,第 55—56 页。

程改革内容的不同正是加拿大教育分权自治的体现。然而，伴随着毫无节制的全国"教育分权"与各省"权力下放"政策，加拿大教育管理也出现了一系列问题。由于各个省的教育制度不尽相同，各省在教材、毕业条件、能力测试方面也不一样，造成了各省之间的课程内容有很大的差别，特别是采用全国非统一教材的措施，且编写教材带有商业盈利目的模式，以及课程设置满足各省地方特色，造成加拿大的基础教育课程五花八门。拿各省的学制来说，绝大多数省采用的是六年制的小学教育，但在萨斯喀彻温省、安大略省、马尼托巴省和不列颠哥伦比亚省等地区则为八年制，这些都使得来自其他省份的转校生想学好该省的课程成为极其困难的事情。加拿大将课程设置的权利交给了各个学区和校务委员会，不仅每个省份的课程设置不一样，而且在同一学区的不同学校课程也不尽相同。这种千差万别的课程造成了加拿大全国范围内的课程设置结构混乱、各自为政的局面，各省互不相通纷纷筑墙的管理方式使教育质量出现了问题，也不利于统一管理。

（二）社会巨大变化的要求

除了来自政治方面的推动因素之外，学生所生活的周边环境也发生了很大的变化。随着社会经济的进步，加拿大妇女的地位得到了提升，许多妇女不再留在家中照顾家庭，她们也开始加入社会工作队伍的行列，父母陪伴在孩子身边的时间变得更少了，一些孩子性格变得更加孤僻。离婚成为加拿大越来越普遍的社会现象，单亲家庭增多，许多学生都拥有严重的心理问题，青少年犯罪率也在不断上涨。21世纪的社会必须向学生提供充满爱和关心的学校，这不仅仅是因为学生可以在教师和学校的关心或呵护下学会如何去帮助他人，而且这种爱和关心也有利于学生心理的健康成长。正如阿尔伯塔大学的马克斯·范梅南教授认为的那样，社会可能会发生剧烈的后现代变化（postmodern changes），但是孩子们的天性依然不变，这是教育学的事实：他们需要安全、稳定、指导、支持。[①] 社会经济的快速发展为毕业人才提供了更多的工作岗位，但是2000

---

① ［加］马克斯·范梅南：《教学机智——教育智慧的意蕴》，李树英译，教育科学出版社2001年版，第73页。

年加拿大发表的《1999年加拿大教育指标统计报告》显示，1995年人文社科专业毕业生毕业两年后全职雇用率仅仅达到61%，而同一时段所有专业毕业生的平均全职雇用率为67%。因此，21世纪加拿大劳动力市场必须为大量毕业学生提供足够的工作岗位使他们做到人尽其才，避免人才资源的浪费。加拿大省教育厅长理事会主席保罗·凯庞（Paul Cappon）指出，通过多年的改革与发展，加拿大的教育对经济发展做出了巨大贡献，目前加拿大缺少的不是人才，而是就业机会。① 针对劳动力市场不能满足毕业人才的困惑，2013年7月5日在努纳武特（Nunavut）的伊魁特市（Iqaluit）举行了第101次教育部长会议，主要分析了近年来加拿大发生的变化，包括人口老龄化、知识经济的集约化、科技快速变化等，各教育部长要求在教育系统中创立和扩大机会，不仅要解决当前劳动力市场不足的问题，并且应当使当今的教育对今后5—10年的教育发展起引领作用，使教育系统可持续发展。因此，加拿大在面临服务行业的兴起、知识大爆炸时代的到来、人口严重老龄化等社会新变化时，只有变革其国内基础教育中现存不合理因素，才能满足社会发展需要。②

（三）紧跟国际教育潮流，保持领先优势

由世界经济合作与发展组织公布的2000年以来四次国际学生评估项目（Programme for International Student Assessment，简称PISA）的成绩来看，加拿大学生在阅读、数学和科学三科的测试结果上一直处于国际领先水平，加拿大学生的各科平均测试水平高出OECD平均成绩28—35分，在国际上排名靠前。但是在2009年的测试结果中加拿大学生在阅读成绩的排名由2000年的第二名降到了第五名，数学也由2000年的第三名降到了第八名，相比于2006年第三名的科学测试结果，2009年加拿大在国际上则排到了第七名。虽然加拿大测试成绩喜人，但是其逐年下滑现状也令人担忧。因此，加拿大政府在尽量保持其领先的同时，也在考虑如何

---

① 加拿大统计局与加拿大省教育厅长理事会：《1999年加拿大教育指标统计报告》，《世界教育信息》2000年第6期。

② 管洪云：《20世纪80年代以来加拿大基础教育课程改革述评》，《浙江教育学院学报》2009年第4期。

改进其基础教育不合理现状。政府领导人一直十分重视教育改革的连贯性与强制性，以安大略省的教育改革为例，省长麦坚迪一直把教育改革当作第一要务，在 2003 年至 2010 年间，该政府一直推行以"专业为导向"的教育系统改革战略并取得了明显的成效，这项行动计划已经成功地把三年级学生的阅读、数学和写作的省考平均通过率从 2003 年的 55% 左右提高到了 2010 年的 70% 左右。[①] 在提高本国学生的成绩水平方面，加拿大政府向来十分重视，对于 20 世纪 90 年代的第三次国际数学和科学研究（TIMSS）成果显示出加拿大 9 岁、13 岁中学毕业学生的落后成绩，新政府就表现出了改革不良成绩面貌的决心，决定把提高数学和科学教育质量列为政府优先日程。21 世纪的政府也是如此，在教育改革过程中注重连贯性。加拿大政府除了在国际测试方面一直努力使其学生保持优势地位之外，在改善教育不公平现状、对世界教育落后地区施以援助以及增加义务教育年限与教育拨款等方面也积极致力于引领国际教育发展大趋势。

二 新世纪以来加拿大基础教育课程改革的内容

2000 年以后加拿大对学前教育、小学、中学都进行了不同程度的改革，其改革可称得上是内容丰富、范围广泛，涉及课程目标、课程内容、课程结构、课程评价、课程的门类等众多方面，将学生的心理接受水平、地方自主特色、教学人员的责任及作用等因素都纳入了改革的考虑范畴。政府对教育改革提供支撑并指明方向以保证顺利实施为加拿大教育改革的一大特点，在改革的过程中，政府部门发挥的决策作用成为加拿大改革的一项必不可少的推动力，各省的教育改革正是在各项政策的指引下实施开来。下面分别对加拿大基础教育不同学段的改革内容做一定的说明。

（一）幼儿园教育和学前教育

自福禄贝尔创设了幼儿园以来，人们越来越意识到幼儿教育与学前

[①] 陈法宝：《经验与启示：2000—2009 年加拿大 PISA 测试结果分析》，《外国中小学教育》2012 年第 11 期。

教育的重要性，普遍认为儿童的初级教育对孩子今后的心理及学业的发展具有非常重大的意义。世界各国对幼儿教育的重视与日俱增，加拿大也不例外。1999 年，加拿大 3—5 岁儿童学前教育的毛入学率为 64%，2006 年为 68%，政府一直在为让更多的儿童接受学前教育而努力。在 2013 年 9 月 3 日开学之际，安大略省教育厅厅长单杜丝（Liz Sandals）在多伦多市中心介绍全日制幼儿园的优点时指出，从 9 月起，全省 75% 的小学开始为 3—4 岁的幼童提供全日制幼儿园服务，预计在 2014 年 9 月全日制幼儿园将覆盖全省，使 20 万名学龄儿童可以在全日制幼儿园中学习与娱乐。政府积极鼓励每位家庭将其子女送入全日制幼儿园，对于其中的低收入家庭，政府将会给予一定的经济补贴，若是出现全日制幼儿园容量有限的情况，政府将动用教会资源或是通过学校间相互协调的方式来解决这一问题。[1]

加拿大安大略省 K—8 课程表中表述了有关幼儿园课程的要求与期望，指出了幼儿园的课程内容。这些幼儿园的课程内容在 2006 年又经过一番修正，重新详细明确了幼儿园的课程门类与期望要求。其中课程有 6 门，分别为语言艺术、数学、科学技术、个人与社会发展、艺术、体育活动与健康，其中法语不列入其要求范围之内。每门课程都对儿童提出了一定的期望，一种是针对宏观要求方面的总体期望（overall expectation）；另一种是从细节方面而言的，称为具体期望（specific expectation）。[2] 每一门课程都注意到对儿童相应能力的培养，在现有的基础上培养更高方面的能力。

加拿大的学前教育与幼儿园教育有些不同，幼儿教育主要以启蒙为主，而一些省份使学前教育与初小教育（一至三年级）的课程尽量相衔接，呈现出连续性与过渡性的特点，是一种介于幼儿园教育和小学教育之间的教育。在学前班里，不仅内容与初小课程相衔接，而且在教育方法的使用上也尽量与初小保持一致。学前班一般招收来自幼儿园的 5 岁

---

[1] 费诗明：《全日制幼稚园安省 9 月开办每家省 6500 $ 育儿开销》，http://www.iask.la/news/toronto/2013/0904/220820.html。

[2] Phillips B., "Ontario Curriculum Tracking Templates: Grades K - 8", 2006 - 11 - 12, http://www.geocities.com/Athens/Oracle/8314/currgrid.htm.

儿童，每班人数一般限定在30人以下，为了与小学的课程相衔接，学前班分为法语班和英语班两种类型。虽然作为进入初小阶段前一年的教育，但加拿大的学前教育还是以尊重儿童的天性为主，学习方式大多为游戏和实物参观及实践等，如每年会根据不同的季节带儿童野餐、看电影，开设一些实践动手如剪纸折叠手工等课程，让儿童在快乐的环境中学习。

（二）加拿大小学课程改革

20世纪80年代以来，加拿大的小学教育课程改革开始紧跟世界经济与社会的潮流趋势，伴随着知识大爆炸、信息技术的迅猛发展、家庭结构的变化、移民继续增加，以及学生学业负担过重的问题，加拿大政府越来越意识到对小学课程进行改革的必要性。面临着增加学生知识的同时又要减轻学生学业负担的困境，加拿大教育当局一方面注意学习美国对科技课程的重视，另一方面又考虑到本国的具体国情。改革的主要内容规定，加拿大在满足学生获得基础知识和基本技能的前提下可以适当保留各地乡土课程，这样不仅满足了课程设置的统一要求，还可以照顾到地方特色。

科技在现代社会越来越受到重视，尽快将人类的科技智慧体现在小学生的教材中，使其转变为学生自己的知识成为课程内容改革的大趋势。加拿大各省都在为课程中体现科学启蒙教育而努力。早在1982年，不列颠哥伦比亚省就制订了包括初等教育和中等教育在内的科学教育计划，提出了实施该计划的科学教育四个方面的目标，分别是科学态度的养成、科学研究过程与技能的掌握、科学知识的积累、科学思维的培养。[①] 安大略省的小学科学教育与之前叙述的幼儿园教育阶段的科学教育都列入了Grade 1-8的"科学与技术"（Science and Technology）这一课程门类的要求之中。1995年，安大略省17个学区和约克大学科学教育课题组一起开展了"科学和技术成绩评价项目"（Assessment of Science and Technology Achievement Project）。该项目的主要内容包括：（1）开发小学科学技术教育基本课程；（2）制定评价指导，协助教师评价学生科学和技术教

---

① Hugh Taylor, *The 1982 B. C. Science Assessmenet Summary Report*, Victoria, B. C: Ministry, 1982, p. 7.

育成绩；（3）向教师提供科技教育课程和评价在职培训。1998 年 3 月安大略省正式颁布小学科技教育课程，同年 9 月开始在小学各年级实施，2002—2003 年全面推广。在研究和比较其他英语国家和加拿大其他一些省份科技教育课程的基础上，ASAP 参与成员和安大略省教育培训部一起，经约克大学协调，于 1998 年推出了权威的一至八年级课程大纲"科学与技术"（Science and Technology）。① 安大略省初等教育课程改革经过近半个世纪的艰难历程，终于处于加拿大全国科学教育的领先地位，建立起了一套完整的课程体系，不仅在课程内容方面体现了科学教育的要求，而且将教师、学生、研究人员和企业商人等社会各界人士囊括到课程的主体范围中来，加强了科技课程与社会的联系，体现着学校科技课程要紧跟社会潮流的特点。

当今世界，儿童在学习活动的过程中占据着越来越重要的地位，加拿大小学课程改革接受历史上欧洲新教育运动的思想精髓，并且深受邻邦美国教育家杜威的影响，因此十分重视儿童这一主体，本着以儿童为中心的课程原则进行小学课程改革。例如，不列颠哥伦比亚省教育部的《2000 年：学习的结构》（Year 2000：A Framework for Learning）文件中就体现了该思想。这份有关学校教学工作的文件不仅明确提出了教学过程要坚持以学生为中心的原则，还对学生所学的课程和学校应采用的方法等问题提出了明确的看法。② 加拿大课程的设置不仅考虑到帮助学生学到科技和人文方面的知识，还注重培养儿童的能力，包括他们的交往能力、自主学习能力、创新思考的能力等。

（三）加拿大中等教育课程改革

在全国范围内，加拿大的中学没有全国性的统一学制、没有统一使用的课程和教材，各个省教育部都是通过该省相关的文件下达最低课程标准，或是提供一些可供选择的教材，由各学校酌情自行选定本校的课程体系或是各科教材。虽然加拿大各中学课程开设得不尽相同，但是各

---

① 冯清高：《加拿大科学课程的改革与发展》，《广东职业技术师范学院学报》2002 年第 2 期。
② 李新成：《加拿大不列颠哥伦比亚省的教育改革》，《外国教育研究》1997 年第 6 期。

省初中课程都是以共同课程作为必修课程,将一些与社会生活联系紧密或是能够照顾到学生兴趣的课程作为选修课程(阿尔伯塔省称其为补充课程)。加拿大初中的选修课程内容十分丰富,例如不列颠哥伦比亚省规定从八至十年级的选修课程分别有:英语、数学、社会、科学、体育与健康,其中社会又包含历史、地理、哲学、法律、心理学等,科学包含物理、化学和生物。这样的课程设置将学生课堂所学与他们周围的世界紧密地联系起来,不仅能够使学生掌握一些适应当今社会的基本技能,而且学校在选择课程时也更能结合到本校与本地区的实际情况,使课程设置更加灵活。高中阶段一般为两到三年(安大略省高中为四年),与初中阶段不同的是,加拿大高中阶段选修课所占的比重更大,一般占到总课程的45%—55%,新斯科舍省高达61.6%。高中的选修课程包括以升入大学做准备的学术性科目,为进入社会职业界做准备的职业性科目,如商用数学和办公程序。此外,还有一种就是学习较困难的学生青睐的兴趣性科目,学生选择这类科目比较容易获取学分,方便顺利毕业。除此之外,高中课程大都是学分制的,每个高中都有一个最低学分要求的规定,学生只有在达到该规定的条件下,才能有机会顺利取得毕业资格。

  作为升入大学前一阶段的中学教育,其课程内容与教学效果将直接影响到学生将来在高等教育阶段的学习以及进入社会职业界的生活水平。为了保证中等教育的教学质量,加拿大政府在改革的过程中给予财政支持。2006年,加拿大公共教育支出总额占国产总值的百分比为5.1%。安大略省教育部2001年公布的中小学教育法修正案草案中规定增加教育拨款16200万加元,使安大略省中学的班级人数减至每班21人。其国内义务教育阶段公立中小学的学费全免,即使是过了规定的义务教育年龄18岁仍未取得相应文凭,政府规定免收其大部分学费。21世纪面对国际上激烈的经济与科技的较量,加拿大的中等教育仍然将科学技术课程摆在十分重要的位置,在20世纪萨斯喀彻温省"K—12一贯制"核心课程计划中将数学、自然科学和社会科学作为该省的必修课程,并强调培养学生的科技观念。萨斯喀彻温省已成为加拿大课程改革的楷模,影响力还波及整个北美,被誉为北美课程革新的先驱。[①] 安大略省政府也在1986

[①] 钱扑:《加拿大"K—12"核心课程》,《课程·教材·教法》1991年第8期。

年拨出 300 万加元开展一项专题研究,并发表了《科学发生在这里》(Science is Happening Here)的报告,明确提出科学教育应注重社会、技术和经济背景,这就是著名的"科学、技术和社会"(简称 STS)的提法。[①] 该计划强调把科学、技术、社会三者相结合,并且使各相关课程相互渗透,形成课程的一体化,同时该计划还强调发展学生的能力。不列颠哥伦比亚省在培养学生的科学素养方面制定了"一至七年级基础科学课程指南"和"初中科学课程改革方案",被称为科学教育计划。该计划要求在课程要求和课程设置方面也要有利于学生科学态度的形成、科学过程与技能的掌握、科学知识的获得以及科学思维的培养。在中学阶段至少应该设置科学课程或是科学某一方面知识的课程。在进入到 21 世纪以后,中学科学课程改革仍未间断,安大略省在以 1997 年教育部颁布的"K—12 年级科学学习成果大纲"为指导的基础上,对 1999 年和 2000 年的旧课程标准进行更新和完善,并且依据安大略省的教育现状和未来科学教育的发展趋势制定了安大略省九至十二年级新科学课程标准,在 2009 年 9 月新学期之际开始在全省九至十二年级的学校中全面实行开来。新课程标准不仅要求学生具备一定的科学素养,培养他们的科学探索研究能力,而且还涉及中学里有关科学课程设置的内容,将教师、家长、学校管理者以及社区和作者等人结合起来,以保证每位学生都接收到新课程标准下的科学课程教育。[②]

此外,加拿大的中等教育还尽量为那部分从高中毕业直接进入职业界的学生们考虑,例如佩斯市"新教育"计划规定中学阶段主要分为四大科:人文、科学、实用艺术、美术。"实用艺术"科包括体育、家政、商科、工科。佩斯市的"新教育"计划的一大特色体现在其中学之后的预科与传统预科的区别,传统预科只是让学生升入高一级的大专院校,而"新教育"计划的预科设置不仅有培养学生接受继续教育的功能,同时还培养学生适应社会、走入社会、接受社会职业的目的。预科阶段课

[①] 冯清高:《加拿大科学课程的改革与发展》,《广东职业技术师范学院学报》2002 年第 2 期。

[②] 郭裕茂、叶晨、张文华:《加拿大安大略省 9 至 12 年级新科学课程标准解读》,《化学教育》2012 年第 3 期。

程设置的创新之举在于将预科生的"工作经验"也列入其学业总成绩中，占 1/13，其"工作经验"由学校安排工作单位获得，如果没有该项成绩，学生将不能获得毕业资格。①

除了上述课程改革之外，加拿大在课程改革方面还做出了诸多尝试与进步，面对着全国各异的评估标准，加拿大联邦教育部长会议努力在全国建立基础教育的课程质量评估标准，虽然结局并不理想，存在不配合的省份，但是它却表明了加拿大课程改革在朝着整体划一的方向迈进。此外，加拿大十分注重教育的公平，对长期由于经济地位、种族、民族甚至是成绩测验等因素形成的教育"分流"现象进行了改革，到 21 世纪初期，加拿大基本上取消了之前一贯将学生分为基础的、普通的、优秀的三等级的做法，对所有的学生都设置同样的课程，所有学生都有机会进入大学或是接受自己喜欢的职业教育，这对加拿大国内的反种族主义教育具有十分重要的意义。

三　新世纪以来加拿大基础教育课程改革的特点

（一）"分权"和"统一"相结合，"统一"的趋势愈加明显

由于地域、民族、信仰和生活习惯的种种因素，加拿大一直实行教育分权自治的政策，这样能够满足不同地区民众的需要，促进加拿大多元民族文化的发展，有利于实现教育公平，扩大地方自主权。课程改革一定要在结合本地区实际情况的基础上进行，否则制定出来的方案想要改革现状也会于事无补，无法在具体的实际条件下实施，更不能接受实践的检验。因此，加拿大基础教育课程改革绝大多数都是地方性的改革。过分强调地方的权力将会导致课程设置的一片混乱，加拿大将课程设置的权力下放给地方学区和学校的做法给全国统一管理带来了困难。加拿大各省份都是按照本省的《课程设置要求》进行课程设置的，但这只是最低课程标准，至于具体的课程还是由各个学区学校自行决定。为了顺利沟通协商各省的教育思路，加拿大于 1967 年成立了教育部长协会（Council of Min-isters of Education, Canada，简称 CMEC）。该协会的主要

---

① 汪霞：《国外中小学课程演进》，山东教育出版社 2001 年版，第 147—148 页。

工作就是协商各省的教育问题。在 1999 年 1 月通过的《维克多利亚宣言》(以下简称《宣言》)中,再次确定了 CMEC 在全国性的教育问题解决方面的指导作用,各个州之间的合作朝着积极的方向发展。协会的活动地域主要在大西洋沿岸的四个州,分别是 New Brunswick, Prince Edward Island, Nova Scotia, Newfoundland。历史上这四个州也曾经共同编写过教科书。[1] 教育部长协会自成立以来,提出了许多具有指导性的意见,对加拿大许多教育政策的形成产生了一定的影响,同时对协调各省的教育起到了很大的作用,加拿大基础教育的课程改革也在教育部长协会的协助下进行。1999 年的《宣言》除了指出 CMEC 在教育中的指导作用外,还指出了各省必须加强教育"统一"的原因:快速变化的世界、青年失业问题、知识经济的发展、经济全球化、技术进步,这些因素对加拿大人的生活和工作市场产生了重要的影响。《宣言》中指出,面对这些新挑战,各省必须联合起来,共同协商讨论教育问题,交流教育经验,促进加拿大教育的进步。[2] 此外,加拿大各省都在设置共同的基础课程,这是一种分权基础上追求统一课程改革的趋势。

(二)注重与社会的联系,增加科学课程和实用性课程

科技是一国综合实力的重要内容,是国际竞争力的重要组成部分,世界上许多国家在进行课程改革的同时,也把培养学生的科学素养当成是科学教育的重要目标。加拿大多次对科学教育进行改革,21 世纪的科学课程强调学生对科学本质的理解,2009 年开始实施的安大略省九至十二年级的新课程标准中规定了该省科学教育的三大目标:(1)理解科学的基本概念;(2)培养科学研究所需的技能、策略和思维方法;(3)将科学、技术、社会和环境相结合。[3] 加拿大新世纪的科学课程不仅仅体现

---

[1] 罗雪琳:《加拿大学校行政、课程、考试制度的考察及启示》,《成人教育》2011 年第 9 期。

[2] Joint Ministerial Declaration Canada, "Shared Priorities in Education at the Dawn of the 21st Century", Council of Ministers of Education, 1999, http://www.cmec.ca/Publications/Lists/Publications/Attachments/250/victoria-declaration – 1999.pdf.

[3] 郭裕茂、叶晨、张文华:《加拿大安大略省 9 至 12 年级新科学课程标准解读》,《化学教育》2012 年第 3 期。

在课程科目的设置上,更多的精力应该放在如何使学生理解科学的本质,提高自己在科学知识方面的学习与研究能力,应用自己的科学技能适应科技迅速变化的国际大环境。

为了适应社会劳动力市场对人才的要求,学校教育应当设置一些能够使学生在社会上更好地生存的课程。奥恩斯坦在其有关知识和未来学习的关系中指出,学校知识应该适用于现实世界。他认为,无法应用于日常生活的书本知识很容易被遗忘,它不能帮助学习者更有效地参与社会生活,学校必须抵制那些无法应用于实际的教育理论。[①] 以新斯科舍省的女王伊丽莎白中学的课程为例,该校建立起了与社会联系紧密的合作班:"就业开发班""就业预备班""职业实践班"。这些合作教育班安排了丰富的社会实践课供学生选择,如水泥、打字、机修、焊接、商业等,其中,科学在这些班中都是必修科目。这些课程与社会生活联系紧密,加拿大许多中学都为学生提供了实践机会,每年有许多企事业单位给中学生准备实习岗位,使学生将学校所学课程与现实生活联系起来。

(三)将信息技术与课程合理整合

在信息技术飞速发展的今天,信息技术课程在现代社会教育中发挥着越来越重要的作用,将信息技术研究的发展过程体现在中小学课程中并利用信息技术的成果进行课程改革成为国际社会教育发展的趋势。各个国家都开设了信息技术课程,以提高学生这方面的知识。加拿大是世界上信息技术发展较为迅速的国家之一,从1999年起,就在中小学开展了范围空前广泛的信息与通信技术教育。[②] 加拿大十分重视信息技术技能方面的培养,在加拿大信息技术课程中的比例超过了60%,而整个信息处理又占信息技术技能的48%。此外,提高学生的信息交流、问题解决和评价反思等方面的能力也是加拿大信息技术课程内容的重要组成部分。

信息技术带来的教学效果越来越受到教育教学人员的重视,在欧美

---

① [美]艾伦·C. 奥恩斯坦、费朗西斯·P. 汉金斯:《课程:基础、原理和问题》,柯森译,江苏教育出版社2002年版,第165页。

② 陈小青:《中国、英国、加拿大三国信息技术课程内容分析的比较研究》,《中国电化教育》2006年第5期。

一些发达国家更是如此。在加拿大的基础教育中，信息技术成为其课程改革的巨大推动力。加拿大促进了课程改革网络信息库的建设，如 "Ontario Curriculum Web Resources" 囊括了从课程基本建设和学科课程等数百个网站的集合，并按照规则进行排序，方便查询，大大促进了网络课程资源的共享。① 信息技术几乎渗透到教育的各个方面，现今加拿大在课程评估体系中对教师教学或是学生学习评价利用影像等技术。计算机成为加拿大课程改革的重要工具。随着信息技术的发展，特别是多媒体技术、通信技术、人工智能技术和人机界面技术的发展，集成化成为今后信息化教育的发展方向。

（四）课程改革体现出"多元文化"的特点

面临着民族成分复杂、移民不断增加的局面，加拿大各省都十分注意结合本身的实际情况进行课程改革，使其满足学生发展的需要，尽管各省都在为统一基础课程而努力，但是不得不说加拿大的课程设置很有地方特色，不同省份、不同学校都设置不一样的课程、选择不一样的教材，甚至是同一个学校的教师，他们在面临同一年级两个不同的班级时也有可能会选定两种不同的教材。开设不同的课程满足了不同民族的文化需求，这在继承民族传统文化方面具有十分重要的作用。各民族各地区按照自身需要开设、修订或是取消某类课程，这也是尊重各民族的体现，使国内不同的文化、民族、人种、宗教信仰、社会阶层保持平衡与协调。加拿大基础教育中多元文化课程的开发和实施适应了多元文化社会发展的趋势，为促进社会的持续、和谐、健康发展做出了巨大贡献。②

四　新世纪以来加拿大基础教育课程改革存在的问题及对我国的启示

在课程改革的过程中，加拿大努力调整课程结构、变革教学内容，

---

① 管洪云：《20世纪80年代以来加拿大基础教育课程改革述评》，《浙江教育学院学报》2009年第4期。

② 高苏：《加拿大基础教育的多元文化课程》，《中国民族教育》2007年第2期。

促进了各省基础教育的发展,改变了过去加拿大学生在国际上成绩落后的局面,强调终身学习的理念,培养出了21世纪需要的新型人才。伴随着改革带来的巨大成就,不得不承认加拿大在其课程改革的过程中也出现了种种问题,这些问题成了其课程改革过程中的阻碍因素,影响着其课程改革的进程和效果。

首先,各省在"文化马赛克"背景下制定出来的改革举措使基础教育课程和大学课程出现断层,二者不能相互衔接,缺乏连续性。各省自行设置的课程中也没有统一的衡量标准,造成了学生在毕业升学和转校方面出现困难。

其次,随着对科学技术的日益重视,科学技术课程的要求和设置比重发生了变化,课程的设置本着有利于学生科学知识的增加以及科学素养的提高的精神要求将科学放在一个崭新的高度并加以重视。然而面对学校中的教师,其中很难找到能准确把握当今社会科技发展节奏并引领学生做出进步的高技术人才,因此,师资队伍本身成了阻碍课程改革的因素。

再次,由于加拿大教育强调学生个性化的发展,要求尊重其发展过程中的天性,这使得加拿大在课程设置的过程中出现了"个人化"的倾向,学校考虑到让学生可以顺利毕业进入社会,为其提供门类繁多的选修课程,学习较差的或是对学习本身缺乏兴趣的学生在选课的过程中只考虑选择该课是否能达到自己的学分要求,而不是去考虑课程本身蕴含的内容,这种不负责任的选课态度是教育管理的漏洞,值得深思。

最后,加拿大制定出了众多的实践课程,但是这些实践课程大多数都难以付诸实施。例如,1986年安大略省政府发表的《科学发生在这里》的报告中,虽然肯定了STS对教育的作用,但其作为参考性文件,并没有强制的执行性。

从新世纪加拿大基础教育课程改革的经验中,我们可以得到下面一些启示:

(一) 确立以学生为中心的原则

教学活动要学会关心学生,不仅仅是关心他们的学习,还要关心他们的生活，多与学生交流，倾听学生的心声，在教学中体现人文关怀。儿童作为加拿大国内的"二等公民"，加拿大十分注重儿童的权益，不管是教师还是家长都无权对儿童进行体罚。但这并不代表加拿大政府主张对儿童放任自流，由其随意生长，加拿大曾经在刑法上规定家长、教师或是监护人可以对表现不好的学生适当"管教"。2004年1月，加拿大最高法院以6∶3通过了一项法例，支持家长以"适度体罚"（"reasonable" use of force）约束孩子，这项法例被戏称为"打屁股法"。这说明西方国家所主张的"学生中心原则"是一种在充分尊重儿童天性的基础上对学生行为的塑造与引导，教学并不是教师对学生学习的"包办"，而是为了在学生成长的道路上指引方向，使学生在学习知识的过程中身心也得到健康发展。这启示我们在今后的教学过程中应该转变观念，将教学活动的重心由教师向学生转移，教师应当少抢学生"风头"，而我国目前在这些方面表现得过于极端。由于中国大部分家庭都是独生子女，要么家长对孩子过于溺爱，要么课堂由教师完全主宰，学生完全没有思维与表现的空间，这对儿童的成长极为不利。在教学过程中，教师应适当地给予学生独立的思考空间，设置一些能够激发学生想象力的课程，调动学生的学习兴趣，使儿童主动参与到学习活动中来，将学习的任务交给学生自己完成，培养学生自主学习的能力。

（二）结合各地实际适当下放教育权利

加拿大和我国都是属于领土大国，国内民族成分和人口成分复杂，加拿大比我国拥有更为复杂的人口问题和宗教问题，我国应当学习加拿大多元文化背景下的教育政策，适当地下放部分教育权利，增加地方教育的自主权，将一些教育权利如教材编写的权利留给了解当地风土人情的地方教育部门，这样还可以起到保存当今正在大量消失的地方文化和民族文化的作用。特别是在一些民族自治区域，地方教育部门可以结合本地的实际情况制定出一些富有地方特色的教育制度，这样更能体现出民族区域自治的特点，避免在一些少数民族聚居的区域出现教育上过于汉化的局面，使区域自治的这项基本政治制度在教育上也能充分地展现出来，使各民族在相互了解的基础上平等地发展，照顾民族文化。

(三) 改革科学技术课程中的不合理之处

加拿大十分重视基础教育中的科学课程,许多省份都制定出了本省相应的科学技术课程,并在原来的基础上对科学课程进行了一番改革。我国目前虽然表现出了对科学课程的重视,但是与加拿大的科学技术课程相比较,我国的科学教育中还是存在许多问题,例如缺乏科学实践、偏重灌输、分科主义等。尽管在科学实践上设置了一些具体的探究内容,但是,在涉及某一学科的内容时,其活动常常是限制在本学科范围内。也就是说,真正意义上的综合主题性探究活动设计得较少。[①] 此外,我国科学教育课程存在绝对的"平均主义"倾向,应当学习加拿大的科学技术课程不仅注意培养学生某方面的特殊能力,而且注意培养学生综合科学素养,以满足不同学生群体的需要,保证让每一个孩子都得到发展。而我国对所有学生采用同一种教育方法和评价方式,这种"一刀切"的教育方法不利于培养今后的高技术人才,而当今国际社会,许多国家在基础教育阶段就开始注重精英教育。所以我国在今后的科学技术课程发展中,应当注意科学课程编写的逻辑顺序,重视与社会的联系,开设适量的劳动技术教育课程,正确处理好五育的关系,克服当今教育中重智轻德的教育现象。

(四) 建设一批高素质的教师队伍,培养一批具有领导才能的教育管理人员

提升教师的专业水平,教师也需要不断地更新自己的知识和观念,才能在课堂上更好地教育学生。加拿大十分重视教师队伍的建设,对教师的要求也比较严格。以加拿大名校森山高中为例,森山中学的教师每3年要制定并上交自我发展规划,5年中需完成14门专业课学习,范围覆盖特殊教育、课堂技术应用、课程讨论、学生评价、教学策略、与家长和学生沟通策略、课堂管理、领导艺术等。[②] 加拿大会定期给教师提供培

[①] 陈俊:《我国科学课程实践中的主要问题及根源剖析》,硕士学位论文,华中师范大学,2007年。

[②] 周成平:《外国著名学校的管理特色》,南京大学出版社2009年版,第91页。

训，给表现不足的教师提供提升的机会，而考核不合格的教师将会被解除雇佣关系。除了提高教师的素质以保证教育质量之外，对教育领导人员也指定了十分严格的上岗制度。例如，加拿大的中小学校长必须获得学士或以上学位，必须具备一定的教龄等。2008年10月，安大略省政府为进一步加强基础教育领导能力的建设，启动了《安大略省教育领导力发展战略》。该计划为期三年，其目的是将优秀教师人才吸引到校长岗位上来，同时将现任校长和副校长培养成为最杰出的教育领导者。① 因此在我国要加强对现今基础教育中在岗教师及校长、副校长的培训，实行相应的任职资格证书制度，定期开展交流研讨会，为他们提供学习的机会。

（五）增加教育经费投入，为课程改革提供财力支持

加拿大教育经费来源广泛，包括联邦政府拨款、地方政府税收、私人捐赠等众多渠道，其中以政府资助作为教育资金的基本来源。加拿大安大略省2001年公布的中小学教育法修正案草案中规定，增加教育拨款16200万加元，使安大略省中学的班级人数减至每班21人，同时每年拨款10100万加元使安大略省小学班级人数降至每班24.5人。1997—1998财政年度加拿大教育公共支出达558亿加元，到2001—2002财政年度增加到581亿加元，增长了4%。② 在政府制定出来的拨款项目中，学生的基本拨款是其中最大的项目，2007—2008年安大略省的中学生每年可获得补助5045加元，2013年温哥华教育局主席白蓓蒂（Patti Bacchus）指出，卑诗省政府所拨出的教育补助为每名学生8000多加元。从加拿大政府的教育财政拨款中，可以看出加拿大对教育的重视程度。2012年我国财政性教育经费支出21984.63亿元，占国内生产总值的4%以上，虽然已经达到了世界教育水平的基础线，但是距离发达国家的水平还有很长一段路要走。这提示我国要继续加大教育经费的投入，继续加大中央预算内用于教育方面投资的比重，同时广泛吸收社会资金进入教育领域，

---

① 张宝钧：《加拿大安大略省中小学校长持证上岗制度》，《世界教育信息》2010年第9期。

② 陈永明：《教育经费的国际比较》，天津教育出版社2006年版，第110—111页。

努力缩小与发达国家在教育经费方面的年度预算差距，避免课程与教学方面的改革因为资金不足而无法开展的现象。

（和学新、杨静）

第 五 章

新世纪以来日本基础教育课程改革及其启示

20世纪八九十年代，日本的教育与经济都出现了严重的问题，教育滑坡影响着日本国民素质的进步。面临自身的教育问题和来自国际形势的压迫，日本急需对本国的基础教育课程进行改革，2000年文部省颁布的《学生指导诸问题》显示出日本基础教育中存在着缺勤率升高和入学率增长缓慢的问题。通过对教育形势的分析，2002年日本开始实施新的《学习指导要领》以及每周五天授课制。围绕着减轻学生负担和适应社会变化的目标进行了新世纪第一次基础教育课程改革。主要包括删减课程内容、压缩课时、扩大学习范围、重视体现国际化和信息化的课程等，培养学生的生存能力。随着课程标准和要求的降低，日本学生开始出现学力下降的现象，新世纪课程改革开始步入第二个阶段——调整补救阶段。这一阶段开始强调"学力教育"的重要性，日本各界不断有人提出终止实行2002年以来的《学习指导要领》。2005年的《读卖新闻》调查显示，过七成的人不赞成政府现行的教育改革，恢复全国统一学习测试的政策得到大力支持。2008年，最新的《学习指导要领》出台，迎来了新世纪课改的第三个阶段，表现为：增加学习时间和课程内容，减少综合学习时间，使日本的教材变得更厚，更加重视基础知识学习的"学力教育"。研究新世纪以来日本基础教育课程改革的经验得失，对进一步深化当前我国正在推进的课程改革无疑具有重要的现实价值。

一 新世纪以来日本基础教育课程改革的背景

(一) 教育荒废

战后日本紧跟国际形势并结合国情，掀起了工业化浪潮，同时美国的扶持使日本的经济在1951年恢复到战前水平，1955年实现了全面恢复。到20世纪60年代，日本成为世界上经济发展最快速的国家。正是由于日本经济的飞速发展，对基础教育相应地提出了新要求。60年代，日本在中小学的课程中加入了大量高深艰难的专业知识，并新增了大量学科。从初中起，就开始增设选修课，推行课程多样化，特别在高中尤为突出，其普通科有三十来种，职业科有三百余种。[①] 这一时期的课程改革使得日本的课程门类繁多、内容巨大以及过于专业化让学生学习起来非常吃力，加上日本的社会十分重视学历与教育，个人的学历和教育水平与社会地位、工作岗位以及薪金等挂钩。家长十分重视学生的学习成绩，都希望自己的孩子成为佼佼者，学校也在按照这样统一的高标准培养每一位学生，这些都使学生面临极大的学习压力与心理负担，日本的学校已经变为"考试地狱"，在日本高经济增长的背后却隐藏着教育荒废的现象。过分注重学科知识而忽视对学生心灵健康成长的指引导致青少年成长扭曲与畸形，逃学、欺凌、高中退学以及校园暴力的案例比比皆是。[②] 这些新问题在20世纪末和新世纪的课程改革中都必须加以重视和考虑，要求日本在新世纪的课程改革中适当采取"宽松教育"以及重视德育的教育策略，在加强系统学科知识教育的基础上注重对学生健康心灵的培养，体现出课程改革人性化的光环。

(二) 国内经济形势的变化

20世纪90年代，日本经济的平均增长速度为1.75%，通货膨胀率为

[①] 顾美玲：《战后日本五次中小学课程改革述论》，《四川师范大学学报》1994年第3期。
[②] 高益民：《日本教育改革的新自由主义侧面》，《清华大学教育研究》2002年第6期。

0.57%。自 1997 年第四季度开始,日本经济更是陷入战后最严重的衰退。失业率在 1999 年年初一度接近 5%(4.9%),达到战后的最高水平。① 日本政府虽然强调要在以市场为主导的模式下适当参与经济调控,但是由于受全球信息科技、经济一体化的影响,政府建立起来的国家规制却在日益弱化,经济仍然表现出停滞的状态。此外,日本经济发展过程中呈现出一大特点,即在消化创新西方科技成果时更多地偏向于技术开发,而对于基础科学和高新技术的研究并未表现出浓厚的兴趣,在基础教育阶段培养学生科学探究能力成为将来再次振兴日本经济的重大举措。面对着出现的经济问题,引起了日本的焦虑,因此急需进行课程改革,将日本经济重新推上快速发展的轨道,培养 21 世纪能够继续为日本经济高速发展做贡献的人才。教育要积极发挥在人才培养过程中的重要作用,使日本经济在新世纪立于不败之地。在这一时代背景下,如何适应经济和社会发展变化的要求,培养自主独立、富有开拓精神和创新能力、个性丰富的青年一代,便成为日本教育改革所面临的新课题。②

(三) 国际教育形势的压迫

日本 20 世纪的教育可谓誉满全球,尤其是学生的勤奋和聪慧。然而和西方其他诸多国家相比较,日本的教育在很大程度上表现出"灌输式"的特点,学生大多数都是在教师或家长等外界压迫下学习,缺乏自主探究的能力,这势必影响学生的创造力,进而影响到日本整个民族的创造力水平。随着国际化竞争的日趋激烈,如果不对学校教育进行改革,培养自主独立、富有开拓精神和创新能力、个性丰富的年青一代,日本就将无法面对新形势的挑战。③ 日本具备敏锐的国际课改洞察力,密切关注国际课改新动向,主动学习西方国家先进的课改经验,使日本课程能够适应新世纪社会的变化发展,可以说日本教育所取得的成就很大一部分

---

① 王洛林、余永定、李薇:《20 世纪 90 年代的日本经济》,《世界经济》2001 年第 10 期。
② 李协京:《从基础教育课程改革看日本注重发展个性的教育》,《比较教育研究》2002 年第 12 期。
③ 李协京:《对日本基础教育课程改革的考察》,《教育评论》2003 年第 1 期。

原因在于对别国课改经验的甄别与吸收。新世纪美国的课程改革十分重视学生的基础知识和基本技能的培养，重视理科课程以及提升学生的信息素养。英国的课程改革也在现代化、终身化以及信息化的领域不断进步，2000年，英国将"信息技术"更名为"信息和交流技术"，课程由IT课程变为ICT课程。面对着国际课改的新变化，日本不甘落后，2001年1月开始实施《形成高度信息通信网络社会基本法》（IT基本法），此后不断完善日本的信息战略，2006年日本的"IT新改革战略"中规定了学校IT课程的重要性以及提高教师利用IT技术指导教学能力的"信息化"教育。日本是一个善于学习与借鉴的民族，在面对国际教育方面的压力与挑战时，日本能够将其转变为自身课改思路，从而促进日本教育的进步。

（四）差强人意的学习表现

日本基础教育阶段的学生都是以刻苦和勤奋著称，学习生活十分紧张，学生不仅要承担学校教育中的压力，还要应付来自家庭教育和社会教育方面的压力。压力过度使日本的学生出现了憎恨教育、仇视教师的厌学心理。日本基础教育阶段表现出来的不良状况有：学习的时间在减少、学生的成绩在下滑、学习的热情在减退。尽管日本在20世纪的课程改革中多次注意到削减课时量以减轻学生负担进而达到引发学生学习热情的目的，但在挽回学生学习兴趣这方面还是不得不用成果甚微、收效甚小来形容。日本在世纪之交展开的学生学力调查中显示，从初等教育到高等教育均存在着学力下降的现象，例如，基础科目知识不合格、缺乏自主性探究学习意识等。学校校长普遍反映学生的综合素质越来越低，呈下滑状。学校虽然为学生设立了齐全的课程，但是学生各个科目的成绩却没那么乐观，学生在英语、数学、国语、古代语、物理、化学以及历史等科目中都表现出了成绩下滑的迹象，特别是一些理科课程的成绩下降幅度表现得更加明显。学习在学生心中的重视度越来越低，以至于日本学生的逃学率、犯罪率也在不断升高。现实要求必须通过改革改变现状。

(五) 课程改革的连续性

第二次世界大战以后，日本连续进行了 8 次大的课程改革。1947 年文部省颁布的《中小学新的学习指导要领》，该《要领》体现了实用主义和以儿童生活为中心的教育思想。这一时期的课程设置和教材编写方面都以美国为参照。1957 年苏联人造卫星升天，文部省于 1958 年提出了以"充实基础学力，提高科学技术教育"为方针的课程改革，课程改革本着"以学科为中心"的原则，将科学教育和系统知识的学习摆在了重要位置。文部省根据《关于改善小学、初中的课程》和《关于改善高中课程》的咨询报告又于 1968 年进行了新一轮的课程改革。这次课程改革受布鲁纳"结构主义课程论"影响，日本进行了重组教材、提高课程标准、增设新的学科以及逐级下放高深课程的课改措施，但是由于标准提高和难度增加给学生学习带来不少困难，使这轮课程改革在实施中出现了不少问题，并酝酿着下一轮的课程改革。1977 年的课程改革致力于变革课程过深、过繁以及学生课程负担过重的局面，主要表现为减少课时量以及删减课程内容。战后日本第五次课程改革以 1985 年文部大臣提出的"关于改善幼儿园、小学、初中、高中课程标准"的咨询为铺垫，在广泛征求意见与不断修改的基础上最终于 1989 年公布了新的《中小学学习指导要领》。1989 年的课程改革旨在发展学生独立的个性，适应国际社会，培养基本能力等。1998 年 12 月文部省又颁布了新的《小学学习指导要领》和《初中学习指导要领》，修订了新的课程标准，继续站在儿童的角度促进他们的发展，突出了日本课程改革以人为本的一面。进入新世纪，日本的基础教育课程改革仍在继续，2003 年，根据《学习指导要领》的规定，课程改革主要表现为削减课时量以及课程内容、降低难度、培养基本能力以及国际视野和国际合作的精神。2008 年文部省推出了日本目前最新的《学习指导要领》，这次的课程改革增加了课时，使日本的学生可以学到更多的内容，对促进他们的知识增长有很重要的作用。日本的基础教育课程改革自第二次世界大战以来从未中断过，基本上每 10 年进行一次课程改革，体现了与时俱进的要求，满足了在不同阶段社会对课程的要求。

二 新世纪以来日本基础教育课程改革的主要内容

（一）课程目标的改革——培养"生存能力"，以适应现代社会

1996年7月，日本中央教育审议会向文部大臣发表了第一份咨询报告《面向21世纪我国教育的发展方向》，报告的副标题为"让孩子拥有'生存能力'和'轻松宽裕'"，要求在学校五日制的"轻松宽裕"中开展独立自主且富有个性的学习。该报告中认为，"生存能力"是指一种全身心的力量，指学生"自己发现问题，自我思考，主动做出判断和行动，较好地解决问题的素质和能力。并且能够自律，善于和他人协调，善于为他人着想，感情丰富和充满人性。同时，能够强健地生存下去的健康和体力也是不可缺少的"[①]。培养学生的生存能力这一课程目标是结合日本当时的社会背景提出来的，面对激烈的国际竞争和对未来世界的忧虑，急需转变日本课程偏重灌输的特点，使课程在加强学生基础知识的同时培养学生的社会实践能力，在激烈的竞争中促进自身不断发展。2002年4月，日本的中小学开始实施新的《学习指导要领》，对一些高深艰难的课程内容做了适当的删减，将一些更能体现培养学生生存力的课程摆在了重要位置。例如，小学阶段注重培养学生的英语会话能力；在初中阶段，将信息技术和外语作为必修课；高中阶段，外语仍作为必修课，还增设了"信息"必修课，增设了融合环境、福利、健康、信息、国际理解等方面的"综合学习课"。小学阶段每学年的综合学习时间课时安排为105—110，初中综合学习时间课时安排为70—130。2002年实施的新的《学习指导要领》继续明确强调培养学生的"生存能力"，再次阐明了学校教育要重视自主学习、自主思考能力的培养，基础知识和基本技能的巩固以及学生个性的发展。[②] 2008年颁布的新课程标准——《学习指导

---

① 赵中建：《在"轻松宽裕"中培养学生的"生存能力"——日本〈面向21世纪我国教育的发展方向〉咨询报告述评》，《现代教育论丛》1997年第5期。

② 李协京：《从基础教育课程改革看日本注重发展个性的教育》，《比较教育研究》2002年第12期。

要领》，将培养学生的"生存能力"定为日本义务教育的基本目标。"生存能力"为促进学生全面发展其内涵实际包括德、智、体、美、劳等方面综合素质，是日本 21 世纪课程目标的综合体现。在培养学生基础知识和基本技能的过程中将学校教育、家庭教育以及社会教育紧密地联系起来。日本新世纪的课程改革原则是：贯彻加强基础知识和基本技能的方针，精选教育内容；注重综合学习，促进知识的横向联系；调整、合并现有的课程，重新构造未来课程体系。① 例如国语课中的"生存能力"课程目标表述为，适应信息社会的不断变化要求培养学生表达能力、理解对方立场及观点的能力；社会课要求学生理解社会中存在的各种关系，包括人与人、人与自然环境、人与社会制度等。

（二）课程内容——从删减课时、降低难度到增加课程难度、内容和时间

随着新的《学习指导要领》的出台，2002 年，日本进行了新世纪第一次课程内容的变革。由于实行五日制学校，势必造成日本课时量和课程内容的减少，在新《学习指导要领》的指导下，日本将以前的"精选教育内容"改为"严选教育内容"，全部内容削减 30%。② 通过精简和删除对中小学的课程做了全面的调整，将一些难度较大的放到了高年级，如将原来安排到小学阶段的"反比例"移到了初中，初中阶段学习的"一元一次不等式方程"挪到了高中，降低了中小学课程的难度。为了更大限度地减轻学生负担实行轻松教育，合并了一些不同年级重复出现的课程，因此，日本的中小学课时相应减少。为了开阔学生的视野、适应国际化、培养学生的"生存能力"，日本按照《学习指导要领》增加了"综合学习"领域，从小学三年级起设综合学习时间，开展超越科目范围的横向综合教育。初中阶段，增加了选修课的节数，在高中阶段要求减轻学生负担，规定减少必修课的时数、增加选修课的时数，降低毕业要求，将原来毕业要求不低于 80 学分的标准降为 74 学分。对课程标准要求

---

① 王智新、潘立：《日本基础教育》，广东教育出版社 2004 年版，第 122 页。
② 田静：《20 世纪 90 年代以来日本的基础教育课程改革》，硕士学位论文，云南师范大学，2005 年。

降低以及中小学课时的减少,使日本新世纪初期的课程改革遭到社会质疑。在日本学力调查中发现日本小学生的学力水平低于世界上其他许多国家,很大一部分大学生甚至连分数计算都不会,日本逐渐意识到学力下降带来的严重后果,停止实施当前的《学习指导要领》,进行新一轮的课程改革势在必行。2006 年日本中央教育审议会联合发布的《审议经过报告》中承认,自 2002 年 4 月以来实施的《学习指导要领》不仅没有达到教育目标,过度宽松的教育反而造成了日本学生在国际上出现了学力下降的现象。2008 年 2 月 15 日,文部科学省依据 2006 年修订的《教育基本法》颁布了目前日本最新的《学习指导要领》,在继续培养"生存能力"的基础上又重新重视基础学科和基本知识。从 2011 年开始,日本小学生 6 年的总课时将达到 5645 节(每节课 45 分钟),比此前的 5367 节增长了 5.2%。初中生 3 年的总课时将达到 3045 节(每节课 50 分钟),比此前的 2940 节增长了 3.6%。作为"宽松教育"代表的综合课将被缩减课时,而日语、数学、外语、科学和社会课的课时将增加 10%。科学和数学的课时更是分别增长了 33% 和 22%。同时,课程内容将增多,教材将变得更厚。①

(三)课程实施——富于弹性化

本着强调统一标准和发展地方、学校课程相结合的原则,日本的课程实施显示出很大的灵活性。日本鼓励各个学校和地区设计富有特色的地方课程,积极发挥地方和学校的课程自主权,特别是在选修课的设置和综合学习的内容方面,更是要发挥地方自主的权利,开发一些反映当地特色的地方课程并且根据需要灵活配备课时。在整个课程管理的方式上,倡导一种以"自上而下"为主,以"自下而上"为辅的课程管理模式,对于国家指令性的课程进行宏观管理,而对于课程计划内指导的课程则是彻底下放权利,由地方和学校因地制宜地开设课程,保证地方和学校课程建设的积极性和创造性,制定适合地方和学校个性的课程。② 在课程的实施与管理方面,日本政府明确肯定了地方的作用。2006 年《教

---

① 李茂:《日本颁布最新〈学习指导要领〉宽松教育即将谢幕》,《中国教师报》2008 年 2 月 27 日第 5 版。

② 夏心军:《日本义务教育课程改革及其启示》,《教学与管理》2003 年第 2 期。

育基本法》规定:"地方政府为了振兴当地教育,必须综合制定实施教育政策","中央政府以及地方政府必须采取必要的财政措施,确保顺利持续地实施教育"①。2004 年,日本开始实施"学校运营协议会制度",家长成为协议会中的委员,共同参与学校运营的基本方针、人事聘用以及课程管理等事务。日本的课程形成了中央、地方、学校、家长共同参与管理的局面。同时,课程的弹性化也体现在教师和学生享有对课程内容的选择自主权方面:"在小学阶段,积极引入课题选择的学习;在初中阶段,按年级逐步扩大选择范围;在高中阶段,则以学生的选择为基本,将必修课内容减到最小。"②

(四) 课程设置——多样化、个性化、弹性化

新世纪初对小学课程进行了改革,改革后的课程方案将小学的课程分为"各个学科"、道德教育和特别活动三大领域,各学科包括国语、社会科、算术、理科、生活科、音乐、画图手工、家庭科、体育。各科根据自己课程的特点,建立了独具特色的课程体系。另外,日本高中还设置了一些与学科课程相联系的职业类课程,如"人间福祉"除设置学术性课程外,还设置了家庭综合、基础看护、儿童心理等科目;"综合科"设置情报、簿记、情报处理、文书、伦理数学演习、艺术探究等专门课程;"京都国际科"则设置了英语理解、英语表现、国际理解、综合英语、国际政经等课程。③ 这些课程在保证学生获取基本知识的同时还为学生将来的职业与生活打下基础,丰富多样的课程对实现学生的全面发展具有十分重要的作用。日本高中课程的一大特点就是为学生设置了众多的选修课,如儿童文化、书道、音乐、美术等,照顾了学生不同的兴趣爱好,满足了他们在不同领域学习知识的需求。五日制学校使学生拥有更多课余时间学习自己感兴趣的知识,这些都体现了日本的课程设置富于个性化。除了课程实施方面的弹性化,课程设置也表现出中央和地方共同设置部分课程的特点。20 世纪末,日本新的《学习指导要领》再三

---

① 臧佩红:《日本近现代教育史》,世界知识出版社 2010 年版,第 382 页。
② 彭寿清:《日本基础教育课程改革及特点》,《当代教育科学》2004 年第 18 期。
③ 刘春修:《日本高中的个性化课程设置》,《中国教育报》2007 年 3 月 26 日第 8 版。

强调的一项原则就是"统一标准与发展地方、学校课程相结合,尊重地方和学校确定课程的自主权,鼓励各地区、各学校设计具有特色的课程,引导学校创造适合于儿童的教育"[①]。新世纪日本正是在坚持这样的原则下设置全国的课程。2008 年的《学习指导要领》增添了之前被删除的课程内容,2009 年修订的《学习指导要领》在添加课时的同时还添加了以前未涉及的新内容。例如新增涉及离子的化学反应及有关梯形面积计算公式等内容,使学生知识面进一步扩大,更大程度地满足学生获取不同知识的愿望。

(五)课程结构——重视均衡性与综合型,趋于合理化

各学科、道德教育以及特别活动为日本基础教育课程的三大领域,后来又增设了综合学习时间,变为"四领域"。各个学科涵盖了目前日本各学校设置的学科课程,如国语、社会、数学、理科、外国语等。以文部科学省 2002 年版的《幼儿园、小学、初中学习指导要领案》为例,道德课和特别活动在日本中小学的课时数为 34—35,占课时总数的比例为 7.1%—8.7%。在中学阶段,日本设置了大量的选修课来降低必修课的课时总量,实现必修课与选修课的完美结合,从而起到丰富学生知识的目的。按照日本《学习指导要领》的规定,普通教育学科和专门教育学科中都须配备一定的选修课供学生自由选择。在重视学术课程的基础上,《学习指导要领》还强调对非学术性课程也应当予以重视,学生要在农业、工业、商业等 13 个领域中学习一定的职业类课程,学校可以自行编排本校的职业类课程以及确定该课程的标准学分。2003 年《学习指导要领》设置了综合学习时间,作为日本的一种新课程,对培养学生的实践能力具有十分重要的作用。该课程的一大特色表现为将各个地区与学校的实际情况联系起来,培养学生参与实际的能力,开展发挥学生创造力的教育活动,使学科课程和活动课程紧密联系起来。新世纪日本的课程设置十分多样化,在加强了国家规定的基础性课程之上设置了众多的选修课,给予师生更多的自主权,实现基础知识的掌握和基本素质的提高的同时,也扩大了学生的视野。新世纪

[①] 颜阳、魏戚光:《日本近代基础教育课程改革的特点及启示》,《课程教材教学研究》2010 年第 7 期。

日本课程结构特点表现出必修课程与选修课程结合、学术型课程与非学术型课程结合以及重视活动课程等特点。日本正在努力改变课程结构偏学科和缺活动的弊端，体现出均衡性、综合性和选择性的新特点，新世纪日本的课程结构正在朝着合理优化的方向进步。

三 新世纪以来日本基础教育课程改革存在的问题

（一）"宽松教育"理念与"学力下降"现实的冲突

2002年4月，日本开始实施新的《学习指导要领》，要求降低课程难度、减少课时、合并课程内容、降低毕业标准等，甚至规定直接删除一些比较难以理解的内容。日本文部科学省决定从2002年4月1日的新学年开始，配合新的学习指导要领的实施，在全国全面推行学校五天制，即周六、周日为双休日。[①] 本着改变"灌输式"的教育方式，培养学生的创造力、实践能力、思考问题的能力以及自主学习能力，日本决定实施"宽松教育"。这意味着日本学生学习的内容减少了，学习的时间减少了，课程的难度降低了，一些原本规定必须要学习的课程内容将放在高年级学习，甚至被删除无须再学。学生的负担减轻了，客观上对日本"灌输式"的教育带来一定的冲击。但是课程标准的降低将会带来一些新的问题，这些问题成为影响学生学习力的重要因素。2004年，日本经济合作开发机构公布了一份在世界41个国家和地区的中学生中间展开的关于学力程度的调查结果，中学理科，日本从世界第4位降到第6位，数学也从第1位降到第6位。相反，在比较哪个国家的学生最不用功时，日本学生却遥遥领先。[②] 过度"宽松"的基础教育环境直接影响到了日本高等教育的学力水平，造成日本整个教育阶段出现学力下降的现象。例如，在小学阶段，取消了四位数的加减法，使日本小学生在日常生活中连基本的

---

① 李协京：《从基础教育课程改革看日本注重发展个性的教育》，《比较教育研究》2002年第12期。

② 裴子篆：《日本反思宽松教育》，2005年4月12日，新浪网（http://edu.sina.com.cn/m/2005-04-12/110822.html）。

货币运算都成问题。甚至在大学阶段，也存在着10名大学生有2名不会做小学计算题的尴尬局面，还有相当大一部分学生日语水平尚未达到高中毕业生的水平。新世纪日本在改革现有课程时注意摆脱旧有的不合理因素，推行"宽松教育"的理念，但是课改的风向标在"宽松教育"与"提升学力"之间不断摇摆，从新世纪初的课程改革和2008年以来课程调整之后的对比便可以看出。

（二）教师难以把握新课程

日本新世纪的课程改革新增了"综合学习时间"课程，在综合学习时间里培养学生自我发现课题、自己学习、自己思考、主体地判断、较好地解决问题的资质和能力。使学生掌握学习方法、思考方法，培养他们独立自主及创造性地解决问题的能力，达到培养学生生存能力的目的。各个学校应该本着这些目标开展一些关于国际理解、信息、环境、福利与健康等学习活动，或是学生感兴趣的以及涉及生存方法的考察性的学习活动。在日本的基础教育中，学校和教师历来对学科知识十分重视，而新的"综合学习时间"课程不仅强调社会生存能力的培养，而且还占去了一部分以前用来学习学科基础知识的课时，教师一时难以适应。许多教师担心这门课程的学习反而会造成学力的下降，这种担心使教师丧失对"综合学习时间"这门课程的信心和热情，进而影响课程实施的效果，甚至将这门课程的不良情绪带到别的课程教学中去。新的《学习指导要领》将课程内容的选择权力分配给学校和教师，由于许多教师对这门课程不甚了解以及课程本身具备的灵活性，使得教材的选定工作变得十分艰难。因此，制定具体课程内容的难题就落到了教师的头上，给教师教学带来一定的难度，增加了教师的工作负担和心理压力。各学校可根据自身和当地的实际情况自主决定学习的内容或活动的形式，所以没有教材和统一的评价标准。[①] 这无疑又增加了教师评价工作的难度。文部省也没有为教师提供相关方面的指引与培训，长此以往，容易激发教师对这门课程的抵触与反感情绪。

[①] 马德益：《新世纪日本中小学课程改革阻力及调适》，《外国中小学教育》2010年第2期。

（三）教材编写右倾化

日本的课程内容由文部省规定，教师可在规定的范围内适当选取部分符合规定的教材作为补充内容。日本大部分地区学校的教科书都是由学校教师投票的方式民主选定。新世纪初，日本的保守势力不断呼吁要求废除"学校投票方式"选取部分课程内容。日本教材选择的权力逐渐落到文部科学大臣和地方各级教育委员会手中，加强了国家在课程内容选择方面的控制权，一线教师选择教材的权力被弱化了。2002 年 8 月，文部科学省修改了《教科书审定标准》，要求协调教科书内容、消除学生在理解学习内容上的障碍、适当添加"发展性的学习内容"。2006 年，日本修改了《教育基本法》，规定了"爱国心"属于"发展性的学习内容"，而诸如侵略史等内容不利于学生理解"爱国心"，也不满足使"内容更加协调"的要求，因此可予以删除。日本的教育具有较浓重的中央集权色彩，全国各地的中小学使用由文部科学省审定通过的教材。文部科学省发布的各科课程标准对每个学年的教学内容都做了具体规定，教材必须严格按照课程标准的要求编写。[①] 虽然内容紧密结合文部省的大纲，但教科书由商业出版社编写出版。经过仔细审议，确认同规定教学内容相符，文部省批准可供小学使用的教科书。[②] 近些年日本的右翼势力已经渗透到教科书审定制度环节中，包括教科书的编写、出版、审定等无不渗透着右翼势力的影子。内容方面表现出极力渲染皇室神圣以及回避侵略战争责任等，造成日本教科书制度整体右倾化，给日本课程改革增添了右倾色彩。

四 新世纪以来日本基础教育课程改革对我国的启示

（一）注重课程改革整体性

整体性主要体现在课程结构和课程内容两个方面。新世纪日本的课

[①] 沈晓敏、市川博：《日本教材的编写机制》，《现代教学》2007 年第 3 期。
[②] 吕达、周满生：《当代外国教育改革著名文献（日本、澳大利亚卷）》，人民教育出版社 2004 年版，第 123 页。

程改革，在以前的学科性课程、道德、特别活动课程的基础上，还增设了综合学习时间，日本的课程结构变为4个板块。每个板块负责不同的培养功能，学科课程使学生掌握丰富的基础知识；道德课程在陶冶学生情操和培养学生坚定的目标与信念以及为国家做贡献的精神方面起重要作用；特别活动教会学生如何适应集体和社会生活；综合学习加强了所学知识与现实生活的联系，对培养学生生存能力有积极意义。虽然从结构方面把课程分为4个领域，但并不代表各领域之间是断开的，也没有孰轻孰重之说。较之以往的课改，新世纪课改特别强调要在各领域之间进行沟通和交流。从内容方面来看，综合学习时间课程所包含的内容相当广泛，如国际理解、信息、环境、福利、健康等诸多方面。将个人学习和集体学习、课内学习和课外学习、认知学习和经验学习有机结合，体现出较强的融合性，注重知识掌握的全面性。我国的课程现状表现出分科主义过于严重的现象，特别是现行高考制度下的文理分科，使学生失去了全面接受知识教育的机会。为了节省时间，有的学校甚至在高中一年级就在学生中将文理科的界限划了出来，出现文理分科过死、过严的互不相通局面，忽视道德教育和活动教育，课程结构的整体性被打破。此外，各个学科分得过细，还会增加学生和教师的负担。在今后的课程设置中应考虑到课程结构的整体性，增设促进学生全面发展的课程内容，逐步打破文理分流的教育体制。同时，在课程改革中应尽量调动社会人员的力量，为改革寻找全方位的支撑，使课程改革发挥出整体最佳合力。

（二）学习借鉴别国经验并吸收创新

日本是一个热爱学习、善于学习的民族，自明治维新以来，日本便开始广泛地学习西方国家的政治、军事以及科技，使日本迅速地发展起来。在文化教育方面，日本也紧盯世界教育浪潮，把握教育发展趋势，并积极学习西方教育发展最新成果，从而为自身教育发展服务。例如在课程改革上，日本仿效美国的做法最多，如单元式课程、核心课程、基础运动等，日本都没放过。[1] 在学习西方的过程中，日本对

---

[1] 白彦茹：《日本中小学课程改革述评》，《比较教育研究》2002年第S1期。

其国内的传统文化也十分重视。以国语课为例，该课程在日本的小学和初中所占的课时比例最高，在 2002 年的小学标准课时中，第二学年的国语课时最多，一共 280 课时，而作为了解别国的外语课和综合学习时间最多也仅分别为 105 课时和 130 课时，还不及国语课时的一半。日本十分重视国语教育，认为这是培养学生道德情操、掌握本国知识的基础。在学习西方的课改经验中日本并没有表现出盲目的崇拜跟随心态，而是一种在理智的基础上有目的地甄别吸收并加以创新。日本课程改革的实践也证明，盲目地引进国外经验，简单地照搬国外教育成功的某个方面，不认真研究自己的国情，不综合地分析、消化国外的经验，是行不通的。[①]日本在学习别国的课改经验中成败皆有，因此，我国在基础教育课程改革中要认真分析别国课改的经验与教训，学习利用先进的改革经验，结合本国国情并发展成自己的课改之道。我国在课程改革中也应该保持一颗积极学习的心，在广泛征集意见与科学调查研究的基础之上力求稳妥顺利进行。

（三）注重个性化的教育

在日本，由于推进依照学习指导要领设定全国基准的政策，虽然在一定程度上达到了形成质量均衡的国民素质的目标，但也带来了划一化和僵硬化的问题，阻碍了个人的独特性、多样性以及自我教育能力的发展。[②] 进入 21 世纪以后，日本开始就这一问题进行课程改革，学校根据中央课程标准和地方实际情况设置了大量的选修课程、职业性课程以及实践活动课程，以满足不同学生的学习需要。这不仅能激发学生的学习兴趣，使他们主动钻研新知，还能促使学生利用综合学习时间培养自己的综合素质。日本面向 21 世纪的教育大力培养学生的生存能力，在强调基础知识重要性的同时，还注重因材施教，发展学生独特的个性。此外，日本高中学生可以自主设计自己所修的课程并取得相应的

---

① 颜阳、魏戚光：《日本近代基础教育课程改革的特点及启示》，《课程教材教学研究》2010 年第 Z3 期。

② 方明生：《日本课程改革的线路图与风向标——简评〈现代日本教育课程改革〉》，《教育发展研究》2005 年第 18 期。

学分，这对提高其学习主动性和积极性也有很大作用，并且可以培养学生的规划能力。① 以日本的综合学习时间为例，该课程没有固定的教材、教学组织形式，都是按照学生的兴趣与意愿设计的。在我国，应试教育主导下学校形成的课程内容十分僵化和单一，大多数学校只重视考试科目，而对于非考试科目，教师不教，学生也没兴趣和精力去学习。长此以往，培育出来的学生只是应付考试的机器，缺乏自主探究能力和实践能力。我国基础教育阶段为学生提供的选修课数量微乎其微，即使有也只是应付上级部门检查的"摆设"，而许多学校的职业课程甚至可以用空白来形容。面对当前全球化、信息化的社会背景，我国应该重视个性化的教育，学校应当重视并设置个性化的课程。以日本"综合学习时间"课程为启发，在基础教育阶段开展综合实践活动课程，培育富有个性化的年青一代。

（四）建立灵活多样的评价模式

在日本基础教育阶段比较重大的考试有"小升初"、全国学习调查测试、中考以及大学入学考试。考试科目有国语、数学（小学考算数、中学考数学）、理科、社会、英语、地理、政治等科目。日本的测试不仅仅针对必修课，也有一些测试针对选修课。选修课包含的范围十分广泛，例如农业、工业、商业、水产、家庭、烹饪、护理等，这样能够对学生进行多方位的评价。以日本的学力调查为例，学力调查不仅考察学生的学习情况，还考察学生的基本生活习惯、道德情操、运动习惯、人际沟通等能力，以此作为综合学习时间课程的评价。日本针对基础教育课程设置的评价方式十分多样，例如，统一考试、个别考试、推荐入学、归国子女特别选拔。在考试的形式上有笔试、面试、小论文写作、实际操作等。中考的评价方法包括目标评价法、差别条件推荐法、加权法、综合录取法以及大小学区录取法。灵活多样的评价机制便于将学生学习的成绩科学客观、公正及时地反馈到课程与教学中，为今后的课程改革提供事实依据。日本的考试评价十分客观，其高考制度在实施中将高中提

---

① 弓丽娜：《论日本高中课程设置对我国素质教育的启示与建议》，《太原大学教育学院学报》2012年第2期。

供的调查书等资料与学力测验成绩结合起来，综合、全面地判断考生的能力及适应性，尤其注重关于文体及社会活动方面的记录。① 相比我国的考试评价来说，评价方式显得过于单一，大都是以笔试为主。从内容方面来说，更多关注的是必修课程，而对选修课程几乎是"不闻不问"。对平时成绩参照不够，仅仅以期末或是毕业考试作为评判学生学业和课程实施好坏的依据。因此在今后的评价中，我国应该适当向选修课程和发展学生能力的活动课程方面倾斜，并在评价中渗透以人为本的观念。

（五）顺应全球化、信息化趋势，培养终身学习能力

21 世纪的社会是急剧变化的社会，教育也必须随着社会的变化而不断改革，才能为社会的发展源源不断地输送人才。日本作为一个经济大国，而其在国际上的政治影响力却显得十分微弱，加上国土面积狭小以及不甘示弱的民族自尊心，日本拥有一颗能像英美国家那样在国际政治舞台上发挥巨大影响力的野心。日本十分重视"国际化、信息化"的教育，要求课程改革要伴随时代的变化而变化，在课程中注入体现时代性的内容，为今后跻身政治大国的行列做准备。课程改革要遵循"培养具有丰富人性和社会性，能够自立于国际社会的日本人意识"的宗旨。为了迎接信息社会的挑战，从复杂多变的信息世界中汲取有用的知识，日本在 20 世纪末公布的课程方案中就将"信息化"作为高中的必修课程，培养学生的信息素养，新世纪对信息技术课程将会更加重视。培养终身学习的能力也被认为是提高日本民族综合素质的重要保证，日本文部省在《学习指导要领》中对课程进行了整合与压缩，以便有足够的时间给学生以自我思考，从而使学生获得良好的学习方法，为终身学习奠定坚实的基础。② 终身教育立足于当下的成果和不足，必须放眼于未来，在东京都 2004—2020 年的教育展望中，考虑将学校教育中保育体验课程必修化，将目前以高中家庭科目为中心的保育体验学习设为必修课。③ 这也作为终身学习的一种表现，为学生今后培养下一代积攒知识。在我国，由

---

① 顾明远：《教育考试评价制度比较研究》，人民教育出版社 2010 年版，第 213 页。
② 崔成前：《日本中学课程改革及其启示》，《辽宁教育研究》2004 年第 7 期。
③ 何致瑜：《国际教育政策发展报告 2007》，天津人民出版社 2007 年版，第 270 页。

于中西部学校发展差异巨大，特别是在西部一些贫困地区，信息化和国际化的课程理念对他们的影响还不够，实施起来也存在一定的困难。而且学校开设的实践活动课程有限，不能很好地起到培养学生实践能力和自主探究能力的作用。这要求我们在今后的课程改革中，要逐步落实信息化和全球化的教育理念，首先对条件不足的地区提供师资和物资供应上的保障，然后再培养他们的信息化和全球化的意识与能力。学校、社区、家庭等各个领域协调配合，为终身学习提供支持，扫清终身学习课程改革道路上的阻碍。

（杨静、和学新）

第六章

新世纪以来芬兰基础教育课程改革及其启示

芬兰是北欧经济高度发达的国家，同时在世界上也属于经济发达国家的行列。2005年芬兰的人均GDP高于其邻邦瑞典。在社会治理方面，芬兰有完善的社会福利保障，例如，凡未满17岁的人群，每月都可领取补贴；所有公民享有医疗保险的待遇，并且国家对药品进行补贴；年满16岁的残疾人可以享受抚恤金和良好的家庭服务。在政治方面，芬兰宪法规定：芬兰是独立主权的共和国，国家主权属于全体国民。国民在法律面前一律平等。国民享有出版、言论、集会和结社的自由。凡年满18岁的男女公民（现役军人除外）皆有选举权和被选举权。除了政治和社会福利方面政府花大心思治理以外，基础教育也十分受芬兰政府的重视。在芬兰，义务教育阶段的费用完全由政府承担，学生不仅不用支付任何学杂费，而且芬兰政府还会给本国的学生提供教材费、午餐费，甚至对一些离学校较远的学生提供公共汽车费或者船费。芬兰这么做的目的只有一个，就是给学生创造一个美好的环境，让学生可以在这个由政府创造的环境中轻松愉悦且没有任何后顾之忧状态下接受义务教育。

20世纪70年代，芬兰在小学基础教育和初中综合教育中就实行了九年一贯义务教育制度。1998年，芬兰颁布了《基础教育法》，继续对国内的义务教育加以保障，该法强调了基础教育的一贯性与连续性。芬兰在落实教育平等方面的政策也走在了世界前列，《2004年芬兰教育部发展计划》中提到："每一个人都拥有根据自己的能力和特殊需要接受教育的平等权利，而不管他们的经济情况如何。公共当局有责任确保每一个人拥有接受高标准的教育和培训的机会,不管他们的年龄、居住地、语言和经济状况如何。"① 事实上,芬兰也做到了,芬兰对学生提供了平等的接受教育的机会以及对教师获取更高级的学历或是进行晋升培训创造了大量有利的条件。所有肢体残疾的儿童都将进入普通小学并接受特别的关爱,盲人、聋哑人、智障的适龄儿童有专门的学校。在2001年的课时分配法令和2004年的新核心课程法令中在实施教育权利分配的基础上适当地加强了国家对教育的控制权利,体现出政府在教育权利方面设置的平衡性。此外,还在教师职业素质的提高方面进行了一系列改革,芬兰严格保证教师的质量,教师必须获得规定学位以及取得相应的学分,教育部2004年开始开发教师教育新课程,2005年开始采用欧洲的学分制度。认真研究新世纪芬兰课程改革的经验得失,对我国正在推进的课程改革无疑具有重要的借鉴意义。

一 新世纪以来芬兰基础教育课程改革的背景

(一) 国内社会发展的需要

芬兰经济的快速发展,要求培养学生自主探究的学习能力,同时培养学生终身学习的意识与能力,以应对当今快速发展变化的社会环境。目前芬兰人口呈现快速老龄化的现象,据芬兰统计局预测,到2025年,大约25%的人口年龄会超过65岁,到2060年,将会有29%的人口年龄在65岁及以上。人口老龄化加重的问题将会直接影响到芬兰国内基础教育课程的改革倾向,那就是在今后的改革中,将会朝着重视职业教育的方向进行,以提高职业教育的质量来应对国内劳动力不足的状况。在提倡职业教育的过程中,必然要求对科学课程的重视,将科学技术教育作为职业教育的基础。

此外,芬兰是世界上经济高度发达的国家,人均产出远高于欧盟平均水平,国民享有极高标准的生活品质。20世纪90年代后期直至21世纪初,芬兰技术产业的强劲发展带动经济迅猛增长(年度GDP在1997年增长超过6%,直至2007年仍然超过4%)。到2003年,芬兰农业占整个

---

① 张国平:《芬兰基础教育中的教育平等归因分析》,《学术研究》2011年第1期。

产业结构比例仅为5.1%,工业(主要是制造业)占26.3%,服务业比例增加为68.6%;2006年,农业比例继续下降为4.3%,工业比例为23.7%,服务业比例继续增加为72.6%。第一产业和第二产业比重的下降以及第三产业比重的上升,要求基础教育课程改革与社会产业结构的变革相一致,在课程的设置中增加与第三产业相关的课程,课程设置保持与社会发展一致。芬兰的义务教育不仅仅要教给学生系统的科学文化知识,还要使学生具备在当今社会生活的能力,培养职业实践的能力。不管学生将来从事什么职业,过怎样的生活都要具备终身独立自学的能力。因此,这些社会实践的能力也是学生必须要掌握的,芬兰政府和学校有义务使学生掌握基本知识和基本技能。要让学生在学好母语、数学、外语、生物、历史、地理等科目的同时,还要使学生树立正确的价值观、高尚的道德品质以及良好的职业意识等。

(二)政府对基础教育的重视

芬兰在政治上实行多党合作的民主议会制,当地的自治团体向上级国家部门选送官员,根据芬兰的宪法的规定,芬兰共和国的总统由民主选举产生,任期6年,可连任一次。在1999年芬兰的宪法中,确定了公民的基本权利,确定了立法、行政、司法、国防、教育、宗教等方面的原则。在教育方面,宪法规定,基础教育属于免费的义务教育,政府将会对义务教育提供支撑与扶持。在2000年的总统选举中,芬兰的社会民主党塔里娅·哈洛宁获胜,当选为芬兰的第11任总统。在2006年的总统选举中,塔里娅·哈洛宁再次当选为芬兰的最高元首。民主党十分重视芬兰的就业问题以保障国家稳定,在解决国家的就业问题方面,塔里娅·哈洛宁主张通过提高全民族的素质教育这条路径来保证就业。政府采取了诸多政策措施来完善基础教育。在教育管理中,教育文化部作为芬兰的中央行政管理机构,同时,将教育的部分权利再下放到地区、地方等各级教育部门,在芬兰的6个省(奥兰府、东芬兰省、拉普兰省、奥卢省、南芬兰省、西芬兰省)中,都拥有各省自己的教育权利,其中奥兰府享有高度的自治权,因此理所应当地拥有最高的教育自治权。近年来,芬兰政府努力建立学习型政府来提高全国行政管理的效率,地方将会享有更多的教育权利来置办自省教育事务。虽然各省都拥有相应的权利，但是各地的政府都对中央管理机构负责，因此，在芬兰，中央教育文化部在管理全国的教育事务中处于绝对的支配地位。正是在中央和地方各级这样默契的配合中管理着全国的教育事务。

在文化政策方面，芬兰注重保存其传统文化和支持文化的多样性，政府鼓励不同种类的文化共同发展，倡导建立多样性的文化服务团体。芬兰面向2015年的教育和文化战略是：确保文化、教育平等；促进智力增长与终身学习；增加参与机会；支持教育、文化、经济的竞争；扩大芬兰的国际影响。在教育政策方面，芬兰政府努力让全体国民都受到良好的教育，为全民教育创造条件。除此之外，芬兰政府还努力提高全民的素质，芬兰的成人识字率达到了100%，这些教育成果与芬兰政府倡导的全民教育和公平教育理念是分不开的。

（三）全球经济与信息技术发展带来的巨大挑战

1995年，芬兰加入了欧盟，1998年加入了欧洲货币联盟。这些大事件在为芬兰国家发展带来巨大机遇的同时也使芬兰今后发展面临巨大挑战。2002年2月14日，芬兰总理利波宁在伦敦经济学院做了"欧洲未来——芬兰模式"的演讲，对芬兰经济获得成功的因素进行了分析，指出创造新经济最重要的就是教育。① 在2007年开始的核心课程改革中，要求课程设置要体现出对国家经济和科技变化反应的灵敏性，言外之意，即是要求在课程设置方面加强与经济社会的联系以及增加芬兰科学课程设置的科学性。除了包含设置一些具体的科学课程科目以外，还应当让学生掌握科学的基本内涵，厘清众多科学概念的实质性含义，养成科学思维习惯，培养学生科学探究的精神。不得不说经济全球化和世界科技的发展是促使芬兰进行基础教育课程改革的直接重大因素。

科技的巨大进步迫使当今学生想要在今后的社会中生存必须掌握信息技术，面对着世界各个国家在信息时代都在对自身的基础教育课程进行改革，芬兰政府意识到掌握信息科技是当今学生能力的一种体现，也是学生获得生存的一项必要条件。针对21世纪信息时代的社会状况，教育部全面分析了芬兰信息社会的教育、学生的培训及研究状况，并做出

---

① 李雪垠：《芬兰基础教育模式成功因素分析》，《基础教育参考》2006年第2期。

了 2000—2004 年的国家战略部署。从全民的角度来制订计划，旨在建立一个面向全体国民的信息社会，使所有国民都能够参与到这个战略当中来并且从中受益。世界经济论坛《2007—2008 年全球信息技术报告》显示，在全球 127 个国家和地区网络化指数排名中，芬兰居于第六位。芬兰有着如此发达的网络环境，将这一优势与国内的基础教育改革联系起来必定能提升学生的信息素养。政府要鼓励学生通过解决实际问题（例如实习的时候），参与课程的发展和教学的安排等来发展他们的信息技能和媒体知识。学校可以与有关的公司企业合作，安排学生参加应用信息技术的竞赛，通过竞争和奖励激发学生学习信息技术的兴趣。①

二　新世纪以来芬兰基础教育课程改革的主要内容

（一）课程理念：尊重天性，培养终身学习的能力

尊重学生的天性成为芬兰教育一条重要的准则，在课程改革中也是如此。芬兰并不会去严格控制学生，包括他们的日常行为，例如，初中女生可以在校化妆，而学校却不会去干涉她们。在课程改革中充分尊重学生的天性，有利于保护他们的创造力与批判思维能力。在芬兰的《ECEC 国家课程指引》中首先对儿童的教育目标做了规定，即要促进儿童个性的良好发展，要充分尊重他们的天性。要充分尊重儿童的兴趣与需要，兴趣是儿童获取知识的最大动力，只有尊重幼儿的兴趣和需要，才能更好地激发幼儿的创造力和想象力，要以儿童的兴趣和需要为纽带和载体充分发挥其潜能。②

2002 年，芬兰政府颁布了《普通高中教育总体全国性目标及课时分配的政府令》，该法令除了表述学校课程内容必须与社会相联系之外，还要利用课程培养学生终身学习和能力的发展。教育的目的是使学生内化

---

① 王纡然、庄瑜：《面向全民的信息社会——2000—2004 年芬兰信息社会教育、培训及研究的国家战略》，《外国中小学教育》2003 年第 9 期。

② 邵明星、杨晓萍：《芬兰〈ECEC 国家课程指引〉述评及启示》，《早期教育》2013 年第 3 期。

终身学习的意义，鼓励学生对自身的学习技能具有信心，并对继续教育做出规划。① 在芬兰的高中课程中，开设了一系列专业化的课程，例如，在化学科目中，开设了化学与生活、化学与技术之类的课程；生物课中，开设了生物科学与社会、现代生物科技专题地理之类的课程；在信息技术课程中，开设了信息资源管理、信息技术与社会。这些课程十分注重培养学生终身学习的基本能力，具有一定的专业性特点，使其与高等教育的课程衔接起来。以芬兰的应用性课程为例，学生可以选择一些自己感兴趣的科目进行专业性知识的学习，这种专门的知识不仅可以建立在巩固已学知识的基础上，同时还可以学习将来会用到的新知识，为自己今后的学习打下基础，对培养学生终身学习能力与意识有很大作用。

（二）课程内容：重视科技与外语课程

芬兰学生在参加高中毕业会考时必须要参加的考试科目有：母语、第二官方语言以及外语，这三门课的考试是学生必须要参加的。其次，学生需要从数学和综合科目里边任选一门作为结业考试的科目。后来，芬兰又将结业考试的科目规定为母语作为必选科目，所有学生都必须参加，在第二官方语言、外语、数学以及综合科目里学生选取三门作为自己的结业考试的科目，即芬兰所谓的"1＋3"考试。虽然外语和第二官方语言不再是规定的必选考试科目，但是作为学生要选取的科目，被选中的机会还是很大的。芬兰的母语课程包括瑞典语、芬兰语以及萨米语，外语包括英语、法语、德语、俄语等。学校开设了多种外语课程供学生学习和选择，在芬兰，高中生一般都能掌握2—3门外语，甚至在初中阶段，学生就能轻松地阅读英语著作。芬兰的高中与别国许多学校交流合作，以培养学生的国际交流能力，为学生创造良好的外语学习环境，起到提高学生外语能力的作用，体现出芬兰对外语科目的重视。

科学技术课程在当今显得极其重要，学生所掌握的科学知识水平直接影响到以后国家的科技实力。芬兰高度重视学校的科学技术课程，在《2004年芬兰国家基础教育核心课程》中明确提到"环境与自然"这门

---

① 张奕婧、郑一筠：《21世纪以来中国和芬兰高中阶段课程改革的比较研究》，《外国中小学教育》2011年第4期。

课要采取以学生的已有知识、技能和经验为起点的探究性、问题解决型的教学方法，同时密切联系学生周围的环境、相关现象和事件等影响因素，促进学生与自然环境发展积极友好的关系。① 芬兰的科学课程十分注重与社会生活的联系，将当今一些社会热点问题联系起来，例如，科技发展、环境保护、资源枯竭、人口膨胀等。避免只是在课堂中教师对学生照本宣科的教学行为，强调教师要对学生进行科学启发，并通过鼓励学生积极参加各种社会实践活动的方式将这些社会热点问题与学生头脑中已有的科学知识连接起来。而且要求在母语、数学等课程中也要体现科学课程的内涵。2004 年，芬兰颁布新的《高中教育课程大纲》中，除了巩固之前课程改革的成就之外，又进一步强化了自然与技术在高中课程中的分量。

（三）课程管理：分散灵活与"不分年级制"

在 20 个世纪 90 年代芬兰进行了课程改革，改变了以前由中央集中统一管理全国课程的状况，将课程管理的权利分配给地方政府，实行中央和地方政府共同管理全国的课程体制。芬兰有 448 个城乡政府，包括 68 个城市、75 个城镇和 305 个乡村。九年制学校、高中属于城乡政府所有，由教育局负责行政和教学管理。② 国家对核心课程进行规定，例如像《高中国家核心课程》之类的政策文件，地方各个学校只要在规定的时间内完成国家核心课程所规定的科目即可，至于具体课程目标、课程设置、课程内容、教学方式、课程评估等都可以由地方各个学校自行决定。芬兰改革以前中央集权的课程管理模式，将课程管理的权利分配给各个地区的学校，学校由被动管理改为自主管理，这样有利于学校设置一些符合实际情况的校本课程，给教师更多自主教学的空间，调动学校和教师管理课程的积极性，使他们积极参与校本课程资源的开发，将学校课程与学生生活的社会联系起来，使课程与社会生活产生多元化的互动。

---

① 刘欢：《建构主义视角下的中国与芬兰科学课程标准的比较研究》，《时代教育》2013 年第 6 期。

② 中国驻芬兰使馆教育组：《芬兰基础教育成功初探》，《基础教育参考》2003 年第 1—2 期。

1999年，芬兰颁布了《高中教育法》，该教育法规定在芬兰所有的高中里都要实行"不分年级制"的教学模式，21世纪芬兰的高中正是在这种"不分年级制"的模式下行使管理部分课程的权力的。不分年级制按照学生的个别差异为学生设置了灵活的课程方案，包括为学生制定学习内容和学习进度，包括对学生进行总体课程介绍、课程设置、各科内容、教师详情、课程评估等。不再像以前那样按照上级指示来选择课程。学生在这个过程中拥有更大自主权，可以自主选择课程，甚至是任课教师。一旦某门课程的选择人数达到10人，学校就决定开设该课程，如果学校没有条件开设该门课程，学校允许学生到别的学校修完这门课程，而取得的成绩一样会被之前的学校认可。"不分年级制"实际上是中央将课程管理的权利交给地方以及地方灵活协调运作的一种表现，学校可以按照本校学生要求与地方实际条件以及学校相关安排来开设某门课程，并且在课程实施和课程评价方面制定相应的标准。"不分年级制"是芬兰课程管理的一大特色，体现了因材施教和个性化教学的思想。

（四）课程设置：自主灵活，领域广泛

芬兰对学前教育和基础教育的课程都做了详细的规定，要求全国的学校都遵循上级政府部门的课程设置要求以确保学生掌握所需要的知识，但这并不等于芬兰所有基础教育课程设置的权利完全由上级部门垄断。芬兰各个地区在基础教育课程设置方面拥有一定的自主权，包括课程设置、教材选择、课时的安排等。芬兰国家教育委员会规定了义务教育的核心课程，包括母语与文学（芬兰语、瑞典语或萨米语）、外语（英、法、德、俄等）、公民学、环境科学、宗教或伦理学、自然科学（数学、物理、化学）、健康教育等19门，其中健康教育是2004年新加入的核心课程科目。① 芬兰的九年义务教育分为六年初级阶段和三年高级阶段，在六年的初级阶段课程中，除了母语、国语、外语、数学、环境、宗教伦理、艺术等必修科目以外，学校还可以根据自身的条件自行进行本校的课程设置，开发特色课程。例如，在外国语

---

① 于建云：《芬兰"奇迹教育"对我国新课改的启示》，《中国农业教育》2010年第2期。

课程的设置上，如果学校具备一定的师资条件，可以自行决定开设何种外语课程以及开设该外语课程的具体时间，三年的高级阶段也是如此。在义务教育小学阶段，除规定每年各门核心课程的最低标准为132个课时之外，小学和初中阶段学校可以自行安排的学时占总学时的百分比分别为10%和20%。[①] 学生修完六年初级阶段之后在选择自己三年高级阶段的学校时也有很大的权利，可以根据自己的学习状态和发展潜力选择到哪个学校接受接下来三年高级阶段的学习。根据1994年和2004年的《高中教育课程大纲》，芬兰普通高中课程分为学习领域、学科和学程三个层次，学校的课程几乎都包含在这三个领域之中。芬兰政府规定，一名普通高中学生毕业时至少需要完成75个学程的学习，其中包括47—51个必修学程和10个专业学程，余下的学程学生可以选修专业学程，也可以选修应用学程。在学前教育阶段，除了设置一些国家教育委员会规定的课程之外，幼儿园的老师还可以组织儿童看电影、做丰富多彩的游戏等其他娱乐活动。2004年的基础教育课程改革强化了国家标准与指导，出台了新的课时标准。此外，在芬兰的选修课程设置上，不仅地方政府和学校可以在其中起决定作用，甚至连家长也可以参与其中，所有迹象表明，芬兰的基础教育课程设置十分灵活，体现了基础教育课程设置的弹性。

（五）师资建设：整治教师队伍，为课程改革提供师资保证

教师是教学过程中的主体，教师素质的高低直接影响着学生学习与课程改革实施效果，不管是哪个国家，将师资队伍的建设都摆在了改革的第一位。芬兰教育的成功就在于有一批高素质的教师队伍为支撑。在芬兰，每年有许多学生都想申请进入大学的教育学院，希望日后进入教师行业，但是其中仅有10%的优秀学生才能被录取。根据芬兰《基础教育法》的规定，只有具备硕士以上学历才可以申请教师职位。即使没有取得硕士学位的教师也正在努力获取硕士学位的道路上，因为硕士学位才是芬兰教师获得永久职业的保障。芬兰对教师学历的要求正是其注重基础教育质量的体现。例如，在2002年，招募教师的人数是693人，而

---

① 李雪垠：《芬兰基础教育模式成功因素分析》，《基础教育参考》2006年第2期。

申请人数就多达 13579 人，也就是说大约 20 个人来竞争一个教师岗位。从中我们也可以看到教师职业的竞争还是非常激烈的，那些第一次申请没有成功的人还会在接下来的时间里继续申请。[①] 同样，2008 年，芬兰申请成为小学老师的大约有 1258 人，而如愿以偿的仅仅 123 人，录取比例不到 10%。在教师职位的申请过程中，光有好成绩是不够的，他们认为，最优秀的学生通常不见得会是最好的老师，优秀的综合能力才是芬兰招聘教师的首选条件，2007 年，便开始了一项全面的教师招考和培育改造计划。要求彻底变革旧体制中不合理之处，寻找科学、理性的同时注重人性思维的教师。

对教师提供培训也是芬兰提高教师质量的一项重要内容，政府会为在职教师和即将入职的教师安排大量培训与实践的机会。作为即将入职的教师来说，职前培训被看作是他们今后的教学态度和教学效果的重大影响因素，如果没有入职前的培训，将会被看成是职业生涯的不完整。要想成为芬兰的中学教师，必须在 5 年专业知识学习的基础上再进行 1 年的教师培训，才有可能成功申请教师资格。对于在职教师来说有大量的培训方式可供其选择。例如，为他们提供实践锻炼与学习的机会，学校还会提供一些去别校参观与交流的机会以及设置一些模拟的课堂等，让教师在这些真实的实践情境中解决教育学过程中出现的问题，并从中获得教育学知识。芬兰正在改变对教师培训的态度，使培训由以往的强制性向自愿性转变，让教师乐意接受培训，把培训看成一种丰富自己专业知识和提升自己职业素质的途径。

（六）政府为基础教育课程改革提供财力保障

教育乃国之根本，一个国家的发展和文明进步就是教育的果实，国家的发展离不开教育这架强有力的马车拉动。芬兰政府在教育方面的财政投入很高，据欧盟委员会 2008 年发表的《教育进展监测报告》统计，自 2000 年以来，欧盟国家教育投入在不断增加，芬兰公共教育支出占国内生产总值的 6.31%。其充足的教育管理经费由中央政府和城乡政府共同承担，为实施义务教育提供了基本保证，同时也是促进基础教育民主

---

① 贺慧敏：《芬兰在 PISA 中成功的原因分析》，《现代中小学教育》2009 年第 1 期。

化和谐发展的重要动力。① 2001 年,芬兰教育部教育科研经费预算为 50.97 亿欧元,年增长率高达 8%(2000 年为 4.78%)。虽然 2001 年 GDP 增长率仅为 0.7%,但政府 2002 年教育科研预算为 54.66 亿欧元,比 2001 年增长 7.2%。近几年来芬兰教育科研经费增长率远远高于发达国家,居世界首位。② 芬兰总统塔里娅·哈洛宁在 2001 年元旦发表新年讲话时指出,近年来芬兰国民经济发展很快,教育工作对芬兰福利制度非常重要。课程改革作为教育发展中的一部分,理所应当地得到了大力的财政支持。

三 新世纪以来芬兰基础教育课程改革存在的问题

(一) 忽视学生学习自觉性的引导

芬兰的基础教育课程在改革的过程中紧跟国际潮流并保持与社会紧密相连这方面走在了世界前列,政府投入了大量先进的网络设备丰富其课程资源。但是其中也不可避免地出现一些问题,由于受年龄阶段的影响,大多数儿童在学习的过程中缺乏自制力,再加上教育过程中强调对学生天性的尊崇,因此,面对复杂的物质世界,儿童很难在其中对自己的行为进行控制,从而养成一些不好的习惯。例如,芬兰罗素高中的校长阿里·霍文南(Ari Huovinen)说道:"学校过分热衷于引导学生上网,将网络作为教育资源。可是,我们的许多年轻人已经将大部分的空闲时间用于上网。这可能是学生的兴趣爱好发生了转变,而我们还没有找到合适的途径加以引导,维持他们对文学的热情,包括小说和纪实文学。我浏览了一些刚发布的结果,这些结果表明我们必须更重视激发他们的阅读欲望,尤其是不要让男生只想着玩电子游戏。"③ 课程设置的丰富性

---

① 杨洪琴:《芬兰基础教育民主化初探及对我国的启示》,《基础教育参考》2010 年第 7 期。
② 中国驻芬兰使馆教育组:《芬兰基础教育成功初探》,《基础教育参考》2003 年第 1—2 期。
③ 徐星:《Ari Huovinen:我们对芬兰的教育体系保持乐观》,《上海教育》2010 年第 12 期。

为学生选课时提供了更多选择，随着现代信息技术的发展，学生自主选择的机会将更多，虽然在选课之前为学生选课提供了大量的咨询服务，但是在课程实施阶段，却对学生引导性的重视程度不够。

（二）对性别造成的学习差异不够重视

芬兰在男女学生表现出来的素养方面存在着一定的差异，一般情况下，芬兰女学生的素养水平明显优于男生，男生在学习意识与学习习惯方面的表现也不及女生，许多男生不认为读书看报是提高素养水平的好方法。阿里·霍文南认为这是芬兰教育过程中始终存在着的问题，并且一直以来都没有得到解决。既然这个现象具有普遍存在的特点，那么就表明这是教育管理上的一个漏洞。在性别的成熟顺序上，虽然女生早于男生，但是芬兰政府却一直没有在基础教育课程改革中涉及解决性别差异造成的素养水平高低的问题，而且对男女学习动机方面的研究与引导表现也不及诸如日本以及别的欧美国家。课程改革中应该尽量让每一个学生都得到发展，努力缩小由性别差异造成的学习上的差异，但是在芬兰的课程改革中没有捕捉到针对由性别差异引发的学习差异这一问题进行改革的影子。

（三）缺乏统一客观的课程评价标准

评价目标多样化为芬兰课程改革的一大特点，芬兰的课程目标致力于实现学生的全面发展，为培养学生的终身学习能力打下基础，而这种质性评价往往由课程实施过程中的主体来制定。评价方式包括内部评价、外部评价。内部评价是课程使用者自己实施的、连续的、系统的以及累积的。外部评价是课程使用者之外的人进行的评价。在内部评价中，很多评价都是由学生自身做出的评价，例如课程评价的指导思想、评价的方式方法、评价的标准、评价的能力范围等都是由学生自己拟定的，没有具体统一的评价准则，都是因人而异，造成评价的结果带有很强的个人主观色彩，使评价的精准性受到一定的影响。芬兰的高中实行的"无固定班级授课制"使学生在课程评价上的自主权利增强了，评价的标准、评价的内容以及评价的方式都是由学校和学生商量来定的，有的甚至完全由学生自己决定。不同的学校、不同的学生制定出来的课程评价都不相同。从全国范围来看，课程评价混乱，缺乏一个统一的标准来甄别学生的能力。芬兰的评分有 7 档：4 分（不及格）、5 分（及格）、6 分（满意）、7 分（较好）、8 分（好）、9 分（很好）、10 分（优秀），这 7 个等级也是在征得学生个人的同意之后才实施的。课程评价过于主观容易造成评价结果不准确，使评价效果大打折扣。此外，在芬兰的高中毕业考试中，学生拥有多次考试机会，即学生对自己的成绩若是不满意可以多次重考，并将最高分记入大学入学考试证书上。众所周知，分数并不是能力的象征，学生考试成绩不理想并不能判定学生在相应方面的能力欠缺，同样，如果学生在某次考试中取得了优异的成绩，那是否就能证明该学生具备基本能力了呢？这是一个值得思考的问题。

四 新世纪以来芬兰基础教育课程改革对我国的启示

（一）注重课程设置的公平性

芬兰宪法提出在芬兰人人都是平等的，芬兰的学校教育中，孩子们从小接受的就是人人平等的教育观念。芬兰政府通过创造各种平等机会的方式来消除由于社会背景和个人生活圈子的不同造成的教育不平等现象，使每个人都能获得平等受教育的机会，使全体国民的智慧都能得到充分的利用。① 芬兰课程设置十分多样化就是为了保证满足不同学生的兴趣需要，要求课程面向全体学生并适应不同学生发展的不同需要，要求课程设置体现因材施教的思想，力争为每一个学生找到成长的最佳课程模式，要求学校通过开设相应的课程来引导、促进不同学生在不同方面的发展，以保证学生多方面才能得到充分的发挥。② 芬兰还设置了一些职业技术课程来满足那一部分想为将来职业做准备的学生，体现在 2006 年的《芬兰职业教育和培训概述》以及《2008 年芬兰职业教育和培训政策

---

① M. Kyrö, K. Ngyssölä, "Attitudes towards Education in Finland and other Nordic Countries", European Journal of Education", Vol. 41, No. 1, 2006, http: //onlinelibrary. wiley. com/doi/10. 1111/j. 1465 - 3435. 2006. 00246. x/abstract.

② 任乐腾：《芬兰基础教育课程改革及启示》，《读与写》2009 年第 6 期。

报告：职业教育和培训政策重点领域的进展》等报告中。此外，在一些特殊学校，政府会给这些学生安排专门的教师为其上课，教授他们感兴趣的课程。芬兰在课程的设置上十分注重公平与平等的原则，课程绝非只是满足一部分学习成绩好的学生，同时也为成绩一般或者学习起来十分吃力的学生考虑。如果有一个学生跟不上学习的进度，老师并不会忽视这个学习有困难的学生，而是根据这个学生的学习状况进行反思，从而选择其他的课程内容与教学方法，全班学生一起帮助成绩落后的学生渡过学习的难关。不让一个孩子掉队，这体现出了芬兰课程与教学中的公平与互助的特点。而在我国，课程设置尽量在满足一部分学成积极较好的学生的需要，这种学生往往在学习的过程中能轻松地理解不同课程中的知识，取得较好的学习成绩，从而赢得老师的青睐。而那部分在学习方面表现不是很出色的学生往往容易被老师忽视，对课程内容缺乏兴趣，考试成绩不理想，使之更容易被忽视，从而形成一种恶性循环。因此，在我国今后的课程设置中，应当设置不同的课程内容满足不同学生的需要，让每一个学生都能在学习中找到自己感兴趣的课程内容。课程和教材不是为那部分成绩好的学生设置的，而是应该满足不同群体学生的需要，让每一个学生都能得到发展，落实教育的公平政策。

（二）增加课程设置的弹性

芬兰的地方政府、学校和教师对学校的课程设置有相当大的权利，除了政府规定的部分教材之外，地方可以自行选定校本课程。芬兰的高中推行"无固定班级授课制"的政策。1994年，芬兰国家教育事务委员会颁布《高中教育课程大纲》，对高中的课程设置进行了较大的改革，决定在全国的高中全面推行"无固定班级授课制"的教育政策。2004年颁布新的《高中教育课程大纲》，除了巩固"无固定班级授课制"这一政策之外，还增加了科学与技术课程设置的比重。1994年和2004年的《高中教育课程大纲》的共同之处在于，为学生创设了自由学习的空间，学生可以根据自身需要选择科目。芬兰的学校给学生提供了丰富的选修课程，例如芬兰赫尔辛基市罗苏高中目前所开设的课程就达200多门，在芬兰一所普通的高中给学生提供的选修课程就达上百门之多。家长也可以参与其中，教师根据学生选课决定科目开设的情况，学校再在此基础上对学生的学习状况做出评价。《高中教育课程大纲》的出台规定了芬兰的课程设置标准，但是在地方各学校进行具体的课程设置时，也具有很大的灵活性。

我国基础教育课程改革中，也在尽量改变管理过于集中的状况，将权力分配到地方各个地区，实行中央、地方、学校三级课程管理，增强课程对地方、学校及学生的适应性。在农村，保证达到国家课程基本要求的同时，可以根据地方农业的发展和农村产业结构的调整设置一些地方特色的课程，深化"农科教相结合"和"三教统筹"等项改革，为当地农村经济的发展培养人才。在城市地区，除了让职业高中继续担任起职业技术教育的任务以外，在普通高中可仿效芬兰综合中学尽量开设一些职业技术课程，这样可以为普通高中的学生提供更多的选择机会。我国目前的一些省市和自治区可以单独设置课程标准和课程计划，只要经教育部批准，便可组织实施。但是和芬兰相比，我国在校本课程的研究方面和教师的自主权利方面略显不够，这应当是我们今后课改努力的方向之一。

（三）提高师资队伍质量，使其具备配合国家课程改革的综合素质

芬兰的教师入职申请十分困难，不仅要学习专业课程、进行职业培训、取得硕士学历，还要通过教师资格考试，并在考试中表现优秀，才有可能进入学校从事教师职业。新世纪芬兰的学校中，绝大部分教师都拥有硕士学位，除了具备学科的专业知识以外，还掌握了大量的教育学知识。只有一小部分基础教育的教师还是学士学位，芬兰许多大学都在为这部分还没获得更高级学位的教师提供大量培训进修的机会。教师是课程实施过程中的主要人员，也是落实课程改革政策的第一线人员，只有在教师的素质过关的前提下，才能保证课程改革的政策措施落到实处，因此，提高教师行业的整体质量水平是保证课程改革达到预期目标的重要手段。为了不断提高教师专业素质和更新知识，各教育机构鼓励教师开展积极的自主学习和研究，免费为他们提供在职或脱产培训以及攻读学位的机会。芬兰10所综合大学均有教育学院，这些学院除开设常规课程外，还根据教育改革的需要，增设了教育咨询专业。大学和其他教育

机构提供教师终身培训。① 芬兰的教师不仅熟练掌握了学科知识和教育学专业知识，还具有开放性的视野，能够准确洞察国家的教育状况，积极配合上级部门的课程改革政策，这些值得我们借鉴。相比我国的中小学教师，合格率仅为 68.43%，其中一部分教师对教育学的专业知识知之甚少，很难把握国家课程改革的思路，更谈不上从事课程改革方面的研究。他们只关心书本知识和学生的学习成绩，而缺乏对学生人格指导，不能从深层次角度去理解国家课程改革的实质性理念。因此，我国应该在教师专业发展过程中提供更多的培训与进修机会，给教师提供更多的参与学术团体的机会，让他们不仅"能教"而且"懂教"。

（四）建立全面而严格的评估制度

课程设置的灵活性造成芬兰的课程设置多种多样，不同地区的学校课程设置都不相同，加上受国家政策的影响以及在落实的过程中政策实施人员的主观理解偏差，使课程设置的形式更加多样化。因此，建立一套严格的课程评价标准显得十分重要。评估是学校工作的一部分，但芬兰的教育评估不是以评定学校教学质量的优劣为最终目的，而是为了确保《基础教育法》规定的教育目标的达成以及国家设置的中心课程的完成，并在此基础上促进教育发展。② 芬兰的评估分为校内评估和校外评估两种，校内评估主要是指对学生学习能力的评估，学生的学习能力评估又分为学年度评估和义务教育终结性评估两种。学年度评估是一种对学生起激励与改进作用的评价，终结性评估属于鉴别行的评估。校外评估的范围十分广泛，例如，以学生通过所学课程是否对社会的发展做出贡献、课程设置是否符合社会发展潮流趋势以及课程的改革是否能更好地得到社会的资助等。校外评估主体人员十分广泛，包括家长和其他社会人士。在评价主体的广泛性和评价方式的多样性基础上以检验基础教育课程改革的效果。通过建立评估机制，可以将课程改革的效果反馈到教学过程中，不仅能够起到改善教学的作用，还可以为今后的基础教育课程改革提供借鉴。人们常说，实践是检验真理的唯一标准，通过在校内

---

① 于建云：《芬兰"奇迹教育"对我国新课改的启示》，《中国农业教育》2010 年第 2 期。
② 吴甜：《芬兰基础教育改革及对我国的启示》，《基础教育参考》2005 年第 9 期。

外建立评估机制来甄别课程改革理论的做法值得我们学习，在一些重点实验学校或是教育研究的试点学校显得更有价值。

（五）为学生提供多样化的选课方案以及课程指导制度

由世界经济合作与发展组织（OECD）公布的 2000 年、2003 年和 2006 年三次国际评价项目（PISA）测试中，芬兰学生获得三连冠的好成绩。例如，在 2003 年的 PISA 测试中，选取对象为 147 所芬兰语初中和 50 所瑞典语初中年满 15 周岁的学生，占芬兰所有年满 15 岁比例的 93%。芬兰学生不仅获得了阅读、数学和科学单科第一，还获得了综合第一的好成绩。拿全国的数学平均分来说，芬兰 544 分，获得了高出国际学生平均水平 44 分的好成绩。在 2009 年的 PISA 测试中，芬兰学生在阅读、数学和科学方面的成绩分别为 536 分、541 分和 554 分，而三科的国际平均分分别为 493 分、496 分和 501 分。[1] 由此可见，芬兰的学生在这三个方面的水平都相当高，这与芬兰基础教育中对学生的关心与辅助是分不开的。芬兰的基础教育课程十分强调课程设置的多样化以及在此基础上对学生提供指导，面临着基础教育中的众多课程，学校为学生提供了咨询服务。芬兰的学校设有咨询顾问、指导员、学生辅导员，这些人员为学生提供全面的指导，包括选课指导、学习计划、心理咨询等多方面的服务。这样的服务不仅为学生学习带来帮助，还有利于学生心理的健康发展。芬兰十分关心学生的学习与成长，提供咨询服务在解决学生当下问题的同时，还对学生以后的人生规划产生了重要的影响。对我国来说，在今后的课程改革中，为学生提供丰富的课程以及适切的选课指导具有十分重要的意义。课程选择不仅关系着学生当下的学习，从长远来看，对其今后的人生选择也会产生潜移默化的影响。

（和学新、杨静）

---

[1] OECD, "What Students Know and Can Do: Student Performance in Reading, Mathematics and Science", http://www.oecd.org/pisa/46643496.pdf.

第 七 章

新世纪以来韩国基础教育课程改革及其启示

韩国非常重视基础教育课程改革,自建国以来已经进行了7次课程改革。进入21世纪,韩国紧随时代变化,及时修订课程以应对知识经济时代创新人才培养的挑战。新世纪的课程改革始于1997年12月30日颁布的第七次基础教育课程大纲。新课程在不同学段的各个年级中逐步推进,自2000年起,小学每两个年级为一组逐年实施新课程,初中和高中则分别于2001年和2002年着手新课程的实施,计划于2004年实现基础教育阶段新课程的全覆盖。2007年2月28日,韩国教育部公布了《2007年修订教育课程》,将高中作为课程改革的重点。最近的一次修订是在2009年12月23日,韩国教育部颁布了《初、中等学校教育课程总论》,此次课程改革从2011年起陆续实施。新世纪以来,世界各国掀起了新一轮的基础教育课程改革浪潮,旨在培养高质量的创新人才以适应国际竞争。研讨各国新世纪课程改革的情况,对我国基础教育课程改革有着重要的现实意义。韩国是我国的近邻,有着相近的文化渊源,本章希望通过对新世纪韩国课程改革的一些观察能对我国有所裨益。

一 新世纪以来韩国基础教育课程改革的背景

进入21世纪,韩国在第七次课程改革的基础上进行反复的修订,这与韩国新世纪社会的发展和需要息息相关,反映了社会变化对基础教育课程提出的新要求。

（一）适应新世纪经济发展的客观要求

在经济全球化的背景下，科学技术迅猛发展，知识型社会和终身学习思潮对人才的培养提出了更高的要求，基于此，世界各国纷纷进行课程改革以适应社会现代化的新要求。韩国历经 7 次课改，从依附他国援助到自力更生进行课程改革，如今韩国课改已取得世界瞩目的成就，成为多国借鉴的良好范本。韩国属于后发国家的典型，自 1962 年第一个经济发展五年计划，韩国经济进入了高速发展期，1996 年成功加入 OECD 组织①，经济发展水平又上一层楼。进入 21 世纪，韩国的半导体和移动电话业等都已达到了世界领先水平，如此迅速的发展依赖于韩国优秀的人力资源。韩国地域狭小，资源短缺，要想使本国经济得以发展，适应全球化步伐，迈入发达国家行列，就必须依赖潜力无限的人力资源。因此，及时革新人才培养规格，培养知识与能力兼备的创造性人才，成为韩国不断进行基础教育课程改革的动力之一。

（二）调节传统文化与异质文化的冲突

韩国文化集儒家文化、殖民文化和西方文化于一身，处于传统与异质文化的冲突之中，这对基础教育课程改革的理念、目标和实施等都产生了重要影响。一方面，韩国处于东亚文化圈内，深受中国儒家文化的影响，尊师重教表现突出，被誉为世界上最崇尚教育的国家，形成了"学历热"的社会现象。有关研究表明，以 55—64 岁人口的数据为基础，40 年前韩国 31% 的人口完成了高中阶段教育，在 OECD 成员国中居 24 位；10 年前，韩国 95% 的人口完成了高中阶段教育，在 OECD 成员国中位居第一位。② 韩国又是一个自古以来受到他国侵略的国家，历史造就了韩国人民坚毅的民族性格和强烈的爱国精神。③ 最突出体现在韩国自主品

---

① 路璟：《韩国：后发国家追赶的典型》，《教育发展研究》2003 年第 2 期。
② Barry McGaw：《经济合作与发展组织视野中的韩国教育》，《教育发展研究》2005 年第 10 期。
③ 葛玲霞、张伟平：《传统文化与异质文化的碰撞、消长与平衡——20 世纪 80 年代以来美日韩课程改革问题探讨》，《外国教育研究》2009 年第 5 期。

牌的强大，如三星、现代等大型企业，它们热衷于对教育投资，培养自己国家的科技人才。另一方面，韩国课改深受西方文化影响，西方文化中对人性的追求、个性的培养、提倡创新和探索等理念，对韩国课程观、课程设置等产生了潜移默化的影响。全球化和信息化的今天，根植传统文化，尊重异质文化，培养具有多元价值观的韩国人，成为韩国教育课程改革的重要目标。

（三）弥补本国课程发展的缺陷

韩国经过历次课程改革，虽然取得了较大成就，但仍然存在一些问题，不能满足社会发展和个人需要。首要问题是韩国学生学习负担过重。芬兰学生用在学习上的时间仅为韩国学生的60%。[①] 虽然韩国教育质量较高，但是学生花费太多时间在学校以及课外作业上，学业上的竞争造成"私教育"过热，加重了学生学习负担和家长压力。因此韩国致力于改革课程设置，减少课程科目，减轻学生学习负担。其次，韩国课程无法满足全体学生的求知欲望和兴趣，学校课程多样化和个性化不足。由于各学段课程受到大学入学考试的牵制，所授科目大多以升学为目的，扼杀了学生的兴趣爱好，最终导致人才单一化。韩国"私教育"过热、学生负担过重以及入学考试的限制等现象都迫使韩国不断进行课程改革以加快这一系列顽固问题的解决。

二 新世纪以来韩国基础教育课程改革的主要内容

（一）坚持"人性化"和"多元文化"的课程理念

新世纪韩国课改在"弘益人间"的教育宗旨引领下，奉行"人性化"教育，走向全人教育，培养服务国家乃至世界的创造性人才。第七次课程改革奠定了以学习者为中心的教育理念，顺应了现代社会的人本主义思潮，强调学生的全面发展，对21世纪的韩国课程产生了深远影响。例

[①] Barry McGaw：《经济合作与发展组织视野中的韩国教育》，《教育发展研究》2005年第10期。

如2007年高中课程改革文件指出"高中教育是中等教育能否取得成功的关键,应强调存在个人态度和天赋基础上的个人能力发展和培养具有世界品质的公民"[①],并于2009年确立了"全球化创造性人才教育"的课程理念,旨在形成"以学习者为中心的教育课程"体系。韩国基础教育课程对人性化教育重要性的强调贯穿整个课程改革的目标、方针、课程目标、课程内容和课程运行之中。新课程着眼于学生,关注学生个性和能力的全方面发展,并且面向每一个学生,在追求国家水平的共同性课程的同时,关注地区、学校、个人水平的选择性教育课程,培养具有创造性的人才。同时,韩国历来重视本国传统文化,新世纪继续强调学生要积极理解本国文化,尊重世界文化,增强对世界的了解,适应全球化、信息化的社会,走向世界。韩国人强烈的民族归属感使其一直保持着自身的民族特征,进入21世纪,韩国重在协调民族感与国际意识,减少传统文化与异质文化的冲突。

(二)设置多层次、时代化的课程目标

新世纪韩国社会发展迅猛,对人的各种素养的要求逐渐增多,趋于全面化。韩国课程改革逐步转向以学生为中心,走向全人教育。韩国新课程改革对课程目标的设置呈现出以下特点:一是课程目标的多层次性。为了实现学生的全面发展,在培养目标方法提出了多层面要求,如第七次课改的人才培养规格强调学生个性、能力、教养、文化理解、社会意识的培养,2007年高中课改在此基础上继续深化人性化教育,强调人的全面发展和国际意识的培养,2009年精简课程目标为四个方面:学生身心健康发展、问题解决、文化理解和社会交往[②],具体体现为:基于人的整体和全面发展,培养具有完善人格和创业精神的人;以基本技能为基础,培养具有新思想、能够迎接新挑战的创造性人才;基于对文化素养和多元价值观的理解,培养能够追求有品质

---

① 韩国教育科学技术部:《高中教育课程解说2—国语科(教育人力资源部公示第2007-79号文件)》,首尔:教育科学技术部,2008年,第17页。

② 綦春霞、洪厚柞、王瑞霖:《韩国新修订的国家课程及其启示》,《外国中小学教育》2012年第4期。

生活的人；作为世界公民，培养具有关怀和分享精神并能参与社会发展的人。① 二是课程目标着眼于未来，注重能力和国际意识的培养。21世纪韩国课程目标强调培养学生的批判性、创造性思维和问题解决能力，强化国际意识，成为世界中的韩国人。三是传统与现代特征相结合。在课程目标中，始终为韩国文化理解留有一席之地，并且随着时代进步，学生的开拓精神、创新意识和能力以及与他人、与社会、与世界的交往能力的培养得到了前所未有的重视。

（三）优化课程结构

1. 完善课程体系

新世纪韩国课改致力于完善课程体系，加强课程的纵向和横向联系，强调学习内容的连贯性，形成整体的课程体系。第七次课程改革规定，教育课程由国民共同基本教育课程与高中选修中心的教育课程构成。国民共同基础教育课程是小学一年级到高中一年级开设的课程，由课程科目、能力培养活动和特别活动构成。高中选修中心教育课程在高中二至三年级开设，由课程科目和特别活动组成。韩国统一的课程体系，规定了韩国国民必须习得的基本知识和能力，体现出较强的连续性，但是此次改革没有考虑到韩国6—3—3—4的教育学制②，将作为整体的高中硬生生地分在两个相对独立的教育课程体系内，学生要花费大量的时间适应新课程，不仅浪费了高中最后两年的宝贵时间，也不利于学生完整发展。因此2009年课程修订规定从小学一年级到初中三年级共9年为国民共同基本教育时间，其课程名称改为"共同教育课程"，将原有的高中二、三年级的选修课程扩大至高中的全部学年，并把以选择为中心的教育课程命名为"选修教育课程"，这两部分都是由学科课程和创意性体验活动构成。至此，课程体系明确了中小学和高中各自的课程，进一步延长了高中以选择为中心的教育课程的时间，扩大了选修课的比例，学生

---

① 韩国教育科学技术部：《初等与中等学校教育课程总论（2009年修订教育课程）》，首尔：教育科学技术部，2009年，第V、1、2、3—10页。

② 张红、杨颖秀：《二战后韩国基础教育改革政策的嬗变与成效》，《外国教育研究》2008年第5期。

可根据自身能力、爱好、发展前途选择所学科目，学生个性发展落到了实处。

2. 课程设置多样化

为促进学生习得整体性的知识观和世界观，减轻学习负担，如何设置课程科目，如何安排最佳的学时成为新世纪韩国课程改革的重点。

首先，规定学科群，强调课程的综合性。面向21世纪的第七次课程改革规定国民共同基本教育期间的课程科目由国语、道德、社会、数学、科学、实科（技术·家政）、体育、音乐、美术、外国语（英语）10个科目构成。其中，小学一、二年级的科目是国语、数学、正确的生活、智慧的生活、愉快的生活和我们是一年级学生。高中选修教育期间的课程科目由普通课程科目和专门课程科目组成。普通课程科目有国语、道德、社会、数学、科学、技术与家政、体育、音乐、美术、外国语与汉文、军训、教养的选修科目；专门课程科目包括农业、工业、商业、水产与海运、家事与实业、科学、体育、艺术、外国语、关于国际问题的科目。[①] 由此我们可以看到，韩国国民共同基本教育课程科目种类齐全，涉及面广泛，但是科目的数量过多，科目之间会有所重复，加大了学生尤其是高中生的学习负担。因此2007年高中课改合并了韩国史和世界史。2009年课程修订加大课程整合力度，明确了科目群，将原有的10个科目整合成8门学科/科目群，其中有韩语、数学、英语、体育4门学科，以及社会学习/道德教育、科学/技术·家政、艺术（音乐与美术）、选修课程4门学科群。[②] 通过设置学科群减少教师和学生的负担，帮助学生形成整体认识。

其次，引入学年组，加强集中学习。2009年课程修订中新设小学为3个年级组，每两个年级一组，初中和高中各成一组，将整个基础教育阶段按照学生的身心发展程度分为5个学段，[③] 这就打破了课程设置和实施的僵化现象，促进同一学段学生的交流与合作，使集中学习相近科目成

---

① 孙启林、杨金成：《向21世纪的韩国基础教育课程改革——韩国第七次教育课程改革评析》，《外国教育研究》2001年第4期。

② 谭菲、杨柳：《韩国2009年中小学课程改革述评》，《比较教育研究》2011年第5期。

③ 同上。

为可能。

最后，明确学时分配，采用学分制。第七次课改规定了国民共同基础课程的修业时间，每学年最少学习34周，能力培养活动每学年102学时，并赋予学校自主权，可根据当地季节、气候、区域特点灵活控制时间。2009年课程体系修订后，进一步明确小学、初中和高中的学时分配，加大有利于培养学生兴趣、能力和国际意识的课程的课时比例，例如修订前初中3年的能力培养活动和特别活动共计510课时，修订后增设的创造性体验活动3年共306课时，减少的204课时全部用在新增设的选择科目上。① 高中以选择为中心的课程采用学分制，规定普通选修科目每学年4学分，专业选修科目为6学分，对修习时间不做特定要求，可根据学校具体情况灵活控制。2009年新课程进一步将高中生的总修业学分减少到204学分，并规定了每门课程要达到的最低学分数。

3. 课程内容适宜化

考虑到每个学生的基础、兴趣、能力和需要等方面的差异，加之韩国学生学习压力过大，为了改变现状，使每个学生充分发展，韩国课改首先引入差异课程理念，将课程内容设置为不同水平，根据学生各自的能力水平选择适合自己的课程。例如第七次课程改革韩国共设置了不同水平的国语、数学、社会、科学、英语5个科目；② 以选择为中心的高中课程更是让学生根据各自的兴趣和前途定向而有所差异。其次，明确规定课程内容总量要削减30%，达到课程内容最简化，但是由于目标削减方向不确定，概念不清，所以2009年新课程是通过相近科目的整合来减少科目之间不必要的重复。这样既可以达到削减课程内容的目的，也可以加强学生学习的效果。最后，促进课程领域间的协调。2009年新课程规定高中阶段的课程包含四个领域：基础领域、探索领域、体育/艺术领域和生活/人文领域。③ 这四个领域涉及了基本素养、能力、兴趣、态度

---

① 梁荣华、王凌宇：《"全球化创造性人才教育"理念下的韩国基础教育课程改革——以2009年课程修订为中心》，《外国教育研究》2012年第2期。

② 孙启林、杨金成：《向21世纪的韩国基础教育课程改革——韩国第七次教育课程改革评析》，《外国教育研究》2001年第4期。

③ 綦春霞、洪厚柞、王瑞霖：《韩国新修订的国家课程及其启示》，《外国中小学教育》2012年第4期。

几大方面，使学生兼顾必修和选修课，实现全面发展。

4. 重视活动课、职业课和道德课

在信息大爆炸的今天，知识不断更新，在学校有限的时间里不可能学会所有的知识，因此课程改革应更重视学生的学习能力、生存能力、创造能力和社会、国际意识等的培养，这些能力和意识需要在活动中习得。新世纪韩国的课程体系一直为能力培养活动和特别活动留有重要位置。能力培养活动由学科能力培养活动和创造性能力培养活动组成；特别活动由自治活动、适应活动、开发活动、服务活动、例行组织活动组成。随着社会对活动课程的重视，也为了避免两种活动之间内容重复等情况，2009年新课程进一步整合活动课程，整个基础教育阶段都由创意性体验活动代替，内容包括自律活动、社团活动、服务活动、出路活动4个部分，小学每周2个学时以上，重点是帮助学生形成基本生活习惯，培养共同体意识，发掘自身个性和潜质；初中每周4个学时以上，重点是确立与别人共同生活的态度，思考自己的前途，进行自我发现；高中每周5个学时以上，重点是引导学生的各种欲求向健康的方向发展，训练学生学会维系完满的人际关系，帮助学生选择人生道路和致力于自我实现，重视学生的自主实践。[①]

另外，韩国也很重视学生的前途教育。从初中开始，在选修科目中开设有关前途教育的课程，同时加强外语教育，帮助学生对未来的职业有理性的认识，明确目标，使学生有目的地学习以提高从事某项职业所必需的素质和能力。新课改赋予高中学校自主权，高中可在"学校自主安排课程"中设立职业教育课程，增强学生今后的就业竞争力。韩国初中新设的"出路与职业"课程自成体系，内容包括："我的发现""了解职业世界""职业导航"和"职业决策与规划"[②]，涉及对自我、对职业的认识以及职业规划，帮助学生清楚认识自我以及努力方向，真正有意识地深入学习感兴趣的知识。韩国对职业课程的重视显然是值得我国学习的。

---

① 韩国教育科学技术部：《小学、初中和高中创造性体验活动教育课程解读》，2010年11月4日，http://cur-ri.mest.go.kr/main.jsp? idx=050101。

② 谭菲、杨柳：《韩国2009年中小学课程改革述评》，《比较教育研究》2011年第5期。

道德教育一直是韩国教育的亮点之一，韩国国民礼仪风貌和对本民族的热爱深受他国人士赞扬。韩国道德课从第一次课程改革延续至今，将传统文化融入道德课中，形成本国独具特色的道德课程体系。各年级的道德课都由"个人生活""家庭近邻学校生活""社会生活""国家民主生活"四部分组成。其内容体系呈现出放射型的结构模式，即以个人为圆心，逐渐扩展到家庭、学校、社会、国家，从"尊重生命、诚实、实践意志、自主、节制"等要素开始，到"敬爱、家庭礼节、校内礼节、宽容、热爱家乡"，再到"社会秩序、相互协助、公益、公正、民主秩序"，最后升华为"热爱祖国、热爱民族、统一、国际友好、热爱人类"等道德情操。① 韩国道德课程尊重学生身心发展规律，注重内容的连续性和顺序性，循序渐进地推动学生走向高一级的道德理解阶段。

（四）加大地方和学校的课程管理权

为了完善课程运行体系，提高学校教师和学生对课程的满意程度，韩国课改首先将课程管理权下放，教育部以文件的形式规定了国家水平的"教育课程基准"。在此基准下，市、道教育厅制定反映地区特点的课程，每个学校也根据学校和学生的实际制定了以学生为中心的课程。因此，教育厅、学校、教师、学生和家长都有责任和义务加入到课程研制中，在课程研发过程中，全民参与课程决策，由研究与发展研究所、大学、中小学的专家和普通市民组成课程修订研究委员会，分析当前课程，研究如何改进课程，按照教师、学生、家长、市民的需要评析，经过几次审议后提交②，调动全民积极性，有利于课程改革的顺利进行。

其次，学校自主安排活动。第七次课改给学校提供了与课程事务相关的决策权利，以适应每个学校的特殊性。例如 2007 年高中课改规定学校可根据自身实际情况，自主安排活动时间，并可根据学生兴趣需要新设课程科目。③ 2009 年进一步扩大学校自主权，允许学校根据自身情况、

---

① 姜英敏：《韩国道德课浅探》，《比较教育研究》1999 年第 4 期。
② ［韩］Kyung-chul Huh：《对韩国第七次课程修订的反思与展望》，《教育发展研究》2005 年第 10 期。
③ 谭菲、马金晶：《韩国 2007 年高中课程改革的背景、内容及特点分析》，《教育探索》2011 年第 3 期。

学生出路和课程设置等按照一定比例（总学时的 20% 范围以内）增减某些学科的学时，并把增减的学时转移到其他学科，并允许高中开设一些大学先修课程。①

(五) 加强课程评价体系建设

第七次课改确立了教育课程评价体系，加强对课程质量管理，主要根据教科书的质量、授课的质量、教师的质量、运转的质量以及与此相关的教育环境的质量进行综合评价。② 值得一提的是，韩国道德教育课程的评价方式主要从四个方面考查学生的道德情况：一是对道德知识的评估，主要为笔试，加入多选题、主观表述题等多种形式；二是对道德信念与态度的评估，包括行为观察、面试、课堂问答观察等；三是对道德思考能力的评估，主要包括对道德价值判断能力进行评估；四是对道德实践能力的评估，采用前三种提到的所有方法。③ 韩国对道德课教师有着严格的要求，要求有相应的教学执照，证明其具有教学能力，同时还应有良好的道德素养，以身作则感染学生，锻炼学生道德态度和实践能力。

三 新世纪以来韩国基础教育课程改革存在的问题

(一) 课改频次高，缺乏长效机制

自 1954 年以来，韩国历经 7 次课程改革，时间间隔越来越短，2009 年改革与 2007 年改革仅隔 2 年时间，并且改动幅度大，涉及整个课程体系的修改。这说明韩国课程缺乏持续性，较频繁的改动造成了课程实施者以及学习者的适应困难。课程改革缺乏长效机制会对课程有效性产生很大的影响。首先，由于课改时间间隔短，课改前期工作不全面。课改活动应该建立在可靠的调研基础上，全面收集、处理信息后做出完整的

---

① 谭菲、马金晶：《韩国 2007 年高中课程改革的背景、内容及特点分析》，《教育探索》2011 年第 3 期。
② 孙启林、杨金成：《向 21 世纪的韩国基础教育课程改革——韩国第七次教育课程改革评析》，《外国教育研究》2001 年第 4 期。
③ 姜英敏：《韩国道德课浅探》，《比较教育研究》1999 年第 4 期。

调控方案，并且课程不是静止的，是在发展过程中不断变化的，如果时间过短则不能全面了解现状和潜在的后期变化。其次，课改幅度过大。韩国课改形成了一个循环状态，每一次修订都要进行大规模的改动，然而有些方面是不需要改动的，过多变革可能会造成良好成果的流失。最后，课程频繁改革使实施者出现逆反心理。课程实施者往往是刚刚适应了一种课程又要担心下一次修订的到来，改革的数量和频率已超出了大多数教师所能承受的限度[1]，势必会影响课改实施的效果。

（二）课程改革范围过于狭窄

课程改革是一项极其复杂艰巨的系统工作，是从一种特定的课程范式到另一种新的特定课程范式的突变[2]，这就意味着对原有课程的全面改革，包含课程理念、课程目标、课程结构、课程内容与形式、课程实施、课程管理、课程评价等环节，牵一发而动全身，只有与相应的配套系统结合，才能达到预期的效果。韩国课程改革过于重视"内容"的修订[3]，如整合科目—综合化问题、必修课与选修课的结构问题，学科课与活动课的统一问题等等，而忽视了教学方式、学业评价标准等配套系统的变革，如果不进行全面的改革，则无法扬弃原有的课程范式，甚至遭到其反噬。

（三）课程设置可行性差

韩国课改将很多先进理念融入课程改革实践，并进行了一些颇有成效的变革，包括科目群、差异课程、学年组等的新尝试，旨在促进知识的综合化，满足学生的个性化需求，减轻学生的学习负担。但是这些尝试尚处于初级阶段，还很不成熟，产生了不少争议。第一，标准不清晰。科目是否达到实质性融合、课程不同水平是否符合学生的基础等等问题，都因为标准的不明确以及概念的模糊遭到质疑。第二，新尝试流于形式。例如学年组的提出，本意是打破固定的课程设置模式，促进相近学科间

---

[1] 张红、杨颖秀：《二战后韩国基础教育改革政策的嬗变与成效》，《外国教育研究》2008年第5期。

[2] 黄甫全：《论课程范式的周期性突变率》，《课程·教材·教法》1998年第5期。

[3] [韩] Kyung-chul Huh：《对韩国第七次课程修订的反思与展望》，《教育发展研究》2005年第10期。

的集中学习，然而现实中集中学习主要体现在国语、数学、英语等课时数较多的科目以外的"小科目"上，实施科目群制度后每学年学校科目规定不能超过8门，这些所谓的"小科目"便被动地接受集中学习。① 再如差异课程与学校内部评价体系相冲突，采用统一的测试内容，不能真实地反映所有学生的学习水平。② 第三，教师利益受到威胁。由于大规模地减少课程科目威胁到被合并科目老师的利益，课时如何分配、教师何去何从、对教师要求提高等等都牵涉到教师的利益，如若不处理好一线教师的利益问题，课程改革将会受到阻滞。

（四）课程实施与理念脱节

课程实施是课程改革的重要环节，先进的课程理念最终都要落实到具体实践中。课程实施如若违背课程理念，再好的理念也只能是空中楼阁。同时，脱离课程实际情况的理论也不能改变现状，所以课程实施应该被重视起来，课程实施者的态度和能力决定了课程实施的效果。我们看到，韩国的新课改很少涉及课程实施，缺乏对教学的研究，课程理念没有很好地在课程改革中体现出来，甚至偏离方向。另外韩国课改忽视课程实施者的作用，抹杀了课程变革的直接参与者教师和学生的主体价值。事实上，有效的课程改革不仅要有正确的课程理念，还要将其付诸课程改革实践，理论与实践并重，才能保证课程改革的规范化、科学化。因此，韩国今后应该致力于课程实施的研究，重视发挥教师和学生的作用，培养他们的课改意识和能力，实现课程的创生。并且要加强对一线教师的培训，使其真正理解新课程，具备新课程教学的能力，提高其专业素养和课程适应能力。

（五）评价方式单一

韩国受儒学影响深远，学历是韩国公民求职的重要敲门砖，大学入

---

① 梁荣华、王凌宇：《"全球化创造性人才教育"理念下的韩国基础教育课程改革——以2009年课程修订为中心》，《外国教育研究》2012年第2期。

② ［韩］Kyung-chul Huh：《对韩国第七次课程修订的反思与展望》，《教育发展研究》2005年第10期。

学考试被认为是人生重要的一关,因此韩国同我国一样,整个基础教育课程都被笼罩在高考的阴影下。高考固然是最为客观公正的评价方式,成就了一批又一批莘莘学子,但是培养出来的人才往往规格单一,缺乏个性和创新性,不能满足现代社会对人才的需求。入学考试独占鳌头的情况一天不改变,课程改革就难以顺利进行,因为很多新尝试都会在高考的影响下退后,例如高考不涉及的科目如美术、体育、科技、家政等科目可能会被忽视,教师和学生也会占用这些"不重要"的科目去学习高考必需的科目。我国同韩国一样应该重视课程评价的重要性,从评价机构、评价人员、评价程序、评价有效性等入手,改革"唯分数至上"的单一评价方式,建立科学的多元化的课程评价体系。

四 新世纪以来韩国基础教育课程改革对我国的启示

(一) 紧随时代变化

课程不是亘古不变的,它总是随着时代、社会的发展而不断得到改造,以适应日新月异的社会。21世纪是知识经济时代,科学技术迅速发展,国际竞争愈演愈烈,其实质就是人才的竞争,各个国家都急需有创新精神、有国际视野的人才。新世纪韩国频繁地进行课程修订,以实际行动回应知识经济时代的到来和多元文化的影响。一方面,革新人才培养规格,课程目标强调培养实践关怀与分享精神的创造性人才。[①] 在全球化的形势下,新课程追求人性化教育,要求学生能够理解多元文化,具有共享精神,为国家和世界做出贡献。另一方面,韩国尽可能地吸取最新的科学研究成果,及时更新课程内容。例如科技课,韩国从小学就培养学生的科技意识[②],国民共同教育课程中科学/技术占有重要地位,在2009年课程修订中科学/技术还与家政合并成为一个科目群,将科学知识与现代生活联系起来,加强学生对科学知识的理解和应

---

① 梁荣华、王凌宇:《"全球化创造性人才教育"理念下的韩国基础教育课程改革——以2009年课程修订为中心》,《外国教育研究》2012年第2期。

② 张瑜:《韩国小学课程改革的历史演进与启示》,《教学与管理》2009年第29期。

用能力。

我国自 2001 年开始实施新一轮基础教育课程改革后，现如今已有 10 多年了，2010 年《国家中长期教育改革和发展规划纲要（2010—2020 年）》（以下简称《纲要》）的颁布标志着我国的教育改革进入一个新阶段。我国经济社会正处于建设全面小康社会和创新型国家的历史时期，《纲要》的制定既符合中国国情，又体现了时代要求。一方面，新世纪我国教育的战略主题是坚持以人为本、全面实施素质教育。《纲要》中更新了人才培养观念，即全面发展的观念、人人成才的观念、多样化人才的观念、终身学习的观念和系统培养的观念。① 另一方面，我国课程内容有效改善了"难、繁、偏、旧"和过于注重书本知识的现状，加强课程内容与学生生活以及现代社会的联系，课程的内容不再局限于固定的教科书，拓展有关环境、文化、态度等多方面的内容。但是，我国课程依然不能满足经济社会发展的要求，尤其是课程内容滞后，创新型、实用型、复合型人才的缺乏等问题还没有得到很好的解决。② 我国基础教育课程改革还需要紧随时代变化，及时革新人才培养规格和课程内容。

（二）勇于采纳先进的课程理念

课程改革不仅仅是课本、教学设备等物质层面的革新，更重要的是理念层面的转变，思想观念的转变是课程改革成功的决定性因素。新世纪韩国课改为了培养具有创新精神的世界型人才，不断吸收先进的课程理念并做出尝试。例如针对集中学习理念，整合年级群和科目群；针对差异课程理念，将课程设置为不同的水平；针对以经验为中心的理念，新设创造性体验活动。韩国课程改革紧紧围绕人性化的教育目标，将先进的课程理念渗透到整个课改过程中。

我国新一轮课程改革也注重吸收先进的课程理念，转变传统的课程

---

① 顾明远：《学习和解读〈国家中长期教育改革和发展规划纲要（2010—2020 年）〉》，《高等教育研究》2010 年第 7 期。

② 中华人民共和国中央人民政府：《国家中长期教育改革和发展规划纲要（2010—2020 年）》，2010 年 7 月 29 日，中央人民政府门户网站（http://www.gov.cn/jrzg/2010-07/29/content_1667143.htm）。

观念，以学生为主体，教师为主导，实施素质教育，形成现代化的基础教育课程体系。我国的课改已经取得一定成效，不再是"满堂灌"的授课方式，而是采取有效教学、差异教学等教学方式，提倡自主、合作、探究的学习方式，新设综合实践活动课等。但是我国仍处于课改的初级阶段，改革相对保守，很多先进的课程理念没有被采纳。另外一个突出问题是，在办学条件较差的农村，缺乏先进的教学设备，限制了先进的课程理念的推行。但是人的思想是不受地域制约的，如我国西部某贫困县的课改参与者所言，没有先进的教育教学设备，可以有先进的教育教学理念。① 由于先进的课程理念在各国没有固定的蓝本可供模仿，在实施过程中难免会有争议。因此我国要勇于吸收先进的课程理念，创造适合本国国情的课程理念。

（三）强调课程的一致性、整合性和个性化

韩国新世纪课改形成了系统的基础教育课程体系，以学生为出发点，优化了课程结构。2009 年课程修订中，韩国形成了"共同教育课程"（一至九年级）和"选修教育课程"（十至十二年级）两部分课程体系，兼顾必修课和选修课，协调两者的比例关系，这样既能保证学生基础知识的掌握，又能顾全到社会需求和学生特点。这两部分都由学科课程和创意性体验活动构成，贯穿整个基础教育阶段，有利于学生的全面发展，便于学校统一管理。韩国还对学段进行统一划分，促进学年组之间的集中学习。在我国，基础教育课程以必修课为主。但是小学阶段学段划分不一致，有两年一个学段的，也有三年一个学段的。课程体系和学段的不一致，导致学生发展不平衡，也使得课程管理较为困难，韩国这种体系和学段的统一值得我们借鉴。

课程整合是课改的重难点。韩国课改以学科群的形式打破了以分科为主的课程结构，将内容相近的科目融合，这加深了学生对知识的横向理解，有利于形成完整的知识观和世界观。反观我国，突出的问题就是科目单一化，学科课程、分科教学和必修课占主导地位，新课程改革也强调综合课

---

① 沈旎、黄利锋、夏繁军、张滢、卢令、周慧、黄玉娟、隋晓红：《2010 课程改革再出发》，《中国教育报》2010 年 1 月 1 日第 6 版。

程，例如科学、人文、艺术等，但是很少采用，大部分还是分科形式。①初中会考之前要学习12门课，而韩国仅用7个科目/科目群涵盖，因此我国还应该致力于整合课程，优化课程结构，减轻学生学习负担。

韩国重视学生基础学力的同时，还关注学生兴趣爱好以及学习能力的个性差异。差异课程和高中阶段的选择教育课程等都有效地满足了学生的个性化需求。相对于韩国，我国课程在个性化方面有所缺失。由于我国是人口大国，除了城市学校有条件进行小班教学外，大部分学校班级人数众多，老师并不能顾及每个学生。然而每个学生都有着不同的身心特点和生活经验，各具特色，如何使每个学生都获得适当的发展也是我国课改的重点。这种个性化课程理念应该为我们所借鉴，针对每个学生可以采取差异教学，也可设置不同水平的差异课程，同时还要注意增加选修课的比例。

（四）加强活动、职业和道德教育课程

新世纪韩国课改一直重视学生经验的培养，新修订中取消"能力培养活动"和"特别活动"，新设"创意性体验活动"，活动内容遵循从学生自己到与他人、与社会、与未来的顺序，符合学生身心发展的顺序，并且活动对学生的要求随着年级的升高而深入。"创意性体验活动"旨在通过体验活动，让学生获得实践经验，促进知识的真正理解和应用，培养具有关怀和分享精神的创造性人才。在我国，学校对安排适合的丰富多彩的课外活动不够重视，尤其是高年级面临升学考试，活动课的时间大部分会被考试科目占用，与社会服务相关的活动少之又少，学习的知识无法真正得到内化。

韩国尤其重视有关前途的课程，自小学开始接触，不同学段侧重点不同，从初中开始设立，并有一套完整的课程内容，"创意性体验活动"中也有未来职业相关的活动，进入高中更加关注学生的能力和兴趣，赋予学校自主权开设有关前途的课程。反观我国，学生进入大学后才开始接触前途教育课程，基础教育阶段很少涉及，以至于学生盲目选择专业，

---

① 綦春霞、洪厚柞、王瑞霖：《韩国新修订的国家课程及其启示》，《外国中小学教育》2012年第4期。

与自身兴趣和能力不相符合,因此我国很有必要从小培养学生理性的职业态度和能力,学校应重视职业课程的地位,有条件的学校可成立专门的课程小组,集思广益,创设科学的系统的职业课程。

韩国道德教育课程之所以成功,是因为韩国教育珍视传统文化,把传统文化融入到德育课程设置之中,根据学生身心特点安排道德课程内容,形成具有韩国特色的道德课程体系并有一套相匹配的道德课程评价体系。韩国很重视道德教育课程,从小学开始就注重培养学生的礼仪风貌,相处之道,国家意识和普世情怀。虽然西方文化不断冲击着世界各地,但是韩国人民有着强烈的民族感,尊重他国文化的同时,弘扬本国优秀的传统文化、礼仪和风俗习惯。当前,我国社会存在很多道德缺失的现象,加强道德教育迫在眉睫,《国家中长期教育改革和发展规划纲要(2010—2020年)》也指出要坚持德育为先,立德树人。韩国道德教育课程对我国有很大的启示:首先,我国要加强中华民族优秀文化传统教育和革命传统教育,形成具有中国特色的道德教育课程体系。其次,以学生为主体,合理安排课程内容,要遵循学生的身心发展规律,循序渐进地安排课程内容,注重道德实践。最后,采取人性化的德育评估方式,重在培养学生正确的道德信念,培养道德判断和实践能力,并要加强对教师德育专业化的培训。①

(五) 加大学校自主权

韩国建国初期实行的是中央集权的课程管理体制,这种自上而下的课程管理方式使得课程的质量符合国家标准,便于统一管理,但是难以满足各学校的不同情况和学生的个性化需求。为了改变单一的课程设置,促进课程的多样化,韩国不断加大学校自主权,学校根据自身特色和学生需求自主开发课程,培养多样化的创造性人才。1995年,总统教育改革委员会出台了减少政府对教育管制的政策,学校的自主管理由此开始起步;1997年,国家教育改革委员会要求全国各中小学成立学校运营委员会,由学生家长、教师、社区代表等组成,负责对学校教育、教学和

---

① 冷艳丽:《韩国道德教育课程设置的主要特色及启示》,《世界教育信息》2006年第4期。

管理事务提供意见、做出决策。① 新世纪韩国课改中更加凸显了学校的自主性，体现在两个方面：其一，学校自主开设课程。第七次课程修订中，专门设置了从小学一年级至高中十二年级学校的"可选择的活动"。韩国赋予学校自主权，允许初中根据学生兴趣和需要开设2门或2门以上的选修课程；高中可开设一些大学先修课程。② 其二，学校自主安排授课时间。由于第七次课改没有明确的学时标准限定，学校存在占用"可选择的活动"时间的现象，因此2009课程修订中进一步明确了授课时间和学分数，保证校本课程的顺利实施。例如学校可在20%的范围内自主增减授课时间；高中可自主安排64个学分的自主课程；高中选择性课程课时数占整个高中总课时的30%。③ 这种硬性规定可以减少教师占用活动时间的状况，有助于多样化课程的开展。

在我国新课改的进程中，实行国家、地方和学校三级课程管理，学校获得了一定的自主权，在较发达的城市，有条件的学校已经开设校本课程和兴趣课，学生可自行选择感兴趣的课程学习。然而我国大部分学校还是对校本课程感到无所适从，因为我国虽然倡导三级课程管理，但是政策文件中并没有具体的意见，这就导致学校和教师没有足够的时间和能力开展校本课程，因此对校本课程的授课时间做适当的规定，在课改的初级阶段对校本课程大有裨益。另外，我国也可以引进学分制，只规定学分数，不限制校本课程种类，可开设兴趣课、与大学衔接的课程、职业倾向的课程等，加大学校自主权。

（和学新、高飞）

---

① 张红、杨颖秀：《二战后韩国基础教育改革政策的嬗变与成效》，《外国教育研究》2008年第5期。
② 谭菲、杨柳：《韩国2009年中小学课程改革述评》，《比较教育研究》2011年第5期。
③ 梁荣华、王凌宇：《"全球化创造性人才教育"理念下的韩国基础教育课程改革——以2009年课程修订为中心》，《外国教育研究》2012年第2期。

第 八 章

新世纪以来德国基础教育
课程改革及其启示

21世纪是社会迅速发展的时代，也是激烈竞争的时代。无论是政治经济领域，还是科技文化领域，都已成为当下各个国家竞争的重点。为了应对这种纷繁复杂的局面，世界各国纷纷实施了一系列的改革措施来提高本国在国际中的竞争力。在众多领域的改革中，教育领域表现得尤为突出：英国为了适应21世纪的发展需求，早在1997年就提出了"教育优先"的口号；美国在刚进入21世纪就发布了《不让一个孩子掉队》法案，目的是促进教育平等和追求卓越教育；法国也在2005年出台了《教育指导法》，旨在明确全体学生应掌握的共同的知识基础和能力。作为欧洲传统强国的德国自然不甘落后，自1990年两德统一之后就有针对性地对本国教育领域出现的问题进行改革。进入21世纪以后，德国更是勇于面对21世纪的挑战和本国教育领域中的问题，实施了多项有关基础教育课程方面的改革举措以提高学生学习成绩，追求更高标准的教育。

一 新世纪以来德国基础教育
课程改革的背景与进程

近代的德国曾出现过一批如赫尔巴特、第斯多惠、福禄培尔的知名教育家，这些教育家的理念和观点在世界范围内产生过深远的影响。关注理性、思想深邃也成了德国教育的鲜明标志。教育上的成就带给德国历史上的辉煌与荣耀，且不用说黑格尔、歌德、贝多芬等大批哲学家、文学家、音乐家辈出，更不用说马克思、恩格斯这样的伟大思想家的出现。然而，二战之后这样的盛况却灰飞烟灭，残酷的现实促使德国人不停地反思。特别是 1990 年两德统一之后，德国在努力缩小东西德的社会差别和保持社会稳定的同时，还需要保持经济增长的势头。于是，更多的德国人便将改革的目光转向了人才的培养和教育的发展。可见，新世纪以来德国通过基础教育课程改革来大力提高教育质量不是自发和偶然的，而是有着深刻的时代背景和教育自身原因的。

（一）知识经济时代的客观需要

新世纪是知识经济时代，世界各国都极为重视知识的力量，在当代核心竞争力"是以知识为基础的信息捕获能力、学习能力、文化和人员的素质"[①]。知识经济依赖于知识的运用与创新。新世纪又是科学技术迅猛发展的时代，这个时代呼唤着科技创新。任何一个国家如果要想获得更大的发展，就必须跟上经济和科技的步伐。经济的发展依赖于科技的创新，科技的创新又呼唤人才的素质，而人才的素质唯有依靠教育。教育就自然而然地成了提升国家核心竞争力的关键点，强调基础教育课程改革和提供卓越高质的教育随之成了一种国际潮流。

德国的课程改革正是顺应时代发展的客观需要。进入 21 世纪，在发扬本国职业教育特色的前提下，德国对基础教育课程存在的问题进行了多项大刀阔斧的改革：2002 年德国出台了"十二条教改建议"，其中蕴含的分享教育和追求质量的课程改革理念对以后的课程改革产生了深远的影响。最明显的标志就是德国于 2003 年引入国家教育标准，强调对学校教学和课程的约束力，让每个学生都可以达到一般标准，为各州学校工作质量提供标准和保障。如今，德国的课程改革已取得了世界瞩目的成绩，成了各国借鉴和学习的范本。

（二）德国基础教育发展的新阶段呼唤课程改革

1990 年两德统一之后，德国力求缩小东部和西部之间教育质量的差距，同时不断扩大教育事业的规模。尤其是在进入 21 世纪之后，德国的

---

① 刘绎华：《软实力——知识经济时代核心竞争力的关键》，《求实》2006 年第 12 期。

基础教育开始进入了新阶段，需要完成新的发展目标。东西部之间协调与配合需要加强，学生间的合作精神需要提升，优质学校的数量更需要增加。有资料显示，"近年来，德国中小学生源下降十分明显，有的学校难以维系，学校间开展生源竞争，最终只能以质量或特色取胜。社会各界和家长对长期以来存在的过早分流、半日上课、学校自行其是的做法产生怀疑，甚至产生种种抱怨，强烈要求提高质量。而来自土耳其或东欧国家有移民背景的中小学生越来越多，在一些地方占到20%左右"[1]。可见，如何安排出符合学生身心发展特点的课程和课时，如何使每个学生在毕业的时候获得必备的能力，如何通过课程提升德国教育的整体质量以及怎样开展多元文化教育，帮助那些具有移民背景的学生融入德国，这些都是德国当下所面临的课程问题。正因如此，2003年德国开始实行国家教育标准，对在校学生完成课程学习之后应具备的学科能力进行了规定。2007年德国又颁布了《国家融入计划》，明确提出要加强移民儿童的德语学习能力以保证在入学的时候都要具备良好的德语语言知识能力。2008年德国文教联席部长会议再次修改了《关于改组中等教育第二阶段上完全中学高级阶段的协议》（也称为《波恩协定》），重新调整普通高中的课程设置和课时安排。可以说，德国基础教育在新的发展阶段所面临的这些问题无时无刻不在呼唤着课程改革。

（三）欧盟教育改革动向促使德国改革教育

德国作为欧盟的创始成员国和核心成员国，在欧盟中始终发挥着重要作用。二战之后的德国正是通过欧盟才重新获得了与其他欧洲国家平等的地位。因此，德国总是积极回应欧盟的各项政策。伴随欧洲一体化进程的加快，欧盟多次推出有关成员国的改革政策和计划。而欧盟在课程改革、课程评价方面的成功实践促使德国重新审视本国教育的得与失和课程质量水平的高低。首先在国家师资能力标准的改革上，我们以欧盟的《夸美纽斯计划》为例。该计划始于1995年，从建立到实施至今经历了三个发展阶段，其主要任务是全面提高师资水平，提高教育和课程

---

[1] 王定华：《德国基础教育质量提高问题的考察与分析》，《中国教育学刊》2008年第1期。

质量，加深各国师生的欧盟认同感以及建构终身学习的学习理念。教师作为基础教育课程改革的重要执行者在课程改革中发挥着重要作用。因此，德国基于本国现状迎合了欧盟改革动向采取了若干措施，先后出台了《有关接收来自其他州师资的决议》（2001 年）和《有关接收来自其他州师资的流程协定决议》（2012 年）两个重要政策促进教师的流动。同时，为了提高教师的从教水平和职业能力，分别制定了《教师教育标准：教育科学》（2004 年）和《各州通用的对教师教育的学科专业和学科教学法的内容要求》（2008 年）两部法案。再有在国家教育发展目标上，德国的教育规划与欧盟的教育目标是一致的。2009 年 5 月欧盟在其官方杂志上发表了欧洲在教育和培训上合作的战略框架，即《教育和培训：2020》（A Strategic Framework for European Cooperation in Education and Training，简称 ET2020）。该框架宗旨是为其欧盟各成员国提供共同的发展目标，其中也包括了达到这些目标的方法。《教育和培训：2020》的重点目标就是到 2020 年欧盟国家的失学率从目前的 13.5% 降到 10%。德国在 2010 年 10 月向欧盟委员会提交了自己的国家教育发展目标，其中规定了要在 2020 年将没有获得中学第二阶段毕业证书的比率从 2010 年的 11.9% 降至 10% 以下。这些都充分体现欧盟教育改革动向对德国改革的影响。

（四）国际学生水平测试欠佳推动课程改革

国际学生评价项目（以下简称 PISA）和国际数学与科学学习倾向研究（以下简称 TIMSS）逐渐成为 21 世纪两项较大规模的国际学生成绩比较项目。它们循环性的评价周期、时代性的评价内容和新颖的题型设计吸引着众多国家参与。这两项测试也成了各国进行课程决策和研究的指示标。与其他发达国家相比，德国在 20 世纪 90 年代之前并没有系统地考察过本国学校教育过程的现状。相反，为了给有效教学提供指南，其教育的改革重点一直放在了修订和开发更为详细的课程计划上。1995 年，德国首次参加了 TIMSS 测试，结果显示德国教育在部分领域处于落后状态，然而这次结果并未引起媒体和公众的特别关注。1999 年德国再次参加了第三届国际数学与自然科学研究（TIMSS—S），结果显示德国中学生在数学和科学的水平低于平均值，但是这次测验只是针对数学和自然科学能力的测试,而且测试的学生人数较少,因此也没有引起广泛的关注。真正推动德国教育部下决心改革的是 2001 年 PISA 测评结果的公布。在这次测试中,德国有 6000 名 15 岁中学生参加了 PISA 的测验,结果显示德国学生的水平仅处于中下游,在阅读、数学和科学三个方面的能力均低于 OECD 的评价水平。有研究者指出,"这意味着学校中学习德语课的 15 岁学生有将近四分之一可能能够在大声地朗读,但是不知道自己读的是什么"①。德国教育研究部的官方文件把德国 PISA 结果称之为"PISA 震动"。这对一向以世界经济强国自居并且长期以来一直以特有的基础教育体系和质量处于世界领先地位而自豪的德国不啻为一颗重磅炸弹,从而引发了德国各界对本国教育的大讨论。同时,也为 21 世纪德国基础教育课程的改革埋下了伏笔。

二 新世纪以来德国基础教育课程改革的主要内容

(一) 课程理念:分享教育,追求课程质量

任何一项课程改革都蕴含着一种独特的理念,这种理念往往是对传统的超越和升华。德国基础教育在以往更多的是一种追求精英式的教育。关于这点,从其独有的中等教育三轨制和职业教育的二元制就可以看出。但是这种教育体制存在着严重的弊端:首先,中等教育阶段不同类型学校之间交流性差;其次,高等职业教育与普通高等教育之间、职业教育与高等教育之间也是壁垒森严。因此,从 20 世纪末期开始这一教育体制受到来自各界的广泛质疑。为了探讨和解决这些问题,德国教育与科学部部长布尔曼(E. Bulmanhn)女士在 2000 年牵头组织了一个由联邦、州、经济界、教育界等各方代表参加的以教育改革为议题的教育论坛。2002 年 1 月,该教育论坛正式提出了"十二条改革建议"。这份"改革建议"涉及多方面的教育内容。在基础教育方面提到了要让年轻学生勇于承担责任、促进男女平等、不让一个孩子掉队、开发新的课程法案及

---

① Detlev Leutner, Joachin Wirth, "What We Have Learned from PISA so far: A German Educational Psychology Point of View", *KEDI Journal of Educational Policy*, February 2005, pp. 39 – 56.

新的评估体系等内容。透过其主要内容，可以看出这份建议渗透出德国分享教育和追求质量的理念，即改革课程提升课程质量，给予每个学生以个性化促进，提高弱势群体的教育质量，积极帮助学校和社会中的落后者。正如德国前总统约翰内斯·劳（Johannes Rau）在该论坛闭幕式发表的演讲所说"'分享教育'，这既不是一项旧帽子，也不是落满灰尘的布告栏"，"数量与质量——这是德国新一轮教育改革面临的新任务"[①]。虽然这十二条教改建议不具备任何法律效力，但是其渗透出来的改革理念在德国日后的基础教育课程改革中均有所体现，也成了21世纪德国课程改革的基本理念。

2003年，来自不同研究领域的专家，在法兰克福国际教育研究所的组长柯里默（Eckhard Klieme）的协调下，向联邦教育部递交了题为《国家教育标准：专家鉴定》（以下简称《鉴定》）的研究项目。需要说明的是这份研究项目虽然名为"教育标准"，但是其主要内容均与特定学科课程有关，里面对学生在学习完某一门课程之后所应该具备的能力进行了详细的划分和规定。《鉴定》的核心思想就是通过制定联邦统一的教育标准检测学生课程学习情况，从而保证课程质量。《鉴定》指出，国家教育标准应该对学校课程和教学具有约束力，成为保证和提高学校工作质量的核心连接点。制定国家教育标准目的是为课程质量发展提供全国有效的外在评价和内容评价的清晰标准，以满足教育机会平等、不同类别的学习教育具有同等价值，使每个学生都可以从教育受益。《鉴定》里还详细地阐述了"特定学年阶段特定学科或学习领域的能力领域及其亚维度以及每一维度能力水平的差异，规定了学生在这个阶段应该达到的认知过程和行动特性"[②]。

（二）课程目标：注重能力的培养，促进学生发展

在知识经济社会，培养学生的能力日渐成了教育的首要目标。德国

---

① 周丽华：《德国基础教育的改革理念与行动策略——解读德国教育论坛"十二条教改建议"》，《比较教育研究》2003年第12期。

② 彭正梅：《求取与反思——新世纪以来全球教育改革研究及中国教育传统的初步考察》，福建教育出版社2015年版，第50页。

未来的教育政策——2000年早就指出："教育不单是一种'资源'或'人力资源'，教育更多的是全面发掘人的能力的过程，并培养人在社会共同体中与他人打交道的能力。"① 德国政府和教育界已经认识到，知识增加与更新速度越来越快，学校已经不能够靠增加课程门类和扩展课程内容来完成既定的课程目标了，那样只会增加学生的学习负担。也就是说课程目标的制定需要考虑如何帮助学生获取知识的方式和如何培养学生的能力上。为了达到能力标准，从2004年开始德国各州逐渐采用《国家教育标准：专家鉴定》中小学四年级德语和数学以及初中德语、数学和第一外语（英语/法语）的教育标准，同年11月德国又决定采纳高中生物、化学和物理的教育标准。2008年德国又重新修订了《波恩协定》，新修正后的《波恩协定》对中学高级阶段进行了明确的规定，"高级阶段课程教学的目标是加深普通教育，培养学生的一般能力以及传授科学预备基础知识，加强基础知识、基本技能与基本技巧的传授"②。

由此可见，德国的基础教育课程目标在课程改革中不断地完善和明确，越来越注重对学生能力的形成和培养，强调学生应通过课程的学习达到一定的能力标准，促进自身发展。

（三）课程内容：重视基础学科，趋向现代化、国际化

基础学科是中小学课程的核心，强调德语、英语、数学等基础学科的训练，可以使学生系统、扎实地掌握基础知识和基本技能。因此，德国在21世纪课程内容改革中突出强调重视基础学科课程的学习。2008年修订的《波恩协定》特别规定了要加大德语、外语和数学三门学科的基础知识、基本技能与基本技巧的传授。此外，德国还针对母语不是德语并且具有移民背景的学生实行一系列的德语补偿课程。

德国政府在课程内容的改革中还特别强调课程内容的现代化和国际化。在对高中信息课程内容的改革中，一方面开设了计算机信息课程，

---

① 汪霞：《20世纪末德国中学课程改革的动向》，《学科教育》2000年第4期。
② 陈时见、杨茂庆：《高中课程改革的国际比较侧重2000年以来的经验、问题与趋势》，西南师范大学出版社2010年版，第164页。

课程的内容包括计算机科学体系的工作原理、信息建模、信息交流与合作、运用信息技术解决问题、评估计算机科学体系、个人与社会的相互作用等;另一方面,在其他学科的数学中要求融入现代信息技术。如数学教学中,特别重视计算机代数系统(CAS)、电子表格软件(TK)、动态几何软件(DGS)、绘图功能软件(FP)在该学科中的重要作用。在经济全球化时代,德国在基础教育课程内容中加入了不少国际化元素,一是将世界地理、世界历史及其他国家的相关知识补充进课程内容中。例如,在以往的德国历史课只讲本国史和欧洲史,现在扩展了新的内容。二是开设多种外语课程。德国中学生必须学习三种以上的语言,也就是说学生们不仅要学习现有的德语和英语,还需要再学习一门外语课程。这门课程可以从法语、西班牙语、汉语、意大利语、俄语中任意选择。有研究资料显示,在可供选择的第三门语言课程中,汉语占据了重要的位置。截至2007年,德国的16个州中已有15个州的部分学校开设了汉语课。以巴伐利亚州为例,该州有45所中学开设了汉语课程。可见,强化外语和国际知识的教学已成为德国课程内容改革的重要组成部分。

(四)课程设置:因地制宜,灵活多样

因地制宜、灵活多样的课程设置是德国21世纪基础教育课程改革的特色之一。与其他国家不同,德国各州历来享有中小学课程设置的权力。各州及地方的中小学都可以参照统一的课程标准,立足自己的特点和实际情况开设一些适合学校基本情况的课程供学生们选修,比如学科课程、综合课程和实践活动课程。进入21世纪以后,德国政府格外注意灵活设置课程,只在宏观层面进行指导和调控。2008年的《波恩协定》将课程划分为5个领域,分别是语言—文学—艺术课程领域;社会科学课程领域;数学—自然科学—技术课程领域;宗教和一门替代课程;体育课程领域。各州参照这5个领域进行自主设置课程。课程类型依然分为必修课程和选修课程,但是对于这两种课程的具体设置则由各州自行规定。每门学科的课程根据高中毕业统一考试规定(EPA)的不同要求划分成基础课程和提高课程。学时安排上,提高课程的最少学时减少为每周4学时,但基础课程没有做统一规定。这种规定造就了各州学校多样的课程设置特点，以洪堡中学为例。通过多年探索，洪堡中学逐步形成了以语言和科技教学为主要特色的课程设置。学校非常重视作为第一外语英语的教学；第二外语是拉丁语，学生可以在九至十年级的必修科目中选择法语、汉语或汉语和"科学与自然"作为第三、第四外语及以英语为工具语言的理科选修课。从十一年级起学校开设经济学和信息学课程，为学生提供更多的高考科目。初中选修课中的"科学与自然"是该校课程的独创，它基于专题教学，如测量气候变化、分析提取能量等将每一专题同时从数学、物理、化学、生物、地理课的角度进行综合、分析、研究和学习，更加注重了课程的综合性、实践性、活动性和探究性。①

（五）课程管理：规范管理体制，加大州和学校的课程管理权

德国属于地方分权型国家，宪法规定了联邦各州拥有文化自主权。因此，德国十分重视保障各州的课程管理权。2002年1月德国在"十二条教改建议"提到要"让学校拥有更多的自主权，特别是在其发展学校特色以及有关人员、房产和设备的配置方面；通过继续教育，提高校长的领导和管理能力；调整国家监督的方式方法，增强督学对教师工作的咨询能力；加强教育质量的内部与外部评估工作"②。

为了完善课程运行体系，规范课程管理体制，德国2003年引入国家教育标准，以文件的形式规定了联邦各州学校的课程应达到的一般教育标准，对学校课程质量进行严格的国家管理，把学校的课程任务具体化，以保证和提高课程质量。同时，它没有规定如何实施课程，而是规定了在特定时间点必须达到的要求，并把达到这些要求的途径主要交由学校来实施，这样做既增加了学校的自主权又赋予了学校和教师更大的自由空间。德国规范课程管理还体现在成立专门的检测机构。为了进一步检验国家教育标准的落实情况，也为了支持学科能力建设和结果取向的课

---

① 王定华：《德国基础教育质量提高问题的考察与分析》，《中国教育学刊》2008年第1期。

② 陈时见、杨茂庆：《高中课程改革的国际比较侧重2000年以来的经验、问题与趋势》，西南师范大学出版社2010年版，第157页。

程改革，德国于 2004 年 6 月成立了国家教育质量发展研究所（简称 IQB）加强对各州课程质量的检测和管理。

（六）课程评价：统一标准，完善评价体系

2000 年 PISA 测试的失败让德国看到了自己与其他工业国家的差距。其中之一就是缺乏全国性的课程评价体系。于是，德国联邦各界对课程改革迅速达成了前所未有的共识，那就是制定国家评价标准，加大国家层面对教育和课程质量的系统监控。德国各州教育部长联席会议（简称 KMK）根据《鉴定》的内容将工作重点放在引入和发展国家层面的教育标准之上，陆续制定出若干不同年级阶段的不同学科的课程评价标准。2004 年 6 月，德国国家教育质量发展研究所（简称 IQB）成立。研究所的主要任务是建立任务库或试题库，以评价学生学习课程的情况，检验国家教育标准的落实情况，并对国家教育标准提出修改建议。值得一提的是德国在课程评价方面的系统性和科学性。IQB 有 6 个不同的项目小组关注不同学年和年级的国家教育标准，其中 5 个项目小组关注中学教育的国家教育标准，1 个项目小组关注小学德语和数学国家教育标准。IQB 成员中有在课程资料和标准成就测试开发方面富有经验的教师，有心理学和心理测量高级水平的研究科学专家，这些专家是作为项目的方法顾问，有研究科学专家指导的政治撰写项目相关论文的博士生，同时还有很多兼职的学生在诸多方面给予协助。以 2011 年 IQB 所进行的国家课程评价为例来说明其实施过程及方法。这次测试由柏林洪堡大学来负责开发和改进测试工具和问卷。委托汉堡的 IEA 数据处理和研究中心（Data Processing and Research Center，简称 DPC）组织和举办。2011 年州际测试有 1300 多所小学的 27000 多名四年级学生参加，采用随机方法挑选出来的每所小学中再随机抽取一个班级参加测试。测试的题目涵盖了教育标准的全部能力范畴。DPC 按照 IQB 给出的标准对学生做出来的答案进行汇编和数据处理，IQB 对数据进行分析利用，以便确定各州学生的能力水平。数据分析结果发布在 2012 年出版的《德国小学生在四年级结束时的德语和数学能力：IQB 各州比较的结果》报告当中，并把它通知所有参加测试的学校其研究结果将会在各州学校系统层面进行研究，以探讨是否进行相应的课程变革或改革。① 全国性的教育标准的编制和专门的课程评价机构的成立标志着德国的课程评价体系正在得到逐步完善。

(七) 师资建设：制定标准，促进教师流动

"教育大计，教师为本"。鉴于教师的水平对学生学习能力起重要影响作用，德国在21世纪基础教育课程改革的过程中对教师能力提出了新的规定。《教师教育标准：教育科学》（2004年）和《各州通用的对教师教育的学科专业和学科教学法的内容要求》（2008年）分别对教师的职前和在职应当具备的能力进行了明文规定。《教师教育标准：教育科学》是德国政府在21世纪为提升教师培养质量而发布的首份教师教育标准，该标准主要是面向未毕业的师范生，其目的在于确立"作为一名准教师在毕业时需要掌握的知识、能力、态度，全面涵盖了教育科学、学科专业和学科教学法三个教师教育学科领域，并且强调要更加紧密地衔接理论学习、见习和入职后的继续教育"②。在教师资格认定上，德国采取两次认定考试，分别是在高等教育机构（如大学、高等师范学院）教师教育项目学习结束时参加第一次国家考试或者是参加硕士学位毕业考试（当前德国部分州已实行博洛尼亚进程本科、硕士及博士三级学位制度，其中部分州已实现硕士学位毕业考试取代第一次国家考试的政策，如汉堡）以此获得进入见习学校完成见习期服务的资格。获得见习资格的教师要在其大学所在地或者是其希望进行见习服务的地区申请为期12—24个月见习。完成见习期服务之后，再参加第二次联邦教师资格证书考试。通过此次考试后，教师获得了完全的教师资格证书，才可以进入中小学工作。

教师州际流动性困难始终是德国教育由来已久的问题。为了改变因德国各州教师教育类型与所对应的教师资格类型差异过大而造成的教师州际流动困难等问题，同时也为了促进各州师资队伍建设的均衡发展，德国政府在21世纪以来也相继发布了一系列政策文本并采取了相应的举

---

① 彭正梅：《求取与反思——新世纪以来全球教育改革研究及中国教育传统的初步考察》，福建教育出版社2015年版，第56页。

② 孙进：《德国教师教育标准：背景·内容·特征》，《比较教育研究》2012年第8期。

措，如 1999 年发布的《教师资格考试及教师能力相互认可》、2009 年发布的《教师资格考试及教师能力相互认可（更新）》和 2013 年发布的《有关促进各州师资队伍流动和质量提升的规定与流程》等政策文件均对教师资格证书的相互认可问题进行了规定。这些举措的目的是要通过加强各州教师资格证书相互认可的方式来促进各州师资的流动，最终实现德国全国范围内师资队伍建设的均衡发展。

三　新世纪以来德国基础教育课程改革存在的问题

（一）课程改革的政治色彩浓厚

德国在过去的教育中一直相对忽视能力和技能的训练，却将更多的注意力放在了学科知识的学习上。"PISA 震动"之后，德国各界一致认为本国教育在世界范围内已经处于落后的位置，必须将课程的知识取向转为能力取向，同时要制定出联邦教育标准，组织学科、跨学科课程的能力测验。这种转向的背后其实并不是一种教育的关注，更多的是体现了一种政治和经济的关注。正如一些研究者所认为的，"能力取向的产出控制，是以国家、官僚和科学在旧的控制被证明是无效的情况下来寻求更加有效的控制技术的尝试。这种转向试图使所有生活领域都隶属于经济关注，试图把教育政策变成经济政策和劳动力市场政策的一部分，成为企业和经济的工具。这是一种非教育的改革和关注，它忽视了人的普通教育和教育机会的改善，忽视了教育和教学的自身逻辑和规律"[①]。

能力取向的课程改革作为一种非教育的政治关注，既没有充分的科学依据，也不是在政治上保持中立，却日益要求中小学校的课程和教学必须服从于本国经济、政治甚至道德上的需求，要求学校通过课程的改革去解决一些在道德、经济和宗教方面至今仍无法解决的问题。这样的改革没有充分地考虑到这些任务是否超出了学校课程和教学的责任范围，

---

① 本纳、彭正梅：《超越知识取向的投入控制和能力取向的产出控制：论经验、学习和教学之间的关系》，《教育学报》2009 年第 1 期。

硬是把德国的基础教育的深层问题转化为技术问题。更主要的是以国家教育标准为核心的改革并没有触及德国教育体制和公平性的问题，反而会在客观上进一步强化德国教育本来就十分明显的社会选择性。进入21世纪的德国，在基础教育课程的改革与发展中与这些政治或经济关注联系到了一起，无不披上了政治的外衣。

（二）大量移民的涌入带来新的教育问题

2006年、2009年、2012年OECD举行的三次PISA测验中，德国中学生的阅读素养、数学素养和科学素养成绩均超过了OECD成员国的平均水平。而且德国学生的成绩逐年上升，明显超过OECD成员国的平均成绩。然而，德国基础教育中存在的移民子女教育问题并没有得到妥善的解决。实际上，德国长期以来一直将移民子女的教育问题放在十分突出的位置，采取多种措施解决这一问题：加强移民儿童德语知识的教育；为缺乏德语知识的外国学龄儿童提供特别帮助；加强移民儿童对德国历史文化的了解和认同，等等。但是欧盟2015年发布《教育和培训检测报告2015》显示，截至2014年德国移民儿童的辍学率仍然是本土学生的两倍。[①] 一般来讲，语言融入是移民在其他领域融入的关键前提。在人们最关心的德语课程学习上，移民子女的德语能力仍然不容乐观，很多儿童缺乏语言阅读能力。此外，在德国的三类中等学校中，文理中学中移民儿童所占比例依旧很少。

德国教育部门称：在2015年共有32.5万名学龄儿童抵达欧盟国家。而德国政府此前预计，2015年一年间，将有逾百万名来自中东等地区的难民为逃离贫困和战乱而来到德国寻求庇护，是2014年难民人数的5倍。[②] 针对这种局面，德国采取多项措施来应对移民教育问题。例如，2005年德国《移民法》就针对移民增多的情况设置了相应课程，规定"具有长期在德逗留意愿的新迁入移民除非拥有免除资格，否则必须参加

---

① European Commission, "Education and Training Monitor 2015 Germany", http://ec.europa.eu/education/tools/docs/2015/monitor2015 - germany_en.pdf.

② 《德国招募8500名教师为19.6万难民儿童教授德语》，2015年12月28日，凤凰网（http://news.ifeng.com/a/20151228/46864006_0.shtml）。

630 小时的融入课程，其中语言课程 600 小时，国情教育课程 30 小时（主要介绍法律制度、德国历史和文化）"①。2007 年《国家融入计划》颁布之后，根据计划中对于融入课程的改善建议，德国政府又对语言课程进行调整，针对某些青少年移民将语言课程课时长度延长至 900 个小时。然而，如何为更多的移民适龄儿童设置相应补偿课程以及怎样解决他们在中小学课程学习中遇到的困难，帮助他们更好地跟上德国学校的节奏，这是摆在德国政府和教育部面前必须考虑的重要问题。

（三）能力取向的国家课程评价导致学校课程目标、内容以及实施的缩减

德国教育与科学部部长布尔曼女士在递交《鉴定》的时候指出："我们必须从投入控制转向产出控制。"② 德国在新世纪基础教育课程改革的重要举措就是引进国家教育标准，加强联邦层面对课程和教育质量控制。尽管德国希望改变传统上以知识为取向的投入控制，不断强调国家教育标准及其对学校课程目标的补充和一定程度的保证。但在实际操作中，教育标准导致课程目标的减损。一方面，标准在一定程度上把学生课程的注意力引向了外部评价，导致了教师为考而教，学生为考而学，损失了很多有意义的课程实施过程；而另一方面，能力导向的教育标准及其评价本身就存在问题。例如，在文学课程中，总有些有价值的个性化的课程内容难以评价。就像德国学者斯宾纳（Kaspar H. Spinner）所指出的那样："我们很难测试出在文学文本理解过程中出现把主观卷入与精确的文本感知联系起来的能力，因为它涉及学生的个体性的内在世界。"③ 能力型的课程评价标准很难对文学理解和情感价值观进行可信的描述，也很难确定学生是否达到了这些能力。德国历来有强调课程内容为基础的投入取向（如规定课程和教学的过程条件等），因此能力和结果取向的课程评价与德国传统是不协调的。也就是说，强调学生能力的国家教育标

---

① 郑朗、伍慧萍：《新世纪德国移民融入政策及其理念分析》，《德国研究》2010 年第 4 期。

② 彭正梅：《求取与反思——新世纪以来全球教育改革研究及中国教育传统的初步考察》福建教育出版社 2015 年版，第 47 页。

③ 同上书，第 61 页。

准及评价，把课程实施过程排到后面了，这是让德国各州难以接受的事情。那么究竟如何协调国家教育标准与课程实施、课程目标以及课程内容的关系，是摆在德国面前的首要问题。

（四）教育公平尚未达到预期的效果

2001年的PISA测试证明德国的学校系统以及课程设置存在明显的不公，这促使德国下决心改革本国教育领域的问题。2004年德国各州教育部长联席会议（简称KMK）开始陆续采纳《鉴定》中的若干教育标准。这些教育标准在明确德国课程教学结果的同时，也突出了课程的公平性，为所有学生提供了平等的学习机会。受国家教育标准的影响，在随后的课程改革过程中，德国在课程内容上更加注重知识的国际化与学生背景能力的平衡，努力让学生享受到公平的教育，促进学生身心的全面发展。

课程决策者的初衷是美好的，但是现实与理想常常存在一定的差距。在2012年3月贝塔斯曼基金会和多特蒙特工业大学发展研究院对德国中小学校进行了教育公平性的调查，调查结果显示：德国16个联邦州的中小学教育公平性问题突出，各州对克服中小学生受教育的弱势地位以及发掘学生潜力所提供的机会相差悬殊。[①] 一般来说，教育公平的落实与合理的教育投入是密不可分的。可是，欧盟的《教育和培训2015德国》（Education and Training Monitor 2015 Germany）显示，德国在公共教育投资比例上呈现明显不足：无论是公共教育支出占GDP的比重（4.3%）还是公共教育支出占公共开支总额（9.7%）的比重，都明显低于欧盟5.0%和10.3%的平均值。如果考虑德国人口减少的事实，那么分配到个人的经费并没有减少，反而有所增加。虽然德国教育投入比重的不足有其人口减少的原因，但是其低于与其经济发展水平相近的其他国家的人均投入水平却是不争的事实。因此，如何在保持现有优势的前提下，让教育投入最优化，真正解决由来已久的教育不公始终是德国教育不可回避的问题。

---

① 郑铎：《德国各州中小学教育公平性问题突出》，《基础教育参考》2013年第13期。

四 新世纪以来德国基础教育
课程改革对我国的启示

（一）立足国情现状进行课程改革

在新世纪课程改革中，德国借鉴了国外教育标准的成功经验制定出本国的学科教育标准。但是，德国中等教育的分轨制度并没有走上同样的道路。德国中等教育的三轨制和职业教育上的二元制一直都是其引以为傲的教育特色。可是，在新世纪的课程改革过程中，这一制度因其与现代综合中学理念的格格不入而受到了来自各界的诟病，成为争论的焦点。与三轨制不同，现代综合中学的哲学假设是机会平等原则，即在一个秩序良好的社会里，所有公民都应该享有同样的、平等的基本自由，享受同等的教育机会。[1] 有批评者就认为德国的中等教育三轨制是中世纪教育的遗留，带有强烈的柏拉图式等级教育色彩，过早的分流侵害了学生公平受教育的权利。但是，综合中学这种机会均等理念有一个明显的缺陷，即个体如果缺乏相应的能力或天赋而硬要其接受同等的教育，也许会对个体的自由甚至发展产生阻碍作用。所以，德国并没有在国际课程改革的潮流中放弃自己的三轨制，而是坚持了已有传统甚至还取得了长足的进步。在欧盟的《教育和培训2015 德国》中，德国的各项数值都在稳步上升，15 岁以下学业在阅读、数学和科学的失败率明显比欧盟平均值低 3—5 个百分点，辍学率也由原来的 11.6% 下降到 9.5%。而在 2013 年公布的 2012 年 PISA 测试结果中，德国以 514 分在 65 个国家和地区中位列第 16 位，明显高过欧盟的 494 分。这足以说明立足本国国情不放弃中等教育三轨制的德国，也可以在 21 世纪课程改革中取得显著进步。可见，德国这种强调给予个体以适合能力倾向的三轨制是有其长处的。它不仅对优秀人才进行了充分的教育，同时还对平庸的人才加以塑造，体现了一种更加务实的公平。正如英国教育家米歇尔·萨德勒（Michael Sadler）曾经写到的，"德国教育充分利用了所有二流的能力"[2]。我们可以从可预见

---

[1] 彭正梅：《分轨还是合轨：关于德国中等教育三元制的一些争论的考察》，《基础教育》2012 年第 6 期。

[2] David Philips, *Education in Germany*, Britain: Routledge, 1995, p. 2.

的未来中推断德国应当会继续立足自己的教育传统特色来延续课程改革。

　　德国的改革经验向我们诠释了"因为各国的历史文化传统、政治经济发展水平的不同，一种本土性的发展逻辑依然是一种现实的存在"①。没有适用于全世界的教育模式和课程改革之路，每个国家都要依据自己的现实情况探索符合自身特色的课程改革之路。我国在政治、经济、文化上与包括德国在内的发达国家存在着较大差异，很多改革在国外可以成功，在我国就不一定会实现。我国基础教育某些课程内容的难度要远大于国外发达国家，如果硬要降低课程知识难度会不会违背我国已有国情和传统产生不好的效果呢？上海在 PISA 测试的成功告诉我们，如果一项已有的标准或制度能够在国际竞争中仍然有效，那么我们就要考虑要不要抛弃自己的传统而迎合国外的一些改革？所以，我们应当借鉴德国的案例考虑自己的传统和经验，而不是盲目地学习国外来进行基础教育课程改革。

（二）增加教育投入保证教育公平

　　"国家核心竞争力的保障在于最大限度地开发所有人的能力，教育的作用不只是为人们提供梯子，更重要的是要促进每个人潜能的发展和提高人们的整体水平，改变社会的整体环境。"② 这说明加快 21 世纪教育发展速度和规模的同时，还必须兼顾公平的脚步。在德国，各州自主负责各自的文化教育事业。为了保证联邦范围内的公平发展，德国《基本法》第 3 条第 3 款规定："任何人不许因为其性别、出身、种族、语言、出生地、信仰、宗教或政治观点而受到歧视或优先对待。任何人不许因为残疾而受到歧视。"而在第 72 条第 2 款中要求各州在联邦境内为居民"创设同样的生活条件"③。因此，各级政府有义务为居民提供同等的教育条

---

　　① 孙进：《变革中的教育体制：新世纪德国普通中等教育改革》，《比较教育研究》2010 年第 7 期。

　　② 汪霞：《新世纪发到国家基础教育课程改革的背景、理念及启示》，《外国中小学教育》2009 年第 8 期。

　　③ 孙进：《教育均衡发展政策的"结果困境"——德国义务务教育均衡发展的现状、问题与启示》，《复旦教育论坛》2012 年第 5 期。

件。德国尽管在教育公平方面并没有达到预期的效果,但是其在这方面的许多成果还是值得我们借鉴的。为了提高教育质量,切实落实教育公平,德国政府大幅度加大教育投入。在 2006 年德国对教育和科研的总投入占国内生产总值的 8.5%,2015 年的政策目标是将对教育和科研的投入提高到国内生产总值的 10%。① 而在教育资源配置上,德国政府改革教育管理制度使其利于实现资源配置的公平。联邦政府将自己的职责局限于全国性的教育事务(如科研资助和对学生的教育援助),其余事务由各州来决定。在各州政府和地方分工十分明确,州政府负责教育体制的规划,确定全州统一的课程目标和内容、教材、课程表和课程计划。

教育公平是社会公平的重要基础,也是现代教育的必然选择。加大教育的投入是落实教育公平的重要保障。与德国相比,我国各地教育发展水平差距过大,尤其以东西部差距最为突出。虽然德国也存在地区差异,但差距不大,并且"穷"州并没有"穷"教育。例如,柏林在 2007 年的生均教育投入为 5800 欧元,高于巴登—符腾堡州的 5100 欧元。② 我国虽然在 2012 年达到《国家中长期教育改革和发展规划纲要(2010—2020 年)》所提出的 4% 的目标,但在增加教育财政支出,促进教育公平,尤其是如何缩小地区、城乡、校际之间的差距依旧是我国基础教育课程改革的难点和重点。

(三) 结合各地区实际,适当下放教育权力

我国在新世纪的课程改革中的一项重要内容就是下放课程管理权力到地方和学校,形成三级课程管理体制。虽然德国与我国政治体制不同,但是在课程管理上依然有可以学习和借鉴的地方。德国是欧盟中人口最多的国家,进入新世纪后的德国根据实际情况,在制定国家教育标准和加强课程管理的同时扩大了各州普遍教育领域的自主权,实行统一性与灵活性相结合的管理。各州可以结合自己的实际情况开设符合本地学生情况的课程。我国应该多学习德国的课程政策,适当下放课程管理权力

---

① 孙进:《德国促进基础教育均衡发展的政策分析》,《教育发展研究》2012 年第 7 期。
② 同上。

给地方,增加地方课程的自主权,将一些课程权力比如教材的编订权力留给了解地方风土人情的地方教育部门,这样也有利于提升地方课程管理的意识。

(四)严格教师选拔制度,建设一批高素质的教师队伍

教师是教学过程的主体,教师素质的高低直接影响着学生学习与课程改革实施效果,不管是哪个国家都将师资队伍建设摆在了改革的第一位。[1] 要想真正落实课程改革的各项决策,就必须提高教师的整体素质。德国素来有重视教师培养的传统。在 21 世纪基础教育课程改革中,德国从联邦政府层面研制出新的教师标准,并分别出台了《教师教育标准:教育科学》(2004 年)和《各州通用的对教师教育的学科专业和学科教学法的内容要求》(2008 年)两部教师标准。德国的这两部教师教育标准覆盖了教育科学、学科专业、学科教学法三个学科领域,并强调要更加紧密地将大学阶段的理论学习、中小学中的见习和入职后的继续教育三个阶段衔接起来,表现出系统化、科学性和全面性的特点。[2] 相比于德国,我国也很重视对教师的培养。2010 年发布的《国家中长期教育改革和发展规划纲要(2010—2020 年)》的第十七章加强教师队伍建设中就有明文规定:"……深化教师教育改革,创新培养模式,增强实习实践环节,强化师德修养和教学能力训练,提高教师培养质量。"[3] 但这里面并没有对教师应具备哪些具体能力的规定。2011 年我国出台了《教师教育课程标准(试行)》,其中的确是涉及一些教育类课程,但是仍然没有对具体的学科专业以及学科教学法课程做出规定。可以说,这只是一部局部性的教师教育标准。从我国课程改革和教师职业素养发展现状来看,我们必须继续将提高教师能力素质纳入课程改革范畴内。具体来看,我国需

---

[1] 和学新、杨静:《新世纪以来芬兰基础教育课程改革及其启示》,《当代教育与文化》2014 年第 3 期。

[2] 孙进:《德国教师职业的魅力为何很大?——对德国教师队伍建设基本经验的分析》,《世界教育信息》2014 年第 10 期。

[3] 教育部:《国家中长期教育改革和发展规划纲要(2010—2020 年)》,2012 年 12 月 6 日。

要不断提升教师的整体质量，提高教师学历，强调学历专业与所教课程的对口，加大师范生从事教师职业的比例。而对于教师的评价，我们应当学习德国对教师的评价和监控制度，制定出详细的教师能力标准对教师评价。当然，制定出教师能力的标准并不是教师改革的终结，而是教师教育事业的起步阶段，如何在吸取国外先进经验的基础上，再根据我国教师能力的现实状况，进行适切性的变革，以促使我国教师能力以及教师教育事业建设的科学性、实践性、理论性不断提升，才是我国在课程改革中值得深思的问题。

(五) 完善基础教育课程质量评价检测体系

统一国家教育标准的制定并不代表德国课程评价体系的完成。尽管饱受争议，但这并不能阻止德国课程质量监控的进一步发展。2006年德国各州教育部长联席会议（简称KMK）发布了《课程监控的综合战略》（以下简称《综合战略》），这标志着德国课程评价政策的相对完善。《综合战略》出台后，德国课程逐渐形成了一个课程评价网络，即国内和国际学业成就比较；州内和跨州之间的课程测试；联邦政府和州提供联合教育报告；通过教育标准的开发和评价保证课程质量。除此之外，评价机制的完善还体现在专门的课程评价机构上。德国建立了专门的课程评价机构，如德国国家课程质量发展研究所（IQB）、莱布尼茨自然科学和数学课程研究所（Leibniz-Institut für die Pädagogik der Naturwissenschaften und Mathematik-IPN）来保证课程评价的效果。

在《综合战略》的影响下，德国各州陆续行动起来改进课程评价机制，对各州整体课程和各所学校的课程进行监控。这些举措逐渐提升了德国基础教育课程的质量。而我国，至今尚未建立起完善的课程检测体系。由北京师范大学建立起来的基础教育质量检测中心还远远不能满足对我国课程改革检测的实际需求。通过对课程改革实施的评价和监控可以帮助我们积累有效的数据和案例，为课程标准的修订提供强有力的依据。建立完善的课程评价检测体系的意义还在于可以为我们对农村中小学课程运行提供参考。在我国，农村学校课程与城市相比，遇到的问题更多、更复杂。完善的课程评价检测体系能够及时反馈这些地区课程改革遇到的问题，帮助我们在此基础上完善课程改革。因此，我国基础教育课程改革迫切需要建立完善的课程评价体系。

（和学新、李博）

第 九 章

新世纪以来澳大利亚基础教育
课程改革及其启示

澳大利亚虽然只有 200 年左右的建国历史和不到 2000 万的人口,但其国民生产总值相当于东盟六国的总和,人均资源占有量为世界第一,生活水平为世界第七。澳大利亚在短短的 200 多年内,能取得如此骄人的成绩,很重要的一个原因就是它的教育,尤其是基础教育。

在面对教育全球化的冲击与挑战时,澳大利亚政府在基础教育课程方面采取一系列的改革,以实现从"追求质量"转向"强调公平、追求卓越"。20 世纪 70 年代初教育权由中央下放到地方。1989 年 4 月的《霍巴特宣言》提出地方、州、中央互相合作。1999 年 4 月的《关于 21 世纪国家学校教育目标的阿德莱德宣言》(The Adelaide Declaration On National Goals for Schooling in the Twenty-first Century,简称《阿德莱德宣言》),确立了提高教育质量、保证教育公平改革的方向,为 21 世纪教育改革打下了坚实的基础。《阿德莱德宣言》以各州(区)之间的合作框架为准则,为改善澳大利亚学校教育做出了历史性的承诺——既追求卓越,又关注弱势群体的教育机会平等。① 2008 年澳联邦政府签署的《墨尔本宣言》(Melbourne Declaration on Educational Goals for Young Australians),标志着工党开启了质量与公平并重的教育改革。2010 年 4 月出台的《全国青少年战略》(The National Youth Strategy 2009—2014),在促进青少年发展的具体措施方面对《墨尔本宣言》进行了补充。2010 年左右出现的"国家课程""成绩

---

① 彭正梅:《求取与反思:新世纪以来全球教育改革研究及中国教育传统的初步考察》,福建教育出版社 2015 年版,第 140 页。

问责制",2013年全澳洲所有学校开始实施国家课程大纲。从上面的这些改革历程可以看出,澳大利亚联邦政府越来越重视教育公平、统一国家课程、关注教师及校长专业标准的制定……与世界其他国家的基础教育相比,澳大利亚的基础教育课程改革可圈可点,值得我国研究与借鉴。

一 新世纪以来澳大利亚基础教育课程改革的背景

(一) 顺应世界课程改革潮流

21世纪是社会经济快速发展的知识时代、是综合国力激烈竞争的时代。世界各国为保全和提高其在国际竞争中的有利地位,纷纷进行了影响国民素质的基础教育改革,而课程是基础教育的主要载体。美国一直把教育改革作为在日益激烈的国际竞争中保持领先地位的法宝,为满足国际竞争的需要和改善国内令人担忧的基础教育状况,2001年布什总统签署了《不让一个孩子掉队》和《改革蓝图》两个法案,其目的是促进教育公平,使美国所有孩子都具备基本的阅读和数学能力;自20世纪80年代以来,英国每隔5年都会进行一次课程改革,在1982—1988年、2002—2007年,都进行了比较大的课程结构和课程内容变革,英国课程改革重视与时俱进,强调培养学生与社会、世界的适应性;[①] 2005年法国政府出台了《教育指导法》,要求在义务教育普及的前提下实现教育内容的平等,让所有学生拥有共同的基础与能力;[②] 2009年韩国公布了最新修订的基础教育课程大纲,提出新型的"未来型课程",确立"全球化创造性人才教育"的课程理念,培养能够与世界沟通的世界公民;[③] 2000年加拿大统计局和加拿大省教育厅长理事会联合发表了《1999年加拿大教

[①] 王建梁、郭万婷:《融入全球 追求卓越——澳大利亚国家课程的特点与启示》,《外国中小学教育》2014年第3期。

[②] 付谢好、和学新:《新世纪以来美国基础教育课程改革及其启示》,《河北师范大学学报》(教育科学版) 2014年第3期。

[③] 梁荣华、王凌宇:《"全球化创造性人才教育"理念下的韩国基础教育课程改革——以2009年课程修订为中心》,《外国教育研究》2012年第2期。

育指标统计报告》，对 21 世纪的教育发展做出了预测；新世纪以来，俄罗斯基础教育以以人为本、公平平等为课程理念，以全面协调、循序渐进为课程目标，以人文关怀、务实应用为课程内容，以负担合理、侧重专业为课程设置的依据，以统一考试、结合专业为课程评价的标准，以三级管理、自主赋权为课程的管理模式，开始了课程改革。① 在世界各国纷纷进行课程改革的潮流下，澳大利亚也奋起直追，加快教育改革的步伐。

（二）教育质量逐年下滑

伴随着全球愈加激烈的竞争，教育在国际竞争中扮演的角色也越来越重。在由经济合作与发展组织（Organization for Economic Co-operation and Development，简称 OECD）发起的学生能力国际测评（Programme for International Student Assessment，简称 PISA）计划中，澳大利亚学生的成绩在整体上已落后于亚太地区的韩国和日本，并且还有不断下滑的趋势。如澳大利亚学生阅读能力的排名由 2006 年的第 7 名下滑至 2009 年的第 9 名，又由 2009 年的第 9 名下滑至 2012 年的第 14 名；数学能力从 2006 年的第 13 名下滑至 2009 年的第 15 名，从 2009 年的第 15 名下滑至 2012 年的第 19 名；科学能力从 2006 年的第 8 名下滑至 2009 年的第 10 名，从 2009 年的第 10 名下滑至 2012 年的第 16 名。②、③

另外，教育质量在区域之间的差距正在加大。如落后地区学生十二年级教育完成率比城市等发达地区学生低 7%，某些偏远地区的这一差距可达 17%。④ 面对教育质量逐年下滑的现象，澳大利亚政府必须通过基础教育改革来改变。

---

① 和学新、高飞：《新世纪以来俄罗斯基础教育课程改革及其启示》，《当代教育与文化》2014 年第 1 期。
② 台湾 PISA 研究中心：《学生能力国际排名》，http：//pisa.nutn.edu.tw/link_rank_rank_tw.htm。
③ 徐晓红：《21 世纪澳大利亚基础教育改革政策评析》，《外国中小学教育》2014 年第 3 期。
④ EPGY, "EPGY Online Courses", http：//epgy.Stanford.edu/courses/.

二 新世纪以来澳大利亚基础教育课程改革的主要内容

（一）基础教育理念：强调公平、追求卓越

自20世纪以来，随着经济社会的快速发展、文化水平的普遍提高和义务教育的普及，特殊群体、弱势群体的平等、公平问题引起广泛的关注。进入21世纪，澳大利亚的基础教育改革开始更加注重公平教育，追求卓越。

2001年澳大利亚政府实施教育拨款模式政策，即社会经济地位模型（SES Model）来取代以前基于需求的教育资源指数模型（The Education Resources Index Model）。这种拨款模型的改革使得私立学校在获得学生学费的基础上有更加优厚的教育资源，比公立学校更加具有竞争性，因而吸引更多有条件的家庭选择私立学校。[1]但2003年以及以后的PISA测试结果表明，由于学生所在学校类型的不同，学生的成绩差距明显，存在教育公平的问题。2007年工党领袖陆克文开始注意到基础教育的公平问题，从霍华德政府时期的关注质量转向强调教育的公平性，并政府参与控制。他与吉拉德一起实施"全方位、多层次、高质量教育革命"的承诺，并发表《墨尔本宣言》。《墨尔本宣言》指出："要让所有的澳洲青少年都成为成功的学习者、自信和有创造力的个体、积极和明智的公民。"[2]

为了促进教育公平，追求卓越的课程改革理念，澳大利亚政府对不同背景和有某些特殊困难的学生一视同仁，并为生理上和智力上有缺陷的学生、土著学生、面临失学及家庭经济条件贫穷的学生、来自非英语背景国家的学生、住在偏远地区的学生等5类学生提供了特殊的帮助。例如，采取多文化政策，使各种肤色和民族的孩子在一起学习，享受同

---

[1] 徐晓红：《21世纪澳大利亚基础教育改革政策评析》，《外国中小学教育》2014年第3期。

[2] Australian Education Ministers, "Melbourne Declaration on Education Goals for Young Australians", May 2013, http://www.mceecdya.edu.au/mceecdya/melbourne_declaration, 25979.html.

样的学习条件，如杜坡区德罗于高级中学 80% 是欧洲血统孩子、20% 是土著血统孩子。为此，学校特设土著人教育助理，配备家政及其他学科的专职辅导员和土著人教师，对土著人学生讲述土著人的历史和文化艺术等；① 针对住在偏远地区的孩子、因各种原因不能到学校就学的孩子设立远距离教育学校；对生理上不健全的孩子开设特教学校或特教班。例如，一位患有自闭症（严重的心理障碍）的学生极度厌学，学校安排教师对症下药，使其树立了自信，潜能得到了挖掘。② 为了改善学前教育质量、保证学前教育公平，澳大利亚政府颁布了一系列文件：2007 年 12 月，澳大利亚委员会（Council of Australian Governments，简称 COAG）倡议澳大利亚联邦政府与各州（区）政府共同合作，组建学前教育全国质量议程（National Quality Agenda）；2009 年 7 月，COAG 颁布了《澳大利亚儿童早期发展战略——"投资儿童早期教育"》（Investing in the Early Years —A National Early Childhood Development Strategy）；2009 年 7 月 2 日颁布了《归属、存在和形成：澳大利亚早期学习大纲》（Belonging, Being and Becoming: The Early Years Learning Framework for Australia）；同年 12 月 COAG 公布了关于儿童教育和保育方面的《儿童早期教育国家质量框架》（The National Quality Framework for Early Childhood Education And Care）。③ 在澳大利亚，"面向全体学生，不放弃每一位学生" 绝不是一句空话。正如《墨尔本宣言》中提到的：澳大利亚的所有适龄儿童都可以平等地享受受教育的权利。如今所有澳大利亚各州（区）的教育都在推行平等、卓越的精神。

（二）确立国家课程

2008 年 4 月澳大利亚成立"国家课程委员会"，总负责人麦克高教授带领的 12 人智囊团，对学前班到高中十二年级的课程在数学、科学、历史和英语等科目制定统一的核心内容和成绩标准。在此之前，澳大利亚

---

① 刘辉：《澳大利亚的基础教育》，《人民教育》1994 年第 8 期。
② 管仁福：《澳大利亚基础教育的校本管理模式》，《西藏教育》2010 年第 8 期。
③ 彭正梅：《求取与反思：新世纪以来全球教育改革研究及中国教育传统的初步考察》，福建教育出版社 2015 年版，第 160—161 页。

六个州和两个地区在课程大纲的实施标准、成绩评估方面都有着不同标准。这使得各州（区）之间在教学质量和学习成果方面难以进行比较，也导致 PISA 测试中地区成绩差异明显。2009 年 5 月，"澳大利亚课程、评估与报告局"（The Australian Curriculum, Assessment and Reporting Authority, 简称 ACARA）正式成立，该机构的 13 位领导由来自各州（区）政府、天主教会与独立学校机构以及联邦政府提名的专家构成，负责监督"国家课程大纲"的制定。"国家课程大纲"的制定分为 3 个阶段进行：第一阶段，制定英语、数学、科学及历史课程大纲；第二阶段，制定语言、地理和艺术课程大纲；第三阶段，制定健康与体育、信息与通信技术、设计与技术、经济学、贸易学、公民与公民责任课程大纲。[①] 大纲针对的对象为基础教育阶段，即 K—12（Grades Kindergarten to 12）阶段的学生，课程覆盖英语、数学、体育、经济等 13 个学科。各学科的大纲包含"理念概述""目标概述""结构概述""学科内容"和"成绩标准"等部分。"学科内容"不仅规定了对应学科应掌握的知识、技术、技能和理论，还为教师教学提供了大量相关的内容说明、实例列举、教学方法建议、教学情境描述等指导，并为各地发展地方特色预留了空间。[②]

澳大利亚从 2011 年 1 月开始在约 150 所学校试验推行"国家课程大纲"，2013 年全澳所有学校全面实施该基础教育课程大纲。国家课程的确立一定程度上消除了各州（区）之间的差异，解决了学生家庭流动性大而带来的转学问题，为全澳学生的学习和发展状况评估提供了统一的标准。

（三）开发富有特色的校本课程

校本课程是由地方学校教师，结合本地实际情况自行编制、实施和评价的课程。具体来说，校本课程就是各州（区）教育部门、某一类学校或某一级学校组织本地区学校教师或本校教师，根据联邦政府制定的

[①] ACARA, "The Shape of the Australian Curriculum May 2009", June 2012, http://www.edu.au.

[②] 曹燕：《澳大利亚基础教育国家统一课程大纲改革初探》，《世界教育信息》2012 年第 9 期。

教育目的，在分析学校外部环境和内部环境的基础上，针对本校特定的学生群体，编制、实施和评价的课程。① 澳大利亚在确定国家课程的同时，还允许地方和学校开发颇具地方特色的校本课程。澳大利亚中小学学校除了开设国家课程外，还开设适合本土特色的校本课程②，如：新南威尔士州小学的课程有：英语、数学、科学技术、人类社会和环境、个人修养和生理卫生与体育、艺术和手工艺，共计6个学科；中学的课程有：英语、数学、外语、艺术、科学技术和应用技术、人类社会和环境、个人修养和生理卫生与体育，共7个学科。学校在实施国家课程时，教师可以根据自己的知识水平、教学能力以及学生的兴趣需要对国家课程进行调整、删减和修正，以使其更加符合当地的教学对象和教学实际。国家课程是按照全国教师的一般教学需求编制的，很难适应每个学校的具体教学情况，而开发校本课程可以使教师在把握理解国家课程的情况下，创造出适合自己学生的课程，同时也调动了教师教学的积极性。国家课程与校本课程相辅相成、互为补充，为教师教学提供了充分的空间，为学生的学习提供了广阔的知识领域。

（四）灵活丰富、人性化的课程设置

新世纪以来，澳大利亚一直在进行课程改革，不断完善国家课程和校本课程两级课程设置，给学校最大的课程开发权和选择权。这使得学校的课程设置高度灵活、丰富和富于人性化。

澳大利亚的基础课程依据全国统一的课程大纲设定，学校课程设置十分丰富，校本课程的开设完全可以满足学生的兴趣爱好和发展需求。澳大利亚初中生学习的主要课程有：英语、数学、科学、人类社会与环境、外语、科技、应用课程、艺术及个人发展、健康教育和体育等。除此之外，大多学校为学生开设了一些选修课，学生可以根据自己的兴趣和将来发展的意向选修一些适合自己的课程。选修课程包括：外语、人文社会学、商业、艺术、工艺、音乐、家政学、经济学、手工艺、演讲、打字、计算机、速记、消费教育、地理和历史等。这些选修课都是依据

---

① 牛道生：《澳大利亚基础教育》，广州教育出版社2004年版，第212页。
② 刘辉：《澳大利亚的基础教育》，《人民教育》1994年第8期。

学生的兴趣和需要确定的。澳大利亚高中生学习的课程除英语、数学外，也有其他选修课程，如外语、商业、法律、经济学、工程技术、计算机及电子技术等课程。此外，为满足学生高中毕业后不再继续求学的需要，学校还开设了有关就业需要的课程。因此，澳大利亚学生对课程的选择余地非常大，不同水平的学生基本上可以根据自己的理想、兴趣、特长选择自己感兴趣的课程。因为是基于学生的需要，澳大利亚的中小学教育课程总能达到教育的最大适用化。澳大利亚学校从小就对学生进行如何生存和发展技能的教育和培养，设置一些跟生活有关的知识、技术和科学，如烹调、育婴、生活管理艺术、农业、电子课程。在中小学也不忘开设音乐、舞蹈、戏剧、陶艺等艺术课程以及社会文化、宗教、哲学等人文科学，这些课程可帮助学生修身养性，培养学生的高尚情操，提高学生的全面素质。丰富多样的课程为学生提供了全面周到的服务，发展了学生的个性，对实现学生的全面发展有非常重要的作用。虽然澳大利亚基础教育的课程众多，但是除了核心课程是必修课外，其他的均为选修科目，而且像外语、体育、艺术等必修课程又有很多的项目供学生选择。贴近生活、尊重个性和丰富的课程设置是澳大利亚基础教育的一大特色，也是其课程改革的焦点。

（五）趋于完善的体系化教育考试评价制度

评价在课程中起着至关重要的作用，是影响和制约基础教育课程改革工作的关键因素。长期以来，澳大利亚都很重视教育评价。在澳大利亚，学生成绩评估主要由州、地方以及学校负责。另外，澳大利亚政府已经启动全国统一的学生成绩评估。因此，现在每年有一个基于各州（区）测试的全国三年级、五年级、七年级学生在识字和计算能力方面的成绩比较报告。2008年建立了三年级、五年级、七年级和九年级学生在阅读和计算能力方面的全国统一测试。在科技素养、公民责任与权利教育以及资讯科技沟通能力（ICT）素质方面，还有一个全国统一的抽样评估程序。[①]

澳大利亚初中阶段除了国家统一考试外，各州和私立学校也有他们

---

① 韩家勋：《教育考试评价制度比较研究》，人民教育出版社2010年版，第171—172页。

自己的评价。这些评价根据学校教育层次、评价的科目以及每个州（区）实施的政策不同而有所不同。澳大利亚高中阶段（十一至十二年级教育）采用多种评价方法，如校外统考、校本评估、非校本评估以及抽样测试等。其校外统考由高中教育代理机构负责。澳大利亚学生在完成各州规定的课程后，十二年级所有学生都会参加州政府组织的毕业考试，通过考试的学生便获得各州颁发的高中毕业证书，其相当于我国的高考。各州毕业考试证书名称不同，但它们的功能是一样的，如新南威尔士州称为 Higher School Certificate，简称 HSC。

澳大利亚现行的教育考试制度是传统与现代相结合的，为满足学生及社会各方面对高等教育的需求，不断进行调整与改革，逐步建立起适合本国和各州（区）实际需要的教育考试制度。由此可见，澳大利亚的基础教育考试评价制度已成体系化、趋于完善。

（六）统一要求、统一标准的师资保证制度

新世纪伊始，澳大利亚就颁布并实施了"面向新世纪的教师——开创不一样的未来"，旨在提高和改善教师的素质，从而尽可能地提高学生的学习成绩、促进教育公平。2003 年，澳大利亚颁布了《教师职业标准的国家框架》（NFPST），指出了教师专业标准的"职业维度"和"专业因素"两个维度。该标准框架的确立为全澳教师专业发展奠定了扎实的基础，但其只是为各阶段教师专业发展提供了一个总体目标，对如何考察和评估这些目标的实施未能提供详细有效的具体措施，无法形成统一的评估标准。[①] 2009 年，澳大利亚政府开始了新的教师标准制定工作。2010 年制定了《全国教师专业标准》（National Professional Standards for Teachers，简称 NPST），该标准规定了教师专业的"三大领域""七项标准"和"四个阶段"，并以"质量教学"为核心。NPST 形成了统一的教师认证和注册体系，方便了不同州之间教师的流动，平衡了不同地区教师质量标准的差异，为各州（区）提供了一个完善的评价体系。它是澳大利亚第一个全国性的教师专业标准。另外，2011 年 7 月，澳大利亚颁

---

① 彭正梅：《求取与反思：新世纪以来全球教育改革研究及中国教育传统的初步考察》，福建教育出版社 2015 年版，第 171 页。

布了《全国中小学校长专业标准》（National Professional Standards for Principles，简称 NPSP），该标准为校长提出了"三项基本要求"和校长专业实践的"五个领域"。这也是澳大利亚第一个全国性的校长专业标准，它涵盖了以往的各类标准，从国家层面制定了中小学校长的专业学习框架。

澳大利亚对校长、教师实行严格的"教师专业标准"。教师资格制定、培养与培训、管理与评价等都有严格的规定。例如，如果取得教师准入资格的教师在教学的第一年没有完成教学任务，教师会自动请辞或被学校辞退，因此留下来继续教学的教师基本都是自己喜欢做教师、也适合做教师的人。① 因此，统一的专业标准保证了澳大利亚的师资质量。

（七）分权型、民主化的课程管理体制

在课程管理方面，澳大利亚基础教育实行分权型、民主化的管理体制。联邦政府不直接管理全国基础教育课程，只是对各州（区）中小学课程发展给予指导和资助。以联邦政府关于课程改革的意见和州政府关于课程设置的纲要为基础，校长有权根据社区的要求、学生的兴趣爱好及现有的师资水平，提出学校特定的课程体系。校长还负责决定和批准各类学科的教学计划，而教师则在学校设定的课程门类范围内，有权决定如何组合课程内容、选用何种教材和教学方法。这样的课程管理充分行使了学校的办学自主权，加强了学校与社区的联系。

澳大利亚改变课程管理过于集中的状况，放权给各州（区），各州（区）政府继续简政放权，注重学校的自我管理，校长被赋予实现课程自我管理机制的重任。这种民主化的管理体制适合澳大利亚地域辽阔、人口分散和教育发展不平衡的特点，便于各地区因地制宜地办学。

三 新世纪以来澳大利亚基础教育课程改革存在的问题

（一）根植于澳大利亚历史中的文化制约

澳大利亚施行联邦制政体，两党（工党和自由党）轮流执政，各党

---

① 陈碧娟：《澳大利亚基础教育随笔》，《江西教育》2012 年第 9 期。

的政治观点各异,所维护的集团利益必然不同,这对教育改革也会造成一定的影响:教育政策很难在不同政党的执政时期得到统一、形成合力。例如,2013年年初仍是工党执政的首相吉拉德根据《高恩思基拨款改革报告》宣布了新的基础教育拨款政策,但是2013年9月联盟自由党执政后,新的拨款政策也随之搁浅。由于2012年PISA成绩不理想,联盟政党继续推行了新的拨款计划,但也将原来的6年计划缩短为4年[①],进而减慢了教育公平改革的步伐。澳大利亚两党执政,首相任期一到就要进行改选,新任首相又会提出不同的教育改革政策与措施,即使这些教育改革理念是一脉相承的,但是在具体的实施中也很难保证政策的持续性。因此,这样的文化渊源既是新世纪基础教育课程改革的动力,从某种程度上来说也是基础教育课程改革的阻力。

(二) 师资短缺及素质不高

2013年全澳所有学校全面实施基础教育课程大纲,因此,在澳大利亚没有统一的教材,选哪一种教材由教师、家长和学校共同商量决定。州(区)与州(区)之间的人文环境不同,不同教师所具备的社会背景、知识水平、教学能力,洞察力和想象力也不同,加上教师的选择性很强,这使得学校的教学内容丰富多彩、灵活多样。虽然这些教学内容满足了作为学习主体具有主观能动性的学生的学习需要,但是自由选择教材对教师提出了更高的要求。怎么去选择?在没有教材、没有教案的情况下选好后怎么教?这些都是澳大利亚教育部门及各级学校值得深思的问题。"教师选好材"要求教师必须具有深厚的专业知识,对本学科的各种内容了如指掌。尽管《全国教师质量标准》为全国教师质量提供了统一的标准,但是澳大利亚的教师水平还是满足不了课程改革的需求,澳大利亚制定的《全国教师专业标准》,也并不能保证每个教师都符合标准。如果没有高素质高水平的教师去开发、实施校本课程,所有的课程改革也是枉然。确定的国家课程,也起不到"一纲多本"的效应。另外,澳大利亚师资短缺也是其课程改革道

---

① 徐晓红:《21世纪澳大利亚基础教育改革政策评析》,《外国中小学教育》2014年第3期。

路上的拦路虎。如澳大利亚许多中学不断从国外聘请有阅历的教师来任教,有的州不断采取鼓励措施(愿意去艰苦地区任教的教师提供住房补贴)等,以便解决师资短缺问题和吸纳高素质的教师前来任教。尽管如此,澳大利亚基础教育在新世纪面临的师资短缺问题仍未从根本上得到解决。

(三)移民的涌入造成多元文化课程难于开设

众所周知,澳大利亚是一个典型的移民国家。移民的大量涌入一定程度带动了当地的经济发展,但同时也给澳大利亚的教育带来了困扰与彷徨。如何使具有不同语言和文化的土著孩子更好地接受教育;在中小学课程设置中,如何恰当地体现出对当地居住着的不同种族的历史、文化(尤其是语言)的理解和尊重,同时又突出澳大利亚的主体文化和英语的重要地位等问题,是澳大利亚课程改革所面临的重大困难。这些都加剧了澳大利亚中小学教学的复杂性和困难性。因此,澳大利亚中小学课程如何编制、如何开设、如何教学、如何兼顾移民学生的特点都是澳大利亚教育部门和各级学校需要认真思考的问题。

四 新世纪以来澳大利亚基础教育课程改革对我国的启示

(一)课程改革体现教育公平和卓越的目标

澳大利亚基础教育课程改革的理念是教育公平,追求卓越。引发教育改革的问题一般可以归纳为三类:[①] 第一类是教育结果出现了问题,第二类是与社会组织变迁有关,第三类是由学术思想上的改变所引发。纵观世界各国教育改革的目的无非表现在以下两点:第一,追求卓越,即希望通过教育改革,使教育更好地发挥作用;第二,追求平等,即通过教育改革,使每个人都有机会接受公平、优质的教育。因此,澳大利亚在2008年的《墨尔本宣言》中关注教育促进公平和卓越的作用,2012年设计出世界一流的国家课程,以求满足未来社会对人才的需求,

---

① 周仕德:《构建世界一流的基础教育课程》,《世界教育信息》2013年第10期。

强调学生基本生活能力及实践能力的培养,通过课程设置的改革来推进教育卓越和公平目标的实现。

虽然我国课改努力调整基础教育的课程功能、结构、内容、实施、评价、管理,构建新的符合素质要求的基础教育课程体系。但我新课改的目标没有凸显教育改革目标的具体追求。而澳大利基础教育课程改革则牢牢抓住了教育改革中公平和卓越两大核心目标,并以此为核心展开一系列改革措施。另外,我国是一个多民族的国家,各地的经济、文化和教育发展不平衡,更需要像澳大利亚那样确立一流的国家课程,去适应不同地区的发展需求,突出公平和卓越两大目标。

(二) 注重教师和校长专业发展

澳大利亚的教师和校长专业发展一直都是联邦政府关注的重点。为了保证师资力量,澳大利亚联邦政府于2011年2月9日正式公布新的《全国教师专业标准》,它保证了教师的总体质量和师资质量,同时改善了各地区教师专业发展不平衡的处境。为了保障校长专业发展的质量,澳大利亚政府于2011年7月8日制定了一个全国专业标准:《全国中小学校长专业标准》。可见,澳大利亚很重视教师和校长专业发展,尤其是在澳大利亚师资短缺且素质不高的情况下。由于学校日常的课程活动充满了不确定性和模糊性,需要校长独立的专业判断能力和自主处理与解决的空间,这一过程与其他诸如律师、医生等依托于专业性一样,需要某种理论的或概念性的思考框架,对之加以指导。在我国,有人选取国内有代表性的中小学150所,对720位学校课程管理者(校长、分管教学副校长、教研组长以及普通教师)进行了课程管理的现实调查。结果显示:虽然学校课程管理者对学校课程观念的认同度较高、态度较积极,但学校课程管理者的课程教学知识素养不高、课程管理能力不足。它阻碍了课程改革的顺利进行。① 这就要求我们在今后的课程改革中,要重视教师和校长的专业发展,要提高中小学校长的学历水平与专业素养,培育一批拥有专业素质的学校课程团队。

---

① 周海银:《学校课程管理专业性的实证研究》,《西北师大学报》(社会科学版)2014年第3期。

（三）课程大纲要有普适性

澳大利亚国家课程与校本课程两级课程相结合，这赋予课程实施很大的灵活性。由于实施全国统一的课程大纲，基础教育没有统一的教材。因此澳大利亚鼓励各州（区）学校教师设计开发富有特色的地方课程，积极发挥各州（区）学校和教师的课程自主权和选择权。而各州（区）的经济水平、人文环境和师资设备不可能完全相同，加上教师的选择性很强，就使得教学内容丰富起来。各州（区）及教师根据国家课程的框架制定属于自己的教材，满足当地的实际需求，可谓是"一纲多本"，因地制宜满足澳洲各州（区）学校的要求。因此，课程大纲在整个澳洲都是适用的，其内容比以往的任何课程都更具包容性。虽说选择教材给教师带来一定压力与挑战，但教师选择教材、组织内容的过程，对教师来说也是一种创造、一种成长。

新世纪以来，我国基础教育教材虽然实施了"一纲多本"，允许学校和教师选择教材，但实际上在一个区域基本上还是统一的一个版本，教学内容因统一的教材而受到限制。积极上进的教师可能会适当地搜集一些与课程内容相关的课外资料，懒惰不求上进的教师就以教材为唯一资料，教材上有什么他就讲什么，致使授课内容枯燥无趣，也很难激起学生的学习兴趣。另外，我国幅员辽阔，人口众多，地区发展差异巨大，仅有的几套教材不可能反映我国复杂的地域差异。尤其是我国中西部学校发展差异较大，特别是在西部一些贫困的地区，国家规定的教材如果能很好地适合东部沿海地区的教学，那么它就很难适合西部地区的教学。这时，我们就需要向澳大利亚学习，采用国家课程与校本课程两级课程相结合：不规定统一的教材，适当扩大地方和学校在课程建设中的自主权，不断开发符合地方特色的课程，如针对我国少数民族，要以国家课程、多元文化理论为指导，建立科学、合理的中国少数民族学校课程体系。[①] 采用"一纲多本"，制定出全国普遍适用的国家课程大纲。

[①] 安富海：《我国少数民族学校课程政策：历史、特点及展望》，《西北师大学报》（社会科学版）2015年第2期。

（四）课程评价关注学生学习能力

澳大利亚教育考试评价分为学校内部评价和学校外部评价。学校内部评价大体包括三个部分：一是对学生学科学习状态的评价；二是对学生学科学习结果的评价；三是对学生表现的综合评价。学校外部评价有筛选、鉴定和监控教育质量两个目的。但不管是学校外部还是学校内部的学生评价，不管是形成性评价还是终结性评价，澳大利亚都非常关注对学生学习能力的评价。如学校内部以评价学生的做事能力为主，学校外部的考试评价以拓展性的学习能力和解决问题的能力为主。[①]

由于升学压力，我国学校里往往以分数论英雄、评成败，造成不少学生"高分低能"。我国的课程评价关注更多的似乎是学生分数，而不是学生能力的发展。虽然我国也在努力改变以往根据考试分数将学生划分等级的做法，实施素质教育。但是由于招生考试制度变革不尽如人意，发展性评价没有落实，考试筛选功能发挥到极致[②]，分数论未被根除。我国课改的评价理念固然很新，但操作旧态依然，谈"评价关注学生学习能力发展"没有任何实质意义。因此，我国需要根据本国实际建立健全多元的课程评价体系，打破"一考定终身"的评价模式，一切以发展学生能力为中心，真正做到关注学生学习能力的发展。

（五）借鉴人性化的 HSC 制度

澳大利亚的高中毕业证书考试（Higher School Certificate Examination，简称 HSC 考试，共 127 门课程，学生选其中 5—6 门即可，形同我国的高考）是用加法录取的，比如当年的 HSC 考试中数学考砸而其他科目很好，则该生可以当年不读大学，下一年只考数学，其他的高分在下一年有效，而且可以把最高分保留五年。另外，HSC 考试还照顾到各方面考生并尽可能减少外来因素干扰考生的实际水平，比如对于残疾人和住院者，只要在考前两周提出申请，考试委员会可派专人到家中或医院考试，因精

[①] 韩家勋：《教育考试评价制度比较研究》，人民教育出版社 2010 年版，第 179 页。
[②] 李孔文：《论基础教育课程改革的中国模式》，《西北师大学报》（社会科学版）2013 年第 2 期。

神紧张或其他客观原因没能考出真实成绩者，只要考后两周内提出申诉，考试委员会审查属实后可提高成绩或重考。如 1993 年共有 3060 宗申诉，其中 238 人提高了成绩，312 人部分提高了成绩。澳大利亚大学录取的基本依据是考生的 HSC 考试排名，但排名并不是以一次毕业考试的成绩作为唯一的依据，而是根据学生十二年级的综合成绩加上 HSC 考试成绩综合评定的。这样就避免了一次考试的偶然性。

当今社会是一个多元化的信息时代，科学研究领域是多元的，人的个性、兴趣爱好以及对各种知识的选择和探索也是多元的，如果用单一的高考模式去限制学生的个性与兴趣爱好，用一元代替多元，将会把青少年的创新能力和创新思维扼杀在萌芽阶段。相比之下，我国的高考制度已经不适应时代发展潮流，显得有些单一与死板，不利于学生的全面发展。虽然我国也开始试着去改变"一考定终身"的制度，如十八届三中全会的召开，启动了我国高考制度的改革：不分文理科，英语开始实行一年多考的社会考试等。但这些举措目前来说还是纸上文章。澳大利亚在这方面积累的成功经验值得我们学习和借鉴。

（和学新、刘瑞婷）

第十章

新世纪以来法国基础教育课程改革及其启示

课程改革既是教育改革的核心，也是其直接落脚点。因此，法国十分重视课程改革的地位和作用。进入21世纪，法国政府相继颁布多项政策和法案来改革课程。在2004年《为了全体学生的成功》（Pour la réussite de tous les élèves）和2005年《学校未来的导向与纲要法》（Loi d'orientation et de programme pour l'avenir de le cole）的指导下，法国全面推进基础教育课程改革，严格保证每个学生掌握必备的知识与能力。2007年新任总统尼古拉·萨科齐于中小学开学之日发表了《致教育者的一封信》，表达了法国政府对本国教育的期望。2008年法国教育部宣布减少义务教育阶段课时总数，以适应学生发展需要。2009年11月法国教育部公布了题为《面向2010年的新高中》改革方案，目的是构建使每名高中生都可以成功的高中。2013年7月颁布的《重建共和国学校方向与规划法》（La loi d'Orientation et de Programmation Pour la Refondation de l'Ecole de la République），更加显现出法国建设高质量学校的决心。本章试图从21世纪以来法国基础教育课程改革的相关政策文件和改革现状来探寻经验与教训，以期对我国当下的基础教育课程改革有所裨益。

一 新世纪以来法国基础教育课程改革的背景和过程

法国著名学者阿兰·佩雷菲特曾经说过这样一句话："任何一个国家

的人民，都有那么一种倾向，把自己当作世界的肚脐眼。"① 拥有灿烂历史的法国正是这样一个国家，他们始终对自己的国家有着那么一种强烈的自豪感。法国毕竟曾经长期跻身于世界强国之列，并且出现过一批如孟德斯鸠、卢梭、伏尔泰等在世界范围内产生过深远影响的知名思想家和教育家。对此，有外国人揶揄道："法国人似乎形成了这样一种教条，以为人类中十全十美的只有法国人。"② 然而，这样的自豪却在第二次世界大战之后灰飞烟灭，严峻的现实促使法兰西人不停地反思。进入20世纪90年代，法国人将更多的改革目光转向了教育。由此可见，21世纪法国通过基础教育课程改革来大力提高教育质量不是自发的，而是有着深刻的时代背景和教育自身原因的。

（一）知识经济全球化对人才培养的需要

进入21世纪以来，全球化趋势深入发展。一方面，全球在经济、科技、文化等方面相互依赖的关系正在日益加深；另一方面，世界各国之间的竞争也在日益加剧。能否在激烈的国际竞争中站稳脚跟成为各国关注的焦点。21世纪国家的生存和发展越来越依赖于知识的传播、应用和创新。知识愈加成为影响当代国家发展的关键因素之一。"在当代知识经济背景下，国家核心竞争力是以知识为基础的信息捕获能力、学习能力、文化和人员的素质。"③ 因此，只有掌握和应用知识才能在激烈的国际竞争中站稳脚跟。知识经济时代的另一个重要影响因素就是科技。"科学与技术的革命、人们可能获得大量知识、庞大的通讯传播网络的存在，以及其他各种经济和社会因素已经大大改变传统的教育体系。"④ 知识经济的发展依赖于科技的创新，科技的创新又呼唤人才的素质，而人才的素质唯有依靠教育。所以，教育就自然而然成了提升国家核心竞争力的关键。特别是自20世纪90年代以来，提供卓越高质的教育和强调基础教育改革已然成为培养人才的重要手段。

---

① ［法］阿兰·佩雷菲特：《官僚主义的弊害》，孟鞠如译，商务印书馆1982年版，第15页。
② 同上。
③ 刘绛华：《软实力——知识经济时代核心竞争力的关键》，《求实》2006年第12期。
④ 联合国教科文组织：《学会生存》，教育科学出版社1996年版，第14页。

法国早就意识到知识经济对人才的需求已经很大程度上关乎本国在21世纪的核心竞争力，所以采取了多项顺应时代发展要求的改革措施。自1995年颁布新的初等教育课程标准开始，法国政府逐步推行新的初中和高中课程标准，目的是要让基础教育阶段学生掌握新时代所必需的"知识和能力的共同基石"。2004年法国"学校未来的全国讨论委员会"向教育部提交了一份题目为《为了全体学生的成功》的报告。这份报告提出了一个包含21世纪生活必需要素的概念——"必不可少的核心基础"。根据这一报告，法国政府颁布了《学校未来的导向与纲要法》，旨在着眼于当下科技和经济发展，培养具备应对时代挑战的人才。这些改革措施表明知识经济全球化对人才培养的要求是法国课程改革的重要动因。

（二）顺应世界基础教育课程改革潮流

21世纪不仅是人类社会迅猛发展的时期，也是各国综合国力激烈竞争的时代。无论是在政治经济领域，还是在科技文化领域，都早已成为当下各个国家竞争的焦点。为了应对这种纷繁复杂的局面，世界各国纷纷实施了一系列的改革措施来保持和提高本国在国际中的竞争力。在众多领域的改革中，教育领域表现得格外突出：英国政府为了适应21世纪教育的发展需求，早在1997年就提出了"教育优先"的口号；美国政府则在2001年由布什总统签署了《不让一个孩子掉队》法案，目的是促进教育平等和追求卓越教育；印度政府也在进入21世纪的第一年就启动了普及教育SSA计划，要求短时间内在全国普及和提高基础教育质量。面对这一形势，法国作为世界传统强国自然不甘落后。在世界课程改革潮流的影响下，法国自20世纪80年代末90年代初就开始有针对性地对本国教育领域出现的问题进行改革。特别是自2001年以后，法国更是勇于面对21世纪的挑战和本国基础教育领域中的问题，实施了多项有关基础教育课程方面的改革举措来提升学生的学业成绩，促进教育均衡发展，追求更高水平的教育。

（三）基础教育质量下降呼唤课程改革

法国基础教育始终存在着学业困难比例居高不下的问题。其实早在

20世纪80年代，法国在基础教育课程改革中就将该问题视为这一时期课程改革的重中之重。然而进入90年代，困扰法国基础教育课程已久的学业失败的比例依旧居高不下。有资料表明，1998年"刚刚进入小学三年级的学生中有21%—42%不能掌握阅读或运算，或两方面处于能力的最低水平"[①]。这说明法国小学阶段有超过四分之一的学生存在学习障碍。即便是截至2007年，法国每年仍有大量的学生在尚未达到应有的法语和数学知识能力的情况下就离开了学校，四分之一的小学毕业生成绩不佳。然而，法国基础教育质量问题还远不止这些，最能证实法国教育质量不高的是由经济合作与发展组织（OECD）组织的国际学生评价项目（PISA）。自PISA实施以来，法国连续参加测试，但成绩很一般。2006年法国15岁学生的平均分为495分，而OECD国家和地区的平均分在500分左右。这次PISA侧重测试学生的科学素养，把学生的科学能力由低到高分为6个层次。在最高的第六个级别中，法国学生所占比例仅为0.8%，低于OECD成员国的平均比例1.3%，更远远落后第一名芬兰的3.9%。

基础教育存在的问题加重了政府和民众们的危机感，法国各界也认识到要解决长久以来存在的问题，持续提高基础教育质量需要调动更多民众的参与，同时更需要进行远景规划。基于此，21世纪以来法国政府和教育部大范围发动民众参与讨论本国基础教育课程改革，同时也针对基础教育陆续出台了一系列的法案或政策来解决基础教育质量问题。

（四）法国政府有重视基础教育改革的传统

法国是一个民主共和制国家，政治体制是典型的半总统制半议会制。议会由国民议会和参议院组成，拥有制定法律、监督政府等权力。法国实行多党制，目前有30多个政党。各个政党一直将教育改革作为争取选票的核心内容放在政党工作的重要位置。法国总统是国家元首，任期5年，由选民直接选举产生。由于法国的中央集权体制和历届法国总统的教育情结，使得法国近现代以来多项教育改革都是在总统的直接参与或者高度重视下完成的。2007年9月4日，法国总统尼古拉·萨科齐发布

[①] 王晓辉：《法国新世纪教育改革目标：为了全体学生成功》，《比较教育研究》2006年第5期。

《致教育者的一封信》表达了政府对基础教育的重视与期望。2010年年底，法国执政党人民运动联盟特别签署"从教育开始"计划，针对在野党（社会党）较为关注的初等教育建设、高中与大学教育改革及学生教育辅导等议题进行了详细规划，以此来争取在2012年的总统大选中获得继续执政的权力。为了兑现奥朗德竞选总统时关于教育改革的承诺，2013年通过了《重建共和国学校方向与规划法》，多项内容涉及课程改革。由此可见，无论是法国总统还是各政党都对教育事业保持着高度重视。重视基础教育改革是法国政府的传统。

（五）欧盟教育政策的推动

伴随欧洲一体化进程的加快，欧盟多次推出关于教育的改革计划和方案。法国是欧盟的创始成员国，一直在欧盟发挥着重要作用。尽管也会对欧盟的决议产生不同意见，但推动欧洲一体化建设自始至终是法国的主流态度。特别在基础教育方面，法国一直都在积极参考欧盟的各项教育政策，从其积极回应欧盟教育公平的政策就可以看出。2010年3月欧盟公布了标题为《欧盟2020战略》（Europe 2020）的报告，里面规定了"截止到2020年欧盟各成员国要将基础教育的辍学率降低至10%以下，并且至少要有40%的年轻一代拥有大学专科或本科学历（a tertiary degree）"[①]。为进一步明确如何促进教育公平，欧盟在2011年颁布了两部相关文件：《减少基础教育辍学：欧洲2020日程的关键》和《关于减少基础教育辍学的综合政策的框架》。这两部文件不仅指出辍学与社会经济、劳动力市场等因素相关，而且还为摆脱目前困境提供了一套宏观政策。欧盟的这一系列改革给法国教育带来了重要影响。2012年7月5日，法国政府在全国范围内发起了如何减少教育领域不公平的讨论。2013年6月，法国讨论并正式通过了《重建共和国学校方向与规划法》，这是法国教育改革的顶层设计，标志着法国新一轮基础教育改革正式启动。该法案提到法国基础教育问题主要体现在三个方面："第一，上课时间不合理，需要进行学制改革；第二，失学率和学业失败率高；第三，教育公

---

① European Commission, "Europe 2020", March 2010, http：//eur-lex. europa. eu/LexUriServ/LexUriServ. do？uri = COM：2010：2020：FIN：EN：PDF.

平度低。"① 为了解决这些症结，法国提出了若干改革目标。例如，将小学生之间的能力差异比例控制在10%以下，使高中会考通过率超过八成，等等。

　　法国的这一系列改革参与度高，涉及范围广，主要目的是降低辍学率，提高学业成功率。法国在努力突破自身教育困境的同时也充分响应欧盟的上述有关教育公平的文件。由此可见，欧盟政策或文件不但是法国基础教育课程改革的参照系，更是其改革的动力之一。

二　新世纪以来法国基础教育课程改革的主要内容

（一）课程理念：促进平等，面向全体学生

　　以往法国的基础教育比较侧重于精英教育。受教育民主化的影响，法国课程改革开始面向全体学生。法国政府在1995年开始了新一轮的中小学课程改革。这次改革强调面向全体学生，以"共同基石"和"共同文化"为核心内容编写课程标准。这里的"共同基石"指的是各学科的最基本方面，而"共同文化"则指向了高中学生所需的基本素质。也就是说，法国政府改革的目的是保证所有学生在走出校园的时候可以平等地具备统一的知识和能力，同时能够承担起现代社会公民的职责。为了延续促进平等，面向全体学生的政策，法国政府在21世纪的基础教育课程改革中开始更加注重面向所有学生。教育部要求制定的课程应当适用于教育系统中的每一位学生，无论其年龄、性别以及文化背景，都能平等地掌握进入法国社会所必需的知识和技能。正如2004年10月12日公布的《为了全体学生的成功》中所提到的："为了全体学生成功。就是要使全体学生在义务教育完成之后，都能够拥有就业所必需的知识、能力和行为准则，并为终身学习奠定基础。"② 该报告还详细阐述了"必不可

---

① 刘京玉：《重建教育公平：法国〈重建共和国基础教育规划法〉解读》，《世界教育信息》2013年第20期。
② 王晓辉：《法国新世纪教育改革目标——为了全体学生成功》，《比较教育研究》2006年第5期。

少的共同基础"的构成，即语言和数学两大支柱、英语和信息技术两大能力以及民主社会中共同生活的教育。这体现了法国面向所有学生，让学生平等地掌握知识和能力的改革理念。2010年法国展开了新一轮的高中课程改革。这一轮高中教育课程改革的主题是通过"更好定向、更多辅导、更多准备"面向所有学生，帮助每位高中生取得成功。

通过改革法案，可以看到法国的"促进平等，面向全体学生"具体表现为关注学生利益，要求学生平等地达到必备的基础知识和能力，并且强调基础教育课程应当面向所有学生。而这一课程改革理念也一直贯穿于法国的整个21世纪课程改革之中。

（二）课程目标：注重能力培养，促使学生发展

在当代，提高学生的能力和促进学生的发展日渐成了教育的首要目标。2005年4月法国政府出台的《学校未来的导向与纲要法》中就有一项非常重要的内容，即强调"共同基础"保证每个学生掌握基本的知识与能力。法案中的"共同基础"包括7个方面，每个方面又分别从知识、能力和态度提出各自的目标，具体包括掌握法语、掌握基本的数学和科学文化知识、掌握基本的人文文化知识、掌握一门外语、掌握常用的信息通信技术、具有较强的社会交往能力和公民意识、拥有独立自主和主动进取的精神。在此后的课程改革中，法国政府持续突出"能力培养"的课程目标。2008年9月，法国在新一轮小学课程的改革中，着重强调要通过培养学生的基本能力来满足学生的发展。2013年6月法国在《重建共和国学校方向与规划法》中规定要让所有学生的知识和能力都得到提高，要确保小学二年级学生通过课程的学习可以掌握所学的基本知识，确保义务教育阶段后的每位学生都能达到"共同基石"。由此可见，法国在课程改革中不断完善和明确课程目标，体现在注重塑造和培养学生的能力，强调学生应该在课程学习的基础上达到所规定的能力标准，促进自身发展。

（三）课程内容：与时俱进，强调同世界接轨

随着经济全球化的发展，世界联系越加紧密。正如《教育——财富蕴藏其中》所说，"当今存在着一个世界舞台，无论人们愿意与否，每个

人的命运在一定程度上都在这个舞台上决定。全球在经济、科学、文化和政治方面的相互依赖关系正日益加深"①。经济全球化的迅速发展促使各国的人才培养规格和质量要求有了很大的变化。1992年2月法国颁布了《课程宪章》这一令世人瞩目的纲领性文件，并把它作为今后指导课程标准的纲领性文件。在此基础上，法国教育部在1997年12月底开展了主题为"高中应当教授哪些知识？"的大型咨询调查。在随后1999年3月公布的文件中提出要实施"21世纪的高中"的改革。在课程内容方面，增设了"社会、法制与公民课"和"个别指导课"等与时代相关的内容。2004年《为了全体学生的成功》报告中提出两大支柱和两大能力的理念，其中两大支柱是指语言和数学。法国学校要以保证学生掌握法语为首要任务，而数学有助于严谨的思维，所以在学校的课程内容中也必须引起重视。两大能力指的是英语和信息技术，在《为了全体学生的成功》的报告中，委员会强调了英语和信息技术的重要作用。法国政府认为如果在21世纪的国际竞争中不能掌握外语和信息技术这两大工具，那么就势必会落后于国际竞争。因此，在课程内容的构成中应当突出外语和信息技术的地位。报告并不是简单地称呼其为英语，而是用"国际交流的英语"来定义。报告认为，国际交流的英语是在科学、技术、贸易和旅游等领域中国际交流的语言，要把掌握英语作为应对国际交流的一种基本能力。为了使学生在义务教育之后可以真正地拥有英语这一语言技能，委员会建议将英语加入小学三年级的课程内容中。报告中还提到学校应保证赋予每一位学生学习初步应用计算机的文化知识。2008年9月，法国小学教育实施新的改革。在课程内容方面，相应减少法语语法知识和词汇量，更加贴近需要的公民与道德教育替代以往的公民教育。已被淡忘的国歌《马赛曲》被重新引入课堂。2009年11月19日法国教育部公布了题为《面向2010年的新高中》的改革方案。该方案延续了2004年《为了全体学生的成功》的主张，提到本次法国高中课程改革的三个目标之一就是要学好外语，建立有利于外语学习的高中。2013年7月《重建共和国学校方向与规划法》指出要让学校进入数字时代为学生提供适当的辅导，使他们更加有效地利用数字化手段学习。不难看出，法国基础

---

① 联合国教科文组织：《教育——财富蕴藏其中》，教育科学出版社1996年版，第23页。

教育的课程内容与时俱进，逐步与世界接轨。

（四）课程设置：走向优化、逐步完善

优化课程设置是法国基础教育课程改革的一项重要任务。在初等教育阶段，2008年9月法国小学开始新一轮的课程改革。在这次改革中，法国教育部要求为所有学生增加辅导课，每周课时为24个小时。高中教育阶段，法国于2009年决定进行《面向2010年的新高中》的改革。"更好定向、更好辅导、学好外语"是这次改革的三个目标。在第一个改革目标"更好定向"中就提到了多项有关课程设置的改革内容。具体包括：高中第一年设置两门探索课，其中一门为经济学科类课程；将（第一学年的）公共基础课一直拓展到高中二年级；重新平衡调整经济与社会学类学科、文学类学科、科学类学科。① 在法国，高中生可以在中学的第四年结合教师指导与个人兴趣从三个大的分科组（科学、经济与社会学、文学）进行选择（见表10—1）。

表10—1　　　　　　　　高中三个科组的主要学科类课程②

科学组（S）	数学	生命科学与自然科学	物理化学	信息科学与数字科学
经济与社会学组（ES）	社会与政治科学	深入探究经济学科	数学	
文学组（L）	数学	法律与当代世界主要问题	现代语言或古代语言	艺术

这一轮的高中课程改革，分别对应不同的分科组，更改了对应不同比例课时的时数以及任务。从2010年起此次改革，主要针对高中一年级的学生。而在2011年和2012年分别涉及高中二年级和高中三年级。在执行过程中，对课程设置做出了较大调整：为了真正地让学生按照个人

---

① 张丹、范国睿：《更好定向更好辅导更多准备——法国新高中教育改革述评》，《全球教育展望》2011年第11期。

② 同上。

兴趣来定向，特别设置了两门探索性选择课程，学时为 2×1.5 小时/周（或者 2×54 小时/年），即选择两门课程，每门每周 1.5 小时。

（五）课程管理：继续下放权力与课时调整

早在 20 世纪 90 年代法国政府就陆续将部分课程管理权力下放到地方政府和学校。1990 年法国成立"国家课程委员会"。这是一个负责全国课程标准编写的机构，改变了原来由国民教育总督导团独掌课程标准、课程计划制订权的局面。1992 年颁布的《课程宪章》在课程管理上起到了导向作用，它首先强调了课程标准应该由国家课程委员会制定并指导全国的课程，其次又强调在选择教材上教师和学生应当拥有自主权，实现课程标准"框架化"，并提出由专家协会、教育学派组织、职业部门代表、工会组织、教育出版社、学生家长联合会、学生代表组织参与课程标准的讨论。这表明，法国课程管理主体更加多元化。1995 年 9 月法国教育部递交的《为了学校》的最终报告，针对法国未来教育改革提出了 21 条建议，其中的第 7 条和第 8 条指向了课程管理，要求法国政府加大管理权力下放力度的同时要积极扩大学校的自主权。进入 21 世纪，法国政府逐步下放权力已成为大势所趋。但这不是完全放权，法国政府对每一项有关下放课程管理的事项都进行讨论和研究。2003 年 2 月，法国国会进行了表决，要求进一步下放管理权力。在课程方面，考虑赋予地方更多基本权力，包括根据地方现状设置课程的权力、招聘新教师的权力，等等。法国政府下放更多权力的目的是为了提高行政质量及行政效率，实现责任分担和权利共享，发挥学校特色，形成多样化课程，促进学生全面发展。

小学课时的调整是法国学校课程管理的一个改革重点。长久以来，法国学校一直实行周一、周二、周四、周五全天和周六上午上课，而周三全天休息的制度。在新一轮的小学课程改革中，法国将长期实施的课时缩减为 4 天。为了保证学生充足的休息时间，法国取消了周六半天上课，给学生以完整的周末。随着 4 天制课时的实施，问题也逐步显现出来。与世界其他国家学生的课时量相比，法国小学生每天课时量和学习负担量过大，并且法国小学年度课时只有 144 天，低于经合组织国家的平均数 187 天。因此，2013 年法国通过《重建共和国学校方向与规划法》，再次整合课时。自该年开学起，每周课时为 24 个小时，每周划分为 9 个半天，将周六上课改为周三上午。每天课时最多为 5.5 小时，每半天的课时不超过 3.5 小时。增加周三上午授课，目的是为了减轻其他每天平均 45 分钟的课时量。本次课程改革也考虑到地区差异，各地区可以制订自己的"地方教育计划"，来安排学生上课、在校以及校外的时间，甚至还允许部分地区周六上午上课或者根据情况把课时改革推迟一年。

（六）课程评价：调整评价对象，重视形成性测验

为了检验基础教育课程改革的情况，法国在课程评价方面也做出了相应的调整。在课程评价的理念上，他们认为课程评价不是制裁性的，而应当是形成性的，是推动学生进步的参照。所以，要重视形成性测验。在评价对象上，法国在 2008 年 9 月开始实施的新一轮小学课程改革中重新调整了课程评价对象。小学一年级和五年级所有学生进行学习情况的测试取代原来的小学一年级和初中一年级。法语和数学作为测试的科目，两者题目比例为 3∶2。这样做的目的是为了检验学生是否达到课程标准的要求。根据测试结果，教师们可以有针对性地辅导那些学习有困难的学生。在评价等级方面，法国细化了测试的评价标准，分为正确、部分正确无错误、部分正确有错误、错误以及空白五个评价等级。值得肯定的是，该评价等级使课程评价的方式丰富化，而且更加科学、详细、人性化，并且还可以为学校、教师和学生家长提供更加准确详尽的学生学习效果的反馈。此外，法国还综合分析全国的测试结果，为课程顺利运行提供参考。同时，还将各校、各省乃至全国的测试结果和分析数据公之于众，使更多的民众有效地监督课程。

（七）师资建设：明确教师能力标准，完善教师培训

教师是教学过程的主体，对课程实施和学生学习成绩起到了至关重要的作用。各国在 21 世纪基础教育课程改革中无一例外地将师资队伍的建设摆在了重要位置。法国著名学者普罗斯特就曾指出，"好教师，不是工作最多的人，而是促使学生学习的人。是学生在学习，而不是教师。

教师与整个学校承担着支持、评价和验证这一过程的责任"①。法国政府一直都很重视教师这一职业。前任总统萨科齐在《致教育者的一封信》中提到："希望把提高教师职业地位作为我五年任期的优先任务之一，因为这是学校改革和教育重建的必然结果。"② 因此，法国为了满足课程改革的需要，对教师的学识、能力、学历等多个方面提出了新的要求。2007年颁布的《教师培训大学学院的培训手册》指出，教师应当具备十大职业能力。2010年法国又将教师的这十大职业能力加以具体和完善。新的规定具体包括："以国家公务员身份工作，恪守职业伦理，认真负责；掌握法语以便教学与交流；掌握学科知识并具备良好的普通文化；设计与实施教学；组织班级教学；照顾学生的多元性；评估学生；掌握信息与通信技术；胜任团队工作，并与家长和社会人士合作；自我学习与创新。"③ 在学历层次上，根据1989年颁行的《教育指导法》，法国创建了"大学师范学院"（简称IUFM），要求中小学教师均拥有学士学位等，并从2010年开始将学历要求提高到硕士学位或者硕士二年级在读。

对教师提供培训也是法国提高教师质量的一项重要内容。法国从2010年开学时实施硕士化的中小学教师培训与录用，硕士二年级学生可以享受全日制工资，毕业后授予硕士学位。毕业的学生可成为国民教育职业的公务员，也可从事教育与培训职业。除此之外，政府会为在职教师或希望从事教师职业的学生安排大量的培训和实习机会。《重建共和国学校方向与规划法》制定了更为具体的教师改革措施：每个学区都要设立一个教师及教师高等学校，不仅要培养专业教师，还要对在职教师进行培训。截至2013年9月，共有28个学区的教师及教育高等学校开始招生，目的是通过接受系统理论和实践的学习，使这些学生成为新一代的教师。

---

① 王晓辉：《法国教师地位的变迁》，《比较教育研究》2012年第8期。
② 王晓辉：《法国总统萨科奇——致教育者的一封信》，《基础教育参考》2008年第1期。
③ 王晓辉：《重建共和国学校——法国当前基础教育改革》，《比较教育研究》2015年第4期。

三 新世纪以来法国基础教育
   课程改革存在的问题

法国 21 世纪基础教育课程改革取得了一定的成绩，确实提高了学生的学习成绩，缩小了学生之间的差异。但是随着改革的不断推进，存在的问题也逐渐显现出来。

（一）政治体制影响课程改革的连贯性

法国政党通常可以分成左右两派，一般是由这两派轮流执政。两派的政治主张和改革理念差别较大，这对法国基础教育改革政策产生了重要影响。同时，在每五年举行的法国总统大选中，教育改革还会成为左右两派总统候选者的竞选筹码。一般情况下，新一任总统会选择履行自己竞选时的承诺，在教育领域中烧上"三把火"，将自己的政治意图融入基础教育课程改革当中。萨科齐在准备竞选总统时就将教育改革放入其竞选的内容中。他所在的法国人民运动同盟党通过公布《教育协定》（Convention Education）来表达自己的教育改革方针、理念和决心。在萨科齐当选之后，这些改革内容很快就付诸实践。这表明新当选的总统往往会"通过课程将自己的政治意图和政治理想正当化和合理化，内化为社会大众常识的一部分，以便巩固自己的政治统治"[1]。但这样的改革对教育而言并非是好事，一方面这样的课程改革通常是不连贯的；另一方面因为每次改革的准备期与执行期间隔较为短暂，缺少完善的评价体制，尤其是缺乏对前一次课程改革执行情况的有效评判和修订。这样必然对教育与课程的发展产生不利，无论是法国教育部还是地方学校都很无奈。因为任何一项课程改革都需要一年以上的时间去讨论，考虑全面后再逐步推进、落实和调整。但实际情况是前一次的课程改革尚未出现效果，就到了换届的时候，新的总统或者教育部长就会按照其执政理念推出新的改革方案。这种做法难免会引起国民教育部许多官员和广大师生的不信任，也给法国基础教育带来了更多的新问题，严重影响了课程改革的

---

[1] 任庆月：《课程的政治学基础研究》，硕士学位论文，天津师范大学，2013 年。

连贯性和有效性。

（二）理想化的课程改革遭遇现实困境

法国一直被誉为浪漫主义且带有一种理想化色彩的国家。这种理想化色彩或多或少影响着法国的基础教育课程改革。1997年法国国民教育部发布的《为了二十一世纪的高中》一文指出，高中的任务就是让所有学生获得基本的知识。而在2004年《为了全体学生的成功》中提出"必不可少的共同基础"后，法国政府根据这一核心概念制定出《学校未来的导向与纲要法》，对完成基础教育课程学习的学生应当具备的知识和能力进行了严格的规定，并要求所有学生都要达到这一标准。2010年法国实施了新一轮高中课程改革，其目的是确保每一位高中生都能成功。此后的《重建共和国学校方向与规划法》中提到让所有学生的知识、能力和文化水平都得到提高。回顾法国20世纪90年代以来的课程改革进程，让每个学生掌握基础知识和基本能力和让全体学生成功，都出现在历次改革报告和官方文件当中。然而，这样的一种理想化色彩，在落实的过程中饱受各方的质疑。最明显的就是2010年法国新一轮的高中课程改革中，法国政府认为通过改革可以较为有效地缩减学生的课时，并将一部分课时分给个性化辅导，有利于帮助所有学生取得成功。这样的改革看似是相当合理的，但问题是虽然减少了教师的教学时数，但总的课程内容没有减少。这样就给教师带来了巨大的挑战。在有限的课时内，未减少原有的课程内容，却要求学生在减少课时的条件下具备更快地接受适应知识的能力。如果学生无法在课时减少的情况下，掌握课程知识，就很有可能产生学业失败，从而导致厌学的情绪和行为。这无异于与"使每位高中生成功"的改革理念相悖。因此，法国的基础教育课程改革过于理想化，很难在实践中推行。对于这种情况，有不少的法国教师表达了不满，他们认为政府的改革过于理想化，缺少很多配套课程改革措施，而且改革内容过于空乏，考虑并不充分，并无具体详细的步骤供参照。

（三）大量移民涌入带来新的教育问题

2000年世界经济合作与发展组织（OECD）的数据显示，"法国年龄为15岁的移民子女在法国学校学习的分布呈现不均衡现象。法国的移民子女大多集中在有移民子女学生众多的学校学习,有超过 40% 的移民子女学生集中在法国 5.9% 的学校学习;而其余法国 41.7% 的学校里却仅有约 10% 的移民子女"[1]。所以,让移民儿童通过课程学习后获得与本土儿童一样的知识和能力也是法国 21 世纪课程改革的重点之一。然而,法国基础教育中存在的移民子女教育问题并没有得到妥善的解决,突出表现在移民儿童所使用的官方教材上。这种教材没有对刚进入法国的非法语区的孩子的课程需求做出调整和回应。法国的研究者曾对法国埃皮雷中学接收班教师所做的学科分配比例进行了调查,26 名教师中包括了 5 名英语教师、7 名法语教师、5 名数学教师、2 名法国历史地理教师、2 名世界历史地理教师、2 名物理与科学教师、2 名德语教师和 1 名技术教师。这些教师虽然多聘请于外国,但这些教师在培训之后承担的课程还是法国文化课程,并没有专门设立课程来保护移民儿童的文化。这让移民儿童及其家长很难接受。实际上,法国长期以来一直将移民子女的教育问题放在十分突出的位置,采取多种措施解决这一问题:加强移民儿童法语知识的教育;为缺乏法语知识的外国学龄儿童提供特别帮助;加强移民儿童对法国历史文化的了解和认同,等等。但是欧盟 2015 年发布的《教育和培训检测报告 2015——法国》(Education and Training Monitor 2015 France)显示:具有移民背景的年轻人在离开学校的时候仅仅具有中等教育水平的学历,而且现在拥有这种学历的工作前景呈现明显的恶化趋势。[2]

法国总统奥朗德在 2015 年年底明确表示:在未来的两年中,法国愿意接收 3 万名难民。这意味着会有更多的具有移民背景的适龄儿童来到法国的学校。然而,如何为更多的移民适龄儿童设置相应补偿课程以及怎样解决他们在中小学课程学习过程中遇到的困难,帮助他们更好地跟上法国学校的节奏,这是摆在法国政府和教育部面前必须考虑的重要问题。

---

[1] Eurydice European Unit, "Integrating Immigrant Children into Schools in Europe", June 2004, pp. 28 – 29, April 2010, http://eacea.ec.europa.eu/eurydice/ressources/eurydice/pdf/045EN/013_references_045EN.pdf.

[2] European Commission, "Education and Training Monitor 2015 France", September 2015, http://ec.europa.eu/education/tools/docs/2015/monitor2015_france_en.pdf.

(四)学业失败尚未解决,教育公平依旧遥远

解决基础教育存在的学业失败问题是法国21世纪课程改革的重点之一。但是,时至今日这个问题依旧没有完全解决。有资料显示,"在小学结束的时候,有25%的学生学习存在困难,15%的学生学习极度困难。之后,学习优秀的学生和学习困难的学生之间的差距越来越大。初中一年级学生中近五分之一存在书写困难。而2000年至2009年间,15岁学生中书写极度困难者的比例由15%增加到20%"①。截止到2011年,18—24岁的年轻人中仍有12%的学生不能完成学业。另外,每年有约15万名初中生拿不到毕业证书,28%的高中生拿到毕业证书。2015年11月,欧盟最新公布的《法国2015教育与训练监控》(Education and Training Monitor 2015 France)的报告中显示,2014年法国15岁以下三门基础学科的学业失败者比例略高于欧盟的平均值,其中,阅读为18.9%、数学为22.4%、科学为18.7%。而欧盟三科的平均值分别是17.8%、22.1%、16.6%。②

除了学业失败问题,教育公平也是法国基础教育课程改革中没有充分解决的问题。在法国,来自他国的移民呈现逐年递增的趋势。根据联合国2010年的不完全统计,法国接受各类移民的数量已经超过720万人,并且仍在逐年增加。这些移民中的绝大多数来自北非和西非国家,从社会经济水平来看他们处于法国的最底层,通常属于经济极为困难的家庭。虽然法国历届政府都呼喊"教育公平,人人平等",可实际情况是来自这些家庭的孩子大多不能完成学校的课程。PISA的测试结果显示,法国困难学生有所增加。这意味着从2003年至2012年这段时期法国学生的学业差距在逐步扩大。有报告指出,2003年至2006年教育不平等现象尤其明显。③ 这说明法国至今仍然没有彻底解决由来已久的学业失败问题,而

---

① 王晓辉:《重建共和国学校——法国当前基础教育改革》,《比较教育研究》2015年第4期。

② European Commission,"Education and Training Monitor 2015 France", September 2015, http://ec.europa.eu/education/tools/docs/2015/monitor2015-france_en.pdf.

③ 张梦琦:《国际学生评估:法国名次下降,教育不平等加剧》,《比较教育研究》2014年第2期。

且随着更多难民的涌入，教育公平也成了法国政府更加棘手的改革难题。

四 新世纪以来法国基础教育课程改革对我国的启示

新世纪以来法国不断对本国课程进行有针对性的改革。法国与我国同为中央集权制国家，虽然在社会价值观念、历史文化习俗等方面有着显著的差异，但是我们还是可以从其基础教育课程改革的经验与教训中找到许多值得学习和借鉴的地方。

（一）推动课程改革方案的民主化和法制化建设

进入21世纪，我国陆续颁布了多部涉及基础教育课程改革的方案。然而在制定这些改革方案的时候，我们还不能广泛地征求和兼顾来自各界的意见，特别是来自学生和家长的建议。法国在这方面给我们做了很好的示范。法国的多项课程改革法案的制定、颁布、实施均需要经历一个极为复杂的过程。在这个过程中，社会中的每个成员都可以参与教育决策咨询、监督、评估教育政策。如法国政府为了制定《重建共和国学校方向与规划法》，就多次组织全国性的协商会议，每个专题研讨会持续时间在300个小时以上。有大约17万名网民访问过法国教育部专设的网站，发表意见的网民有8200位之多。

另一方面，我国课程改革方案一般是以"纲要"或"意见"的形式颁布的，尚未上升至法律的意志。由于不像法律那样具有强制约束力，这就使得"纲要"或"意见"中的若干措施在实施的过程中难以得到有效的落实。有些地方政府或学校虽然表面上积极响应基础教育课程改革，但在真正实施的时候时常会出现违背改革初衷的现象。还有一些部门或学校，由于本身执行力较差，弱化了基础教育课程改革方案的尊严。这样不仅会延缓我国21世纪教育事业发展的进程，还会影响政府部门在课程改革中的公信力。"历史证明，没有教育立法，教育事业的发展就难以得到有效保障。教育立法保证国家的教育政策得以贯彻执行。"[①] 所以，

---

① 吴式颖：《中外教育比较史纲》，山东教育出版社1997年版，第865页。

推动课程改革的法制化势在必行。法国在这方面为我们带来了一些启示。法国的课程改革法案已经形成了一个较为严密完整的教育法规体系。课程立法更加明确了课程领域的权利和义务的关系。进入 21 世纪以后,法国的多项课程改革都是通过政府立法来确立的。在广泛征求意见的基础上,最后通过国民议会和参议院分别讨论才最终通过这些法案。对于目前我国基础教育课程改革来讲,我们应当深入学习法国基础教育"立法"精神和全面参与的过程。由于决策者和实施者分别具有不同利益目标,改革意图往往在方案实行过程中容易造成"变形"。这就需要我们在制定改革方案的时候必须要学会综合考虑来自社会各界的意见,尤其是要倾听民间的声音。此外,我国也亟须培养出一批有思想、具备科学精神的民间教育团体,只有这样才能推动课程改革的法制化和民主化。

(二)灵活设置课程,促进学生的个性化发展

法国政府和学校历来重视学生的个性发展。进入 21 世纪之后,法国在强调"共同基础"突出重点课程的同时,又不忽视对学生进行个性化教育。为了满足学生的个性化需求,法国政府灵活设置课程,鼓励学生发现自己的兴趣所在。一方面,制定一系列关于保障学生权益及学习的文件,为学生的发展提供文件保障。2007 年时任法国总统萨科齐发表了《致教育者的一封信》。这封长达 32 页的信包含了法国政府对学生发展和学校教育的期望。另一方面,学校课程设置尽量做到多样化与灵活化,努力做到个性化,满足学生的不同需求,促进学生多元发展。在 2010 年的高中课程改革中,法国尝试提供多种课程组合供学生们选择,目的就是要让学生发现自己未来职业兴趣,选择适合自己的大学专业,以促进其个性化的发展。

我国在 21 世纪"基础教育课程改革的一个重要目标就是以学生为本,反对杜威主义的精英主义,致力于教育机会均等和追求社会主义,以帮助文化背景各异的所有学生都获得全面发展"[①]。2014 年国务院公布的《关于深化考试招生制度改革的实施意见》也明确地提出,要"坚持

---

① 靳玉乐:《多元文化背景中基础教育课程改革的基本思路》,《教育研究》2003 年第 12 期。

育人为本，遵循教育规律。把促进学生健康成长成才作为改革的出发点和落脚点"①。可是，具体到实践层面我国还是做得略显不足，尤其是在课程设置上还不能很好地满足实际需要。每个学生都是独立的个体，让每个独立的个体学习同样的课程会造成他们个性特点的缺失。不少学校课程设置单一，缺乏灵活性；更有一些学校碍于高考升学的压力，对非考试科目少开或不开。这种做法严重阻碍了学生的个性发展。增强课程设置的灵活性是满足学生个性发展的一个重要途径。在当下文理不分科的背景下，我国可以借鉴法国课程设置的改革经验，为学生提供多种课程组合。在今后的课程设置中可以不局限于语、数、外、史、地、政、理、化、生等传统科目设置，更应当考虑学生的多元需求，增设更多模块满足学生发展需要。除此之外，在课程改革中尽量帮助学生发现自己的兴趣点和职业兴趣，满足学生的个性化发展。

（三）提升教师素质，形成师资培训体系

随着我国教育事业的发展和学生水平的不断提升，教育工作者的素质愈来愈受到关注。教师对学生的发展至关重要，保障教师的地位与提高教师的素质历来是各国政府在课程改革中重视的一个环节，也是课程改革顺利运行的重要保障。法国在开展课程改革中比较注重提升教师素质，陆续出台与之配套的教师改革方案。我国同样重视教师的素质，在21世纪的课程改革中也颁布了一些教师改革方案。但在实际改革中，教师配置和教师素质以及教师的地位情况均不甚理想。《国家教育督导报告——2014年全国义务教育均衡发展督导评估》指出，教师队伍建设存在薄弱环节，部分学校生师比例失衡，教师年龄结构不合理，专业化水平低，英语、音乐、体育、美术和信息技术等学科专任教师短缺，校际间中高级职称教师比例分布不平衡。②

在法国，教师这一职业属于公务员，有相关的法律法规保证教师的

---

① 《国务院关于深化考试招生制度改革的实施意见》，2014年9月4日，中央人民政府门户网站（http：//www.gov.cn/zhengce/content/2014 - 09/04/content_9065.htm）。
② 国务院教育督导委员会办公室：《国家教育督导报告——2014年全国义务教育均衡发展督导评估》，2015年4月2日，教育部门户网站（http：//www.moe.edu.cn/publicfiles/business/htmlfiles/moe/s8663/201504/185527.html）。

地位和薪资待遇。而在我国,只是规定了教师的平均工资不低于或者高于国家公务员的平均工资水平。录用标准上,我们可以借鉴法国的做法,提高教师最低学历。在师资培训上,法国注重学生的教学能力,尤其是对实习阶段格外重视,不仅在大学阶段为学生提供实习机会,还将学生应完成的实践活动以制度的形式固定下来。我国师范教育重视学生课本知识学习,但在教师实习环节存在很大的问题。对学生实习结果缺乏必要的标准与监控,同时实习阶段时间设置短,时常会出现教育实际与教育理论脱节的现象。我们可以在具备相关资格的高校中设立专门教师学院,为每一个愿意成为教师的在读或者已经毕业的学生提供教师培训。

(四) 多管齐下,落实基础教育公平

教育公平是社会公平的重要基础,也是现代教育的必然选择。众所周知,法国一直存在教育不平等和公平度低的问题。因此,从希拉克到萨科齐再到奥朗德的三届法国政府,都致力于解决教育不公问题。具体来看,首先是以法案的形式强制规定了教育公平的目标。《重建共和国学校方向与规划法》中就提出,在基础教育未来5年内要"缩小因地理位置和社会阶层不同而产生的不平等,打造让所有人成功的新教育,将小学五年级学生间的各项能力差异降低到10%以下"[①]。再有就是倡导构建"共同基础"和"共同文化"缩小学生之间成绩差距,保证各阶段学生在毕业的时候都可以达到一般知识能力标准。最后是在改革过程中,对学校提出了多项标准和要求。如《学校未来的导向与纲要法》的附加报告提到要建立公正的学校、有效率的学校、开放的学校。而在《重建共和国学校方向与规划法》中则提到通过建设公正、高水平和包容的学校来减少不平等。由此可见,法国采取了多种措施来减少不平等,落实基础教育公平。

如何落实教育公平一直是我国亟须解决的重要问题。有时,我们会将教育公平局限于资源或就学问题上。实际上,教育资源和就学机会不平等只是教育不公的重要表现的一部分。《国家教育督导报告2005——义

---

① 刘京玉:《重建教育公平:法国重建共和国基础教育规划法解读》,《世界教育信息》2013年第20期。

务教育均衡发展：公平教育资源配置状况》显示，在生均拨款水平、校舍建设面积、生均教学仪器设备、中级职务教师比例等方面东部与中西部地区、城市与农村地区、市中心与城郊地区还是会出现教育资源配置的差距。[①] 因此，为了争夺优质的教育资源，家长努力送自己的孩子去好的学校。我国教育部为了缓解"择校热"的现象，采取了分学区就近入学的办法。但实际上这是一种治标不治本的办法。这种手段取消了家长和学生选择的权利，变相地带来了更多的社会问题，违背了教育公平的初衷。法国与我国一样都属于中央集权国家，虽然其领土面积远远小于我国，但是我们仍然可以参考法国教育公平的经验。第一，要明确教育公平的目标，始终围绕这一目标来解决教育不平等。第二，依据"核心素养"构建新的课程体系。近年来，核心素养成了课程乃至整个教育领域的热点问题。教育公平的一个重要组成部分就是输出公平，即在结束学业之后，学生可以平等地具备必需的知识和能力，以适应社会需要。我们在课程改革过程中要确保学生可以平等地拥有基本的知识技能。要想真正解决教育的输出公平还需要加强以"核心素养"为基础的课程体系的建设。第三，要想真正减少教育不平等落实基础教育公平，还需要依靠学校的力量来解决。只有提高学校办学意识和改革意识，多办一些高水平高质量的学校才可能真正解决这一问题。办这样的学校关键还是要在思想意识上有所转变。高质量学校不能只关注升学率，还要在保证学校和课程的运行质量的基础上，既要帮助最弱势的学生，又要鼓励最优秀的学生更进一步。

（和学新、李博）

---

① 国家教育督导团：《国家教育督导报告 2005——义务教育均衡发展：公共教育资源配置状况》，《教育发展研究》2006 年第 5 期。

第十一章

新世纪以来印度基础教育课程改革及其启示

印度是仅次于中国的世界第二大人口大国，20世纪80年代以前印度是世界上最贫穷的国家之一。但如今，印度已成为重要的发展中国家，通过大力发展教育与科技，2001年印度国内生产总值跻身世界十强，科技发展迅速，是世界上最大的软件出口国，实现了跨越式的发展。

为应对新世纪以来的经济、政治、文化等方面的挑战，印度积极开展基础教育课程改革，在1986年《国家教育政策》的基础上相继颁布了许多的教育政策与课程方案，更加深入地开展课程改革。2000年，印度全国教育研究与培训委员会发布了《国家学校教育课程框架：一份讨论稿》（National Curriculum Framework for School Education: A Discussion），指导全国课程改革的推进。印度政府于2001年启动普及初等教育计划（SSA），是新世纪印度普及初等教育的重要指导文件，其目标在于到2010年实现全国6—14岁儿童的教育普及。2005年，印度全国教育研究与培训委员会重新颁布了新的国家课程框架——《2005年国家课程框架》，对2000年的国家课程框架进行批判性的继承。2006年国家计划委员会颁布了《朝向更快、更全面的增长：第十一个五年计划的途径》（Towards Faster and More Inclusive Growth: An Approach to the 11th Five Year Plan），其中涉及了教育方面的相关内容。同年，印度还颁布了《2006年教师教育课程框架》，积极培训课程改革需要的教师。2007年12月，印度批准了2007—2012年《第十一个五年计划》，将推进均衡发展，缩小区域、群体和性别之间的差异，提高教育质量作为重点。[①] 2009 年，《儿童接受免费义务教育权利法案》（RTE Act）获得印度议会通过。2009 年 1 月，印度内阁经济事务委员会正式批准了"普及中等教育计划"并决定于 3 月正式启动，进一步实现了基础教育的普及。21 世纪以来，印度为普及基础教育，提高教育质量进行了一系列改革，从其基础教育课程发展的现状与政策文件，探寻印度课程改革的经验与教训，对我国基础教育课程具有积极的借鉴意义。

一 新世纪以来印度基础教育课程改革的背景分析

（一）国内社会发展的需要

印度是一个多元化的国家，有着丰富多彩的历史、文化和语言，各种信仰、宗教、种族共存，形成了统一中的多元和多元中的统一这一特色。印度国内的种姓制度、农村地区贫困及男女性别差异等众多问题影响着印度基础教育的发展，造成了基础教育阶段教育不公平，教育质量不高。早在公元前 10 世纪至公元前 6 世纪中叶，印度婆罗门教按照其教义将人分为四个等级：婆罗门、刹帝利、吠舍和首陀罗，就此形成了一套严格的等级制度，即种姓制度。印度除了这四个等级的种姓外，还有"表列种姓"和"表列部落"这两种最贫穷、最受歧视的人民。

印度社会等级泾渭分明，不同种姓的经济、社会、文化地位差别巨大，教育机会和教育水平也截然不同。"贫穷""社会地位低""教育水平低"几乎是表列种姓和表列部落的代名词。在印度，学校文化是婆罗门这类上等种姓和阶级的文化，是反对表列种姓和表列部落的文化。这就导致印度基础教育阶段不公平现象屡见不鲜，且越低等级的学生所享受的教育机会越少。印度农村人口众多，环境恶劣，农村教育经费紧张，学校基础设施匮乏，农村教育相比城市教育水平较低，发展缓慢。由于印度千年以来悠久的宗教传统、根深蒂固的封建意识、男尊女卑的传统观念的影响，印度女性的经济、社会地位相对低于男性，教育机会和教

---

① 靳润成：《国际教育政策发展报告》，天津人民出版社 2010 年版，第 306 页。

育水平也不如男性。印度女童的入学率一直低于男童的入学率,特别是乡村地区的女童很少能够接受中学教育。女童的辍学率也普遍高于男童,有研究表明,印度一般女童的辍学率为 47.9%,表列部落的女童辍学率为 71.3%,表列种姓女童的辍学率为 54.1%。由此可见,印度国内由于客观条件的制约,基础教育阶段教育机会和教育水平发展不均衡,教育质量有待于进一步提高。因此,印度必须全面推进基础教育课程改革,促进基础教育公平,提高基础教育质量。

(二) 国际知识经济全球化发展的挑战

新世纪以来,世界经济、政治、文化等飞速发展,不断变化,世界各国为应对新世纪国际知识经济全球化发展的各种挑战,积极寻求变革。为提升国际竞争力,文化软实力成为变革的突破口。发展文化软实力,需要加强知识经济建设,促进知识的广泛传播与发展。因此,知识经济是影响世界各国发展的重要因素之一。知识经济的发展离不开知识的继承与创新,知识的继承与创新依赖于教育。此时,教育被视为使人类朝着和平、自由和社会正义迈进的一张必不可少的王牌。[1] 教育的发展需要在基础教育课程改革中逐渐落实,为学生的终身发展打下良好基础。作为终身学习者,学生必须将其埋藏在灵魂深处的所有才能都发挥出来,以实现对现代化世界中的变革、知识的扩张与爆炸及自身的角色转变的快速感知。为实现学生个体潜能的发挥,基础教育课程改革要求学校课程和学科应为学生下一阶段的深入学习打下基础,学生需要掌握语言、信息和交流技能等工具学科的内容,形成相应的理解力,从而为他们进一步学习做准备。[2]

印度自独立以来就十分重视人才培养,强调以人力资源开发作为未来国际竞争中的有力武器,大力发展教育,推进基础教育课程改革,培养人才,力图以教育和科技促进其综合国力的增长。20 世纪 80 年代后,印度明确提出其国家发展战略:营造有利的国际环境,以先进的科学技术促进发展,通过人力资源开发振兴经济,努力增强综合国力,力争使

---

[1] 联合国教科文组织:《教育——财富蕴藏其中》,教育科学出版社 1996 年版,第 1 页。
[2] 赵忠建:《印度基础教育》,广东教育出版社 2007 年版,第 39 页。

印度在21世纪成为世界瞩目的强国，在亚洲、印度洋地区乃至更大范围发挥重要作用。① 印度于2004年出版的《2020年愿景报告》中提出，教育的总目标在于创建知识型、学习型社会，培养学生获得自我成长的机会和过高品质生活的能力。这些发展战略与报告表明，印度着力推进基础教育课程改革是应对新世纪以来人才培养和经济社会全球化的重要举措。

（三）顺应世界基础教育课程改革的潮流

21世纪以来，知识经济迅速发展，世界各国为保持其在国际竞争中的有利地位，积极开展基础教育课程改革，纷纷以文本的形式展现对基础教育课程改革的重视。2001年美国政府由布什总统签署了《不让一个孩子掉队》法案（No Child Left Behind Act），目的在于追求教育公平、提高教育质量。2015年奥巴马总统签署了《每一个学生成功法案》，将教育的权力归还给各州和学区。英国自20世纪80年代以来，每5年进行一次基础教育课程改革，顺应时代要求对课程内容、课程结构进行变革，强调学生对世界和社会适应性的培养。② 法国在2004年《为了全体学生的成功》和2005年《学校未来的导向与纲要法》的指导下，全面推进基础教育课程改革，要求在义务教育普及的前提下实现教育内容的平等，让所有学生拥有共同的基础与能力。③ 俄罗斯在《联邦教育发展纲要》这一文件的指导下，开始了新世纪的基础教育课程改革。俄罗斯课程改革的课程理念是以人为本、公平平等，力图实现基础教育全面协调、循序渐进，课程设置强调学生负担合理、侧重专业学习，课程内容以人文关怀、务实应用为特点，课程评价的方式是统一考试，课程管理模式是三级管理、自主赋权。④ 在国际层面上，联合国教科文组织在1996年出版的

---

① 马加力：《当今印度教育概览》，河南教育出版社1994年版，第23页。
② 王建梁、郭万婷：《融入全球　追求卓越——澳大利亚国家课程的特点与启示》，《外国中小学教育》2014年第3期。
③ 和学新、李博：《21世纪以来法国基础教育课程改革及其启示》，《教师教育学报》2016年第5期。
④ 和学新、高飞：《新世纪以来俄罗斯基础教育课程改革及其启示》，《当代教育与文化》2014年第1期。

《教育——财富蕴藏其中》一书全面审视了国际教育形势并提出长远发展战略的建议。2015年,联合国教科文组织出版了《反思教育:向"全球共同利益"的理念转变》,对新时期的教育再一次做出高瞻远瞩的思考。新世纪以来,世界各国都纷纷进行课程改革,印度也不甘落后,全面开展基础教育课程改革,通过颁布国家课程框架,实施初等教育普及计划等举措,促进印度基础教育公平,提升基础教育质量。

二 新世纪以来印度基础教育课程改革的主要内容

(一)课程理念:以学生为中心

自独立后,印度经历了数次课程改革,在调整与修正中逐渐形成了以学生为中心的课程理念,这一理念贯穿于整个课程体系,蕴含于课程目标、课程内容、课程设置、课程评价、课程管理等课程的各个方面。1986年《国家教育政策》(1992年修订版)设想了一个以儿童为中心的方式来推动儿童的广泛入学和保持,以及学校质量的持续提高。[①] 例如,在修订版中提出,在初级小学采用一种以儿童为中心和以活动为基础的学习过程,关心儿童的需要。体罚将从教育制度中坚决消除掉,学校作息表和假期要调整以便利儿童。[②] 2000年,《国家课程框架》从18个方面规定了课程的目标,如课程内容应把普通教育与生活技能联系起来,注重学生对知识的理解、减轻学生的负担等,这些目标均体现了以学生为中心的课程理念。2005年《国家课程框架》进一步深化这一理念,促进学生角色的转变,推进学生自主建构知识,参与学校管理。课程内容的选择要考虑学生的身心发展规律,保护学生的好奇心和自信心。21世纪以来,印度颁布的各项教育政策都充分考虑学生的利益,保证学生的权利,实现了以学生为中心。

---

① "National Curriculum Framework 2005", http://www.ncert.nic.in/welcome.htm.
② 安双宏:《印度教育战略研究》,浙江教育出版社2013年版,第229页。

(二)课程目标：注重发展学生的能力，减轻学生负担

新世纪以来，印度基础教育课程改革尤其注重发展学生能力，减轻学生负担。在 1993 年，印度国家教育咨询委员会针对学生的学习压力进行了全国调查，形成了《没有负担的学习》（Learning Without Burden）这一报告，提出除非我们改变学生是知识的接受者这一观念，否则学习不会是一种愉悦的体验。这表明，在课程改革中要实现学生角色的转变，从知识的接受者转变为知识的建构者，从而减轻学生的负担。2000 年，《国家课程框架》着重强调解决学生的课程负担这一问题，提出了不仅要关注学生认知能力的发展，更要重视学生非认知能力的培养。2005 年，《国家课程框架》提出，要转变对学生记忆能力的考查，而是要注重对学生应用知识解决问题能力的培养，还应该精简课程内容，减轻学生负担。各个科目都对课程内容进行了更新和删减，减轻学生的负担。如印地语课程的内容大幅度减少，并且一、三、六、九和十一年级将取消印地语课本。对此官方的解释是，那些古老的词汇和语法没有必要再纳入课程领域。[①] 由此可见，印度在基础教育课程改革中重视发展学生的认知、情感、行为方面的能力，强调通过学生自主建构知识及精简课程内容实现学生课程负担的减轻。

(三)课程内容：重视学生的主体建构

印度的课程改革坚持建构主义为指导思想。建构主义观点认为，学习是一个知识建构的过程。学习者积极通过将新知识与以往的材料与活动提供的旧知识联系起来进行知识建构。首先，课程内容的选择应加强其与生活的联系。有些课程知识往往以技能的形式出现在学校外、家里或社区，鼓励学生将课程知识与学生已有的经验联系，而不是简单地记住并正确回答问题。课程内容应鼓励学生积极参与涉及探究、探索、质疑、辩论、应用与反思、理论建构与思想创造新的活动。如《2005 年国家课程框架》提出，初小阶段语言课程的主要内容为母语和印地语，主要是由于学生在学前阶段已经成熟地掌握了其母语，继续学习和使用母

---

① 刘媛媛：《当代印度基础教育课程改革研究》，硕士学位论文，南京师范大学，2008 年。

语能够使其将学校的课程知识与生活联系起来,进行知识的内化与建构。其次,课程内容选择的范围不仅仅局限于课本,而是积极探索图书馆、实验室、家庭、社区等课程资源。学生的知识建构是一个动态的、连续的过程,这不仅发生在学校内,学生在家庭、社区等其他校外地区也无时无刻不在进行知识建构。如在学习科学、社会科学课程时,学生参观周围社区的自然环境和人文环境,积极探索周围的世界,将其作为学习的平台。另外,学校也主动邀请家长、社区进入学校,建立家长委员会,允许学校与社区共享各种设施、资源等,这些课程资源不仅能够扩展学生的视野,培养学生的创新思维,也能增强学生的社会实践能力。最后,课程内容的选择重视信息技术的发展。2001年,印度政府决定将信息技术教育引入教学大纲,在中小学各年级开始信息技术教育课程。[①] 借助于科学技术的应用,学生能够获得更多的课程资源,实现课程资源的共享,这不仅能促进学生自身的知识建构,也能推动学生、教师之间的交流。

(四) 课程设置:各个阶段相互衔接

在印度,基础教育阶段的课程包括语言、数学、科学、社会科学、艺术、健康与体育这6个部分。在印度,语言是建构知识的媒介,与学生的思想、身份紧密相连;学校数学课程能够培养学生的逻辑推理能力和抽象思维;科学课程被视为实现社会变革的工具,能够缩小经济阶层、性别划分、种姓、宗教和地区的差距;社会科学的视角与知识是建构公正、和平社会的知识基础所不可或缺的;在学生的正规教育阶段,如果要保持文化的独特性,整合艺术教育的要求需要被十分关注;健康是儿童全面发展的关键因素,影响着儿童的身体、社会、情绪和精神发展。除了这6个方面,基础教育阶段的课程内容还包括工作教育、和平教育和价值观教育等,主要通过以上6个部分进行渗透教育。每一阶段的课程设置都兼具人文性和科学性,不仅重视理科课程的设置,而且将人文学科与艺术设为必修课,培养学生的人文素养与审美观。在印度,随着学生年级的升高,课程内容的深度与广度不断拓展,各个阶段相互衔接,如表11—1所示。

---

① 赵中建:《印度基础教育》,广东教育出版社2007年版,第48页。

表 11—1　　　　　　　印度中小学不同学段课程内容要求

	语言	数学	科学	社会科学	艺术	健康与体育
初小阶段	母语和印地语	通过游戏掌握数字、数字运算、形状、空间、模型、测量和数据处理	观察物理和生物环境，探索周围世界并与之和谐相处	通过语言、数学、科学等渗透自然与社会环境知识	音乐、舞蹈、视觉艺术、戏剧	健康教育、游戏、运动
高小阶段	实行"三种语言教育方案"：母语、印地语、英语	代数符号及应用、空间和形状的系统研究、测量、数据处理	环境、健康与性教育，并通过科学活动与体验获得科学概念	历史、地理、政治、经济		
初中阶段		几何、代数、数学建模、数据分析和解释	综合学科，通过系统的科学实验掌握科学方法与知识	历史、地理、社会、政治、经济	学生学习自己感兴趣的专门领域及艺术理论，培养审美感	健康教育、生理教育、瑜伽等
高中阶段		数学知识的应用	单独学科，强调实验、技术与问题解决	政治、地理、历史、经济、心理、商务（选修）		

（五）课程评价：重视形成性评价

良好的课程评价既有利于学生的学习，教师的教学，还能为课程发展提供可信的反馈。以往印度的教育评价体系中，课程评价往往与考试、压力和焦虑密切联系。但在新世纪以来，印度试图打破以考查知识记忆为目的的课程评价理念，课程评价从基于学习内容的评价转向解决问题和发展能力为基础的测试，课程评价努力使学习和教学对儿童而言是有意义的、快乐的。课程评价不是为了给学生排名或贴上标签，而是要重点关注学生的学习质量及能力发展与进步。2005年国家课程框架中提出，印度流行一种观点认为课程评价的意义在于明确学生学习中需要纠正的地方，从而参加纠正性的教学。但纠正这一概念的应用要被限制在某些特殊的方面，比如对于读写或计算方面存在问题的学生，教师可以采取一些特殊的训练进行纠正。评价内容不仅包括认知领域，还包括儿童发展的其他方面比如健康、身体适应性、游戏中的能力和社会技能以及在艺术和工艺制作上的能力等。

由于学习者的个性不同，教学过程对于个体的效果也不同，期望所有的学生在每个主题都表现出相同的能力水平，以达到下一级教育目标是不合理的。"考试适合所有"的原则，虽然在组织上比较方便，但忽视了以学生为中心的理念。印度课程评价形式结合了形成性评价与终结性评价，持续的动态的形成性评价主要是在学生学习中的观察与定性评估，其中一种重要的方法就是教师的报告卡片与日记，比如《2005年国家课程框架》中摘录了一位教师的日记中对于某个学生具体读书行为的评价。对于那些不能直接通过考试评价的特殊领域，如工作、健康、瑜伽、体育、音乐和艺术，可以通过考察学生的兴趣和参与程度，以及能力和技能在多大程度上得到提升来考查。课程评价方法灵活，除了在考场内的纸笔测试，还有多种多样的评价方式，比如口试和小组工作评价，开卷考试和不限时考试也在小范围试点开展。这些革新将考试的焦点从记忆测试转向检查更高级别的能力，如解释、分析和解决问题的能力的检查。

（六）课程管理：统一与多元矛盾对立

印度实行三级课程管理体制，中央一级、邦一级、县一级。印度课程管理上存在统一与多元之间的复杂矛盾，在国家层面，多元化占主导地位，缺少一个统一的、能够保证全国范围内教育质量提高的课程体系，同时在邦内部又实行集权管理，各个区县缺乏对课程的决策权，地区、学校和教师在课程管理上处于弱势，缺少实际权力。新世纪以来，印度《2000年国家课程框架》和《2005年国家课程框架》都强调国家意识，重视建立全国统一的国家课程体系，同时也要保持各邦县地方的特色。

《2005年国家课程框架》提出，由于多元子系统及多种类型学校对整个教育体系发展存在不利之处，印度迫切需要建立统一的学校体系，以促进不同地区教育质量比较关系的建立，这也是提出国家课程框架的重要目的之一。建立统一的国家课程体系，可以保证不同阶级、不同地区学生的学习水平和学习质量，提升学校建设的整体水平。为实现课程体系的全国统一和保持每一学校的特色，建立国家课程体系需要结合课程发展的灵活性、多样性和情境化。[①]

印度的基础教育学制为"10+2"模式。初等教育的年限为8年，主要分为两个阶段，一至五年级为初级阶段，由初级小学实施教育；六至八年级为高级阶段，在高级小学开展教育活动。中等教育的年限为4年，初中（九至十年级），高中（十一至十二年级）。由于印度邦县地区经济社会发展水平不同，教育发展程度也不一，其实目前为止并未真正实现统一的学制。

（七）师资建设：完备教师教育课程体系建设

自1978年开始，印度几乎每隔十年提出并更新教师教育课程框架。1978年，印度颁布了政策性文件《教师教育课程：一种框架》（Teacher Education Curriculum: A Framework），强调重视教师专业发展，将教师、教师教育放在基础教育课程改革的重点位置。该文件提出，要培养具有敏锐社会意识和高度责任感的教师，必须扩展教师的视野，通过加强交流与合作，将教师专业发展置于真实的社会生活环境中，促进教师专业素养与专业水平的提高。1988年颁布的《教师教育课程框架》提出应培养教师掌握一定的技能，对弱势群体学生进行教育，促进全民教育的实现。1998年出台的《高质量教师教育课程框架》将教师教育课程划分为普通学校教师的课程框架和特殊学校教师的课程框架。印度全国教师教育委员会于2009年推出了《教师教育国家课程框架》，新的国家课程框架将教师教育课程分为三大领域：教育基础、课程与教学、学校实习。由于印度各邦自主管理教育事务，各地的中小学教师教育在课程年限、课程结构与课程内容上不完全相同。

---

① "National Curriculum Framework 2005"，http://www.ncert.nic.in/welcome.htm.

1. 颁布教师入职资格标准

为提升教师的学历资质和教学水平，印度严格设定了教师的入职标准，进而提高教学质量，促进教育公平。印度对于教师资格的取得有严格要求：接受专业的教师教育培训，通过全国教师资格考试。印度全国教师教育委员会在2010年颁布了《义务教育教师任职最低资格标准》，对教师的入职标准做了严格的规定。初级小学教师教育主要实行"12 + 2"模式，即要成为教师，必须在接受并完成高中教育后，再进行两年专业教师教育课程培训，获得初等教育专业学习文凭，并取得教育资格证。高级小学教师教育主要实行"12 + 4"模式或者在大学本科毕业后继续学习教育专业一年。"12 + 4"模式主要是指要成为教师，必须在接受并完成高中教育后，再进行四年专业教师教育课程培训，获得初等教育专业学士文凭，并取得教育资格证。初中教师入职前必须通过大学本科教育，获得文学或理学学士学位后，再接受一年的教师教育训练。要成为高中教师，必须完成研究生教育，获得文学或理学硕士学位，再接受一年的教师专业培训，方可入职上岗。印度严格规定基础教育阶段教师的学历资质，并要求教师入职前必须通过教师专业培训，优化了教师队伍，提高了教师的整体素质，对提高基础教育阶段的教育质量有积极的促进作用。

2. 制定统一的教师教育培训课程

印度教师教育全国委员会对教师教育的培训目标、课程内容及每部分课程内容的比例关系等做了规定。印度教师教育培训的总体目标在于培育一支高素质的具有人文情怀的专业化教师队伍，促进教育质量的逐步提升。教师不仅要传授学生知识和信息，也要培养学生身体、道德、兴趣等的全面发展。1978年《教师教育课程：一种框架》中提出，教师教育的课程内容主要包括三个部分：教育心理学类学科；学科内容及教学法、教学实习；社会活动，三个部分所占学时的百分比分别为：20%、60%、20%。① 通过将理论学习与教学实践相结合，教师能够在未来的教育过程中更加得心应手，且有助于教师专业化的发展。教师教育课程中十分重视教学实习这部分内容，规定教学实习的总时数不低于12—20周，

---

① 王婧：《印度教师教育课程计划研究》，硕士学位论文，哈尔滨师范大学，2011年。

每周不得少于 4 天。在实习开始之前，教师应先到学校实地观察，进行课堂研究，参与教学资源建设。在进入学校实习之后，教师要积极参加学校的各项活动，详细记录实习期间学生的问题与表现，反思自己的教学行为。① 另外，印度也非常重视教师教育课程内容的更新。从 1978 年颁布的《教师教育课程：一种框架》到 2009 年的《教师教育国家课程框架》，教师教育课程内容随着时代的发展而不断变化，在继承优秀传统的基础上将新时代的理论融入其中，使得课程内容在保持其稳定性的同时具有一定的灵活性。

印度基础教育阶段教师入职门槛严格，教师教育课程内容系统，培育了一批高素质的教师人才，促进了基础教育教学质量的提高。

三　新世纪以来印度基础教育课程改革存在的问题

（一）基础教育尚未完全普及

新世纪以来，印度十分关注基础教育的普及，通过一系列的政策与文件努力实现全民教育，但效果却不尽如人意。印度人力资源开发部报告显示，印度在新世纪以来初等教育入学率大幅增长，但中等教育入学率却无明显提高，且初等教育与中等教育辍学率持续升高。1997—1998 年，印度初等教育的毛入学率为 58.5%，到 2006—2007 年增长为 73.6%。虽然入学率有了较大幅度的增长，但辍学率却仍居高不下。1997—1998 年印度辍学率为 54.14%，2006—2007 年为 46%。印度基础教育普及还未完全实现。

（二）统一学制尚未取得完全成功

印度基础教育阶段"10+2"的学制模式原则上已经在文件政策中确立，但由于印度邦县教育发展程度不同，实际的实施情况却不容乐观。到 2007 年，印度 34 个一级行政区中，十年制普通学校的实行情况大不相同。有 18 个区实行"5+3+2"模式，有 12 个区实行"4+3+3"模式，

---

① 王婧：《印度教师教育课程计划研究》，硕士学位论文，哈尔滨师范大学，2011 年。

有3个区实行"5+2+3"模式,有1个区实行"4+4+2"模式。由此可知,印度基础教育并未真正实现统一学制结构。①

(三) 课程内容与生活实践脱节

印度基础教育阶段中,课程内容与实际生活脱节的情况比比皆是,存在于各级各类学校,甚至是各科目教学中,如科学、社会、语言、艺术课等。由于印度课程权力分散于各邦,各邦可以自主选择课程内容。但由于各邦下属的各级各类学校缺少课程话语权,课程内容的选择往往又忽视了学校、教师与学生的实际生活。教科书中的内容往往是精英阶层的文化,与生活联系的部分更多是精英阶层的日程生活,如在教科书中提到的现代化厨房,实际上印度大多数家庭并未见过,学生也根本没有接触过。由于印度语言多样,学校语言教学也经常脱离实际,学生在学校中所学的官方语言是英语、印地语,但实际上其母语却并非这两种语言,学生在语言学习中负担较重。早在1993年,印度国家教育咨询委员会发布的《没有负担的学习》就提出课本内容与儿童日常生活的距离太大,"使得知识转化成了负担"。这个问题同样是2005年课改关注的重点,不仅在课程的内容和教学语言的使用上进行了深入的改革,而且积极探索和尝试有效的教学与实践方式来解决这一问题。

四 新世纪以来印度基础教育课程改革对我国的启示

(一) 树立全球化与本土化和谐统一的课程理念

"全球化"是全世界人民共同面临的一个不可遏制的趋势,任何一个国家想漠视或者阻碍都是不现实的,然而在全球化的浪潮下如何保持本土特色也是各国都十分重视的。全球化与本土化问题是一个"全球"问题,在印度这个有着悠久的历史文化、有着鲜明的民族特色而又积极投身于国际现代化建设大潮中的国家,这个问题尤为突出。在全球化的机

---

① Ministry of Human Resource Development, Government of India, "Status of Education in India: National Report", 2008, p.13.

遇与挑战面前，更要对本土知识和文化进行保护和弘扬。所谓"民族的才是世界的"，民族的传统文化是一个国家的宝贵财富，也是一个国家得以立足于世界民族之林的依据，如果它们在全球化和市场化浪潮下一点点流失或消逝，那不仅是印度人民的损失，也是全世界的损失。印度在积极推进教育现代化、国际化进行中，也注重自身优秀传统文化的继承和发扬。为保持其民族特色，印度在基础教育阶段建立统一的国家课程框架，重视包括印度历史、宪法、文化遗产等内容的教育，同时将这些内容贯穿于各个科目，同时还将不同的传统知识、技能和工艺等丰富的历史文化遗产纳入课程。我国应积极向印度学习，在课程向全球化迈进的同时，发展本土的课程知识，促进两种课程理念的融合，推动我国基础教育课程改革的全球化与本土化进程。

（二）探索与生活实践相联系的课程内容

课程内容生活化是当今世界课程改革的大趋势之一。印度在《2005年国家课程框架》中指出，当前印度基础教育阶段课程内容脱离了实际生活，让学生的学习成为一种孤立的活动。因此，该课程框架指出，课程内容应情境化、真实化，将校内知识与校外生活联系起来，重视学生问题解决能力的培养。始终贯穿于《2005年国家课程框架》一个理念就是儿童只有在感觉自身有价值的环境中才能学习，因此课程内容的选取要尽量贴近儿童的生活。比如本次课改将母语教育提到了前所未有的重要地位，并积极落实。由于印度语言的极其多样，使得很多学校的课程中没有给儿童的母语留下位置，他们在学校使用的语言与家庭中使用的语言不一样，这样就使得儿童对学校的学习内容产生疏离感，并且自己的母语和母语所承载的民族文化得不到学校课程的承认也容易使他们产生自卑情绪从而不利于学习。因此 2005 年印度课改规定在初等教育阶段必须使用母语教学，对于少数部落语言的使用者也必须保证在儿童入学的前两年使用母语教学。我国在新课改以来，也注重学生自主建构课程内容，但在课程内容的选择上还是缺乏同生活与社会的联系，如生命安全教育、健康教育、环境教育等科目只在主要课程科目中泛泛提及，并未单独设科，也未引起重视。课程内容的选择范围也仍局限于学校，缺乏与校外的社区、家长等的联合。因此，我国基础教育课程内容的选择应加强与社会、生活实践的联系，促进学生健康人格的培养。

（三）在统一的基础上发挥地方特色的课程管理

由于受政治、经济等各种因素的影响，印度基础教育课程管理存在多元与统一的矛盾，中央和地方在权力的分配中难以相互配合，造成全国性的课程改革不能有效进行。① 新世纪以来，我国在基础教育课程改革中，实行国家、地方、校本三级管理体制，改变课程权力过于集中的情况，给地方、学校留有伸缩余地，地方和学校获得了一定的课程决策的权力，很多学校已经积极开发了校本课程。国家政策文件虽赋予了全国各地区与学校部分课程权力，但是对于具体如何行使这部分权力，该权力与国家课程管理权的界限等问题尚不明确，我国大部分地区仍缺乏课程管理的意识。因此，我国应主动吸取印度的经验与教训，在国家统一的标准下，将权力下放到地方与学校，根据各个地方与学校的特色开发与管理课程。

（四）设立教师入职标准，制定教师教育课程标准

师资队伍建设是基础教育课程改革的重中之重。为提高教师素养，加强师资建设，印度在教师教育方面做出了很大的努力。印度自1978年颁布《教师教育课程：一种框架》以来，就十分重视教师教育培训，颁布了一系列政策文件促进教师教育发展。2010年8月，印度颁布的《义务教育教师任职最低资格标准》，规定了小学、初中、高中的教师任职最低标准，这不仅提升了教师队伍的整体素质，也有利于学校教学质量的提高。但在我国，2012年9月教育部才制定并印发了《小学教师专业标准（试行）》《中学教师专业标准（试行）》，相比印度而言稍微滞后。印度的教师教育课程设置协调，理论学习与实践操作合理分配，相比我国这方面的探索稍逊于印度。我国教育部于2011年10月开始实施《教师教育课程标准（试行）》，提出了幼儿园、小学和中学的教师教育课程设置标准，探索新时期的教师教育课程体系。在我国，教师教育课程设置不协调，基础课、专业课和教育类课程的学时比例分别为18%、75%和7%。我国的教师

---

① 安双宏：《印度地方教育管理探析》，《黑河学院学报》2010年第1期。

教育培训课程过于强调专业课的学习，而忽视了教育课程的学习，使得教师缺乏教学技能。① 稳步提升教师质量，构建优秀的师资队伍是深化基础教育课程改革的必由之路。因此，我国应该提升教师学历，加大教师职前与职后培训，创新教师教育方式，构建教师教育课程体系。

（五）加大基础教育课程改革投资力度

财政性教育经费占 GDP 的百分比，是国际公认的评价各国教育投入的主要指标，也是反映一个国家教育经费投入能力和重视程度的常用指标。② 新世纪以来，印度加大基础教育投资力度，基础教育经费是高等教育经费的 2 倍以上，公共教育经费占 GDP 比例较高，预算内教育经费占政府公共开支的近 14%。印度总的预算内教育经费从 1990 年的 1961.585 亿卢比增加到 2008 年的 18649.858 亿卢比，其中，基础教育经费占总教育经费的一半以上。③ 相比而言，在中国，教育投入不足，财政性教育经费投入直到 2012 年才实现 1993 年《中国教育改革和发展纲要》提出的 4% 的指标，教育投入倾向于基础教育的比例相对于高等教育而言较低，重高等教育、轻基础教育的教育投入结构未得到根本改变。中国与印度相比，在基础教育方面投入力度不够。因此，要促进我国基础教育课程改革的深化发展，必须加大财政性教育投入总量，调整教育投入结构。有研究表明，中国财政性教育经费投入总量应至少达到 4.5% 以上，才基本上达到国际水平。④ 同时，还应加大基础教育阶段的投入，促进基础教育进一步发展。

（和学新、杨丹滋）

---

① 万莉、邱小健、陈青：《印度基础教育改革及其对我国的启示》，《赣南师范学院学报》2012 年第 4 期。

② 付谢好、和学新：《新世纪以来美国基础教育课程改革及其启示》，《河北师范大学学报》（教育科学版）2014 年第 3 期。

③ 沈有禄、谯欣怡：《印度基础教育财力资源配置差异分析》，《教育学术月刊》2012 年第 1 期。

④ 姚继军、马林琳：《"后 4% 时代"财政性教育投入总量与结构分析》，《教育发展研究》2016 年第 5 期。

余 论

走向理性的课程改革

通过对新世纪以来若干国家基础教育课程改革经验的梳理和分析，可以初步把握国际基础教育课程改革的一般概况，了解其特点。研究国外的经验本身不是目的，重要的还在于为我服务。因此，最后还要落脚于我国的课程改革。关于我国新世纪基础教育课程改革的经验得失近年来已有相当多的研究，我们也出版了自己的成果。[①] 这里只是从专家的作用、课程意识的树立和教学观念的转变等方面谈谈我们的认识。

一 秉持理性态度

课程改革必须有专家的引领，尤其是政府主导的课程改革更是如此，20世纪中期以来的国际课程改革无不如此。美国的课程论专家施瓦布提出了实践的课程模式，倡导建立课程变革的集体审议制度，主张大学课程教授应参与课程实践，应担当课程审议的主席重任。[②] 无独有偶，英国课程论专家斯腾豪斯在其倡导的课程过程模式中同样强调专家的作用。[③] 从新世纪以来各国的课程改革来看，专家的作用十分显著。

所谓专家是指对某一门学问有专门研究或擅长某项技术的人。[④] 不同的领域或行业都有自己的专家。有的长于理论，有的长于技术，有的兼

[①] 和学新：《基础教育课程的变革与反思》，广西师范大学出版社2015年版。
[②] Joseph J. Schwab, "The Practical 4: Something for Curriculum Professors to Do", *Curriculum Inquiry*, Vol. 13, No. 3, Autumn 1983, pp. 239–265.
[③] 单丁：《课程流派研究》，山东教育出版社1998年版，第494—503页。
[④] 商务印书馆辞书研究中心：《新华词典》，商务印书馆2001年版，第1292页。

而有之。专家是多样化的、多层次的。课改专家就是指对课程理论与实践有比较深入的研究，掌握课程改革的一定理论和技术的一类学者。在我国当前的课程改革实践中，课改专家也是多样化的，既包括课程政策和管理专家，也包括课程理论研究的学者，还包括从事各门具体学科教育教学研究方面的学者，也应包括长期坚持在一线从事教育教学活动的有着丰富理论和实践经验的专家型教师。只要在课程改革领域学有专长，深入把握我国课程改革的精神实质，积极关心课程改革的进展，并能深入课程改革实践的学者，都可以视为课程改革专家。

由于我国几十年课程政策和课程研究的实际背景以及本次课程改革的转型性要求等多方面因素的掣肘，我国新一轮基础教育课程改革对专家的依赖就显得更为强烈和迫切。在这次课程改革的有关政策中明确提出了专家的专业引领和指导作用的重要性。但专家如何发挥作用，以什么形式发挥作用则是值得探讨的。

随着基础教育课程改革的深入开展，专家都在以不同形式在不同程度上参与进来。从目前的实际情况来看，专家参与的形式是多样化的。有的从事课程改革的政策和理论研究，有的直接参与课改方案和标准的制定，有的参与专业引领，有的参与具体的实施和培训活动，有的站在门外冷静地观察和思考。不同的专家参与的程度也有所差异。由此专家们对这次课程改革的看法也大相径庭，特别是经过几年的实践，疑虑和困惑逐渐显现，认识上的分歧也开始出现。有的赞扬，有的怀疑，有的诘难，争论也开始了。这种现象的存在一定程度上影响和制约了课程改革实践的深入开展。

这样的情势下，专家以什么态度参与到课程改革中就显得更为重要了。我们以为，保持实践理性是专家参与课程改革的一种必要态度。课程改革实践在热切地呼唤着专家的实践理性。

理性是人所特有的一种思维形式和思维活动能力，其作用在于使人透过事物的表面现象看到事物的本质、事物的内部联系和规律性，它通常还被看作是人类独有的用以调节和控制人的欲望和行为的一种精神力量。人的理性大致可分为理论理性和实践理性两种形式，理论理性关注的是理论层面，实践理性关注的是实践层面。参与课程改革的专家作为擅长教育理论和课程理论的专门人士，本应是客观理性地来认识课程改革的。但由于各自参与的形式不同、程度有别、处在不同位置、站在不同的立场,专家的理性往往是理论理性,他们会寓于各自的特长和优势从理论的角度进行思考,而缺乏实践理性。

所谓实践理性,是指人类对自身与世界的关系"应如何"和人"应当怎么做"问题的观念的掌握和解答。① 它是"理性"之"实践"功能的观念表现,直接指向人的极富能动性的实践活动,是人的观念对自身实践的规范和引导。我国基础教育课程改革是一种十分复杂的实践活动,它不是纯粹的理念或概念运动。作为实践活动,其价值取向是十分明显的。"为了每个学生的发展,为了中华民族的伟大复兴",这个理念不只是课程改革的口号,也是课程改革的指导思想和最终价值取向。也就是说,我们正在轰轰烈烈开展的基础教育课程改革是一种基于我国当前教育现实的实际状况而展开的,是我国急剧变革的社会转型的现实呼唤来的。我国社会发展的现实迫切要求学校课程必须变革。这也是专家们的共识。课程改革走到今天,没有哪个专家会否认它的必要性。问题的实质在于,专家不能仅是理论或概念的探讨或空泛的议论,不是你说你的,我做我的,或进行一些无谓的争论,而是要针对课程改革中的实际问题进行探讨。尤其是有着广泛和深刻影响力的专家更不能随意表态,否则一线的教师就会不知所措。② 所以,专家既要有强烈的责任感和使命感,积极主动地参与课程改革,同时又要保持必要的实践理性。通过实践理性来规范和引导自己的言行,从而促进课程改革实践的有效有序开展。

在当前课程改革已如火如荼开展的形势下,专家保持实践理性要努力做到以下几个方面:第一,要深入火热的课程改革实践。专家的实践理性不是凭空产生的,它依赖于课程改革实践。专家如果不了解课程改革实践,不投身于课程变革活动中去,不去与校长、教师交朋友,不到中小学进行调查研究,是不可能提出符合我国实际的课程改革思路或措施的。他们对新课程改革的议论或看法也就不可能有实践依据。如果不调查研究,仅凭道听途说就发表议论,本身就不是理性的科学态度。理性的实质是通过现象看本质。所谓通过现象看本质,就是一切要从客观

---

① 王炳书:《实践理性问题研究》,《哲学动态》1999年第1期。
② 李小伟:《新课改,你说我们该听谁的》,《中国教育报》2005年8月16日第2版。

实际出发，以此来指导行动，从而认识事物的内在联系和规律。新的课程改革方案和课程标准倡导了一系列新的课程与教育理念，尽管直接参与的专家主客观方面都在努力贴近我国实际，但这些是否真正符合我国实际并不是一时就能做出定论的，它需要实践的检验。随着课程改革的深入，问题、矛盾、困惑等都会逐渐显现。对此，显然不能一概肯定，也不能一概否定。必须理性地深入实际进行调查研究，具体问题具体分析。对于存在或遇到的问题，是课程方案问题还是实施中的策略问题，是由于理念本身的问题还是教师素养准备不足的问题，是课程标准问题还是配套政策问题，是文字表述问题还是具体操作问题，等等，都必须进行细致的深入研究。如果没有进行深入实践的调研，任何赞扬、怀疑、诘难抑或争论都是不理性的行为。真正的专家是不能游离于课程改革实践之外的，也是不会游离于课程改革实践之外的。

课程改革专家深入实践，首先要带着问题。专家的职责是要指导实践，要指导实践必须了解实践。带着问题深入实践，就使得这种实践具有现实针对性，就会使这种实践更深入、更具体，使专家在指导实践、发挥咨询作用时更有说服力。其次，专家应有计划地深入实践。课程改革实践中的问题，有的是显性的，可以很容易地发现。有的则是隐性的，需要通过较长的时间才能感受和发现。而且，有时这种隐性的问题更需要专家来发现和解决。如果没有有计划、有目的的长期坚持不懈地深入实践的过程，课改实践深层次的问题就不易发现和解决。最后，专家要以平等的身份深入实践。专家深入实践是为了参与课改、了解课改、指导课改。如果专家囿于自己的身份，高高在上，那么，就不可能了解到真实的课改情况，也不可能发现问题。

第二，要进行谨慎地理性反思。反思是人们从事社会活动或行为在发展或达到一定程度和阶段之后必然要出现的一种思维活动或思维形式，它对这种活动或行为的发展起着反馈和矫正作用。它是人类社会活动和行为继续发展和前行的内在机制，在人类社会的发展过程中发挥了重要作用。在课程改革实践中，也应充分发挥反思的价值。从 2001 年 6 月《基础教育课程改革纲要（试行）》颁布到现在，课程改革在实践中已开展了 6 年多的时间。一方面，实践中取得的效果是明显的，取得的巨大成就以及给教育教学带来的冲击也是有目共睹的。另一方面，新课程实施中存在的或遇到的各种各样的问题也是显而易见的。有理性、负责任的专家不是随声叫好，而是严谨认真地分析问题，发现问题，反思问题。专家之所以是专家就在于他比一般的教育工作者站得高、看得远，能够比较清晰地看到课程改革实践中发生的现象和存在的问题，并能够有意识地去分析和解决。针对课程改革中好的方面和取得的成绩，不是一味地吹捧或唱赞歌，而是认真地总结经验，正确地进行归因。对于课程改革中出现的问题，不是贬抑或诘难，而是积极主动地分析原因，找出合理的解释，提出改进的建议。比如，我国长期以来在课程政策上以高度的集权控制、管理着学校的课程系统，校长和教师没有多少课程权力。新课程实施课程的三级管理，给了学校和教师一定的课程开发权和管理权。但我国几十年来只有教学论，没有课程论，即便是教育理论工作者也不能够说就比较好地把握了课程理论的精髓，更何况没有学习过课程理论的工作在一线的校长和教师了。给了他们权力，他们就会用和能用好吗？实践中显然是不容乐观的。针对这种状况，专家必须进行深刻的反思，造成这种现象的原因是什么，是课程方案的问题，是课程政策问题，是课程改革的配套政策问题，是推进的速度过快，还是专家的专业引领问题，等等。只有通过理性的反思，才能找到问题的原因和解决的办法。理性反思是专家的特长，只是此时专家的反思是基于中国课程改革的实践。专家的反思要紧密结合我国的课程改革实际。要从我国社会发展的实际出发，从我国教育教学的实际状况出发，从一线校长和教师的实际出发，要实实在在地扎根到中国的教育现实土壤里。只有在此基础上进行的反思才是谨慎的理性的反思，得出的结论也才有助于课程改革的扎实推进。

对课程改革实践的理性反思就是要带着理性的态度，运用科学的方法和理论对近几年来的课程实践进行再认识、再理解，研究和概括其中的成功经验和可能的教训，为以后进一步的深入发展和推进提供有益的建议。所谓理性的态度，就是不要戴着有色眼镜或先入为主的情绪色彩，要以科学、认真、负责的精神来反思，要找对问题，针对问题进行发问、思考，理清思绪，进行有理有据的反思。

对课程改革实践的反思是每一位课程专家的责任和义务。课程政策专家、课程管理专家、学校课程领导（校长）专家、课程实施专家、课程理论专家等都应充分发挥各自的专长和优势,结合自己的经验和探索,对几年来的课程改革实践进行理性的考量。具体而言,就是要紧密结合课程改革实践的实际情况,针对这次课程改革的课程目标、课程结构、课程实施、教材编制、课程评价、课程管理以及课程政策和理论依据等方面的内容进行全面的反思。看它们是否符合全面推进素质教育的要求,是否符合课程改革纲要的精神,课程改革的方案是否合理、恰当。面对具体的问题,要搞清楚是理论上的问题,还是实施中的问题,抑或是制度上的原因。要查摆问题,归纳经验,总结教训,发现问题的实质和原因,提出可能的解决办法和策略。

理性反思是课程改革实践自我意识的表现,是课程改革实践不断向科学化、规范化发展的标志,也是课程改革实践成熟的标志。有理由相信,课程专家的理性反思将推进课程改革实践的不断进步。

第三,课改专家之间要开展真诚的对话与交流。随着课程改革的深入发展,专家们对新课程的看法出现了相左的意见,甚至出现了争论。这本是正常的现象。任何一种改革活动都不可能取得完全一致的认识,否则就是不正常的现象。课程改革本身是十分复杂的教育实践,不同层次、不同参与水平的专家在理解上、看法上存在不同本是正常与合理的,进行必要的争论也是应该的,但问题的关键在于如何参与讨论。我们认为开展真诚的对话与交流是必要的途径。所谓对话是平等的对话。对话双方不存在"大家"与"小家"之分,双方以平等的身份开展讨论。我国系统的课程论研究不过十几年的历史,只是随着新课程的推进,课程论研究才成为我国教育学研究中的显学,所以,大家在起点上并没有太大的差距。差距在于彼此参与课程改革实践的程度和深度。直接参与新课程方案和课程标准制定以及专业引领的专家可能对新课程的背景和实施过程了解得多一些、广一些,但这并不意味着他们把握了新课程的绝对话语权,因为,存在着"不识庐山真面目,只缘身在此山中"。所以,大家有着平等对话的基础。所谓真诚就是大家应该平心静气地展开讨论,把彼此的认识和看法系统地摆出来。如果遮遮掩掩,带着情绪,是不可能实现有效的对话的。对话要借助一定的平台,比如,召开专门的学术研讨会,在学术期刊开办争鸣园地或专栏。争论的问题要有针对性,要正面交锋。要针对问题进行,不能进行人格攻击。通过对话,达到沟通和理解，进而逐渐达到认识的接近或一致。专家们有了较为一致的认识，一线的校长和教师在实际的课程改革实践中就能够有的放矢了。

专家的理性要基于实践，基于事实，基于理论，基于研究和思考。专家的责任最终要落脚于实践。基于实践的专家理性必然能够给我们的课程改革带来新的养分。

二 强化课程意识

人们的教育行为总是受一定的教育思想或观念支配的，不同的教育行为，反映出不同的教育思想或观念。新中国成立以后，由于全面向苏联学习，在我国教育科学体系框架内，只有教学论，而没有课程论。课程是教学的下位概念。课程概念仅局限于教学计划、教学大纲、教科书的狭窄范围内，有的人甚至把课程仅仅理解为是某一学科。几十年的历史沿革使得人们的头脑中更多的是教学的意识和观念，很少有课程的意识和观念。人们日常教育教学活动中使用的大都是教学论的术语，鲜有课程论的术语。我国课程改革提出要实现课程功能的六大转变，实际上就是要在这几个方面确立新的课程理念。树立新的课程理念，首要的事情就是要强化课程意识。

强化课程意识可以使教育者具有更广阔的视野和大局观。在传统的教学观念视野中，人们在日常的教育教学活动中关注的大多是自己的任教学科，关心所教学科是否完成了教学任务。有时为了完成所教学科的教学任务不惜拖堂，甚至与其他学科争自习时间。更严重的是在学校的各门学科中竟有"大三门"、"小三门"、"主科"、"副科"、"辅科"等区别，把对学生发展不可缺少的各门学科分成了三、六、九等，区别对待。实际上，学校中的各门学科是专家们根据国家教育方针和教育规律以及学生的身心发展规律经过科学设计而确立的，它们没有大小、主副之分，在学生的全面、整体发展中都具有不可替代的作用。造成这种现象的原因之一是狭窄的课堂教学观。而强化课程意识则可以改变这种现象。强化了课程意识，就可以从整体出发，关注学校课程的整体设计和实施，为学生全面、整体发展着想，而不再仅局限于某一具体学科的教和学。

强化课程意识可以使教师成为真正的课程改革的主体。在以往的教育改革或课程改革中，由于狭窄的课程观，课程设计是课程专家和课程管理者的事情，教师不参与课程设计，对课程改革方案不甚了解，仅成为课程改革的具体实施者和被动执行者。众所周知，任何课程改革都是通过教师来实现的，教师是课程改革的一线主体。课程改革能否达到预期目的，教师起着十分重要的作用。综观国内外课程改革，在任何课程改革中，教师都是被作为重要因素来对待的，都十分强调对教师的培训。但问题也往往出现在这一方面。由于教师缺乏课程意识，在改革中总是被专家或管理者牵着走，没有改革的积极性、主动性，没有成为真正的课程改革主体。我国课程改革强调教师要积极参与，就是要改变过去的教师被动参与的弊端。实现这一目标，就是要强化课程意识。强化了课程意识，教师从课程的高度来开展课程改革就会成为课程改革的真正主体。

强化课程意识，就是要确立新的课程理念，扩大课程视野。就是要把课程看成是计划、是活动、是经验。所谓课程是计划指课程方案，包括课程目标、课程标准、课程结构、课程实施、课程评价、课程管理等，所谓课程是活动是指课程是师生的教与学的活动方式，所谓课程是经验是指课程的具体内容是对自然、社会、思维等的直接和间接的反映。实际上，课程是这几个方面的综合统一。以往的课程范围仅指其中的某个方面。这种狭窄的课程视域使得教师在教育教学改革中，只有教学，而没有课程，看不到课堂教学以外的课程或教学资源，降低了教学的效率。树立课程意识，要把课程看成是动态的，而不是静态的。美国学者古德莱德曾根据课程决策的层次把课程分为理想的课程、正式的课程、领悟的课程、实行的课程和经验的课程五种。理想的课程是指由一些研究机构、学术团体和课程专家提出应开设的课程。正式的课程是指由教育行政部门规定的课程计划和教材。领悟的课程指任课教师所领会的课程。教师对正式课程会有多种解释方式，教师对课程实际是什么或应该是什么的领会，与正式课程之间有一定的距离。实行的课程是指在课堂里实际实施的课程。观察和研究表明，教师领悟的课程和他们实际实施的课程之间会有一定的差异。经验的课程指学生实际体验到的东西，是由学生从实行的课程中获得的东西和对这些获得的东西的看法构成的。由古德莱德的五种课程，我们可以看出，教师和学生只有不断开发和利用课程资源，不断树立课程意识，通过努力才能使经验课程、实行的课程、领悟的课程逐渐达到正式课程、理想的课程，从而实现国家课程改革的目的。

强化课程意识，就是要用新的课程理念来统率课程实施活动，用课程理论的语言来解释和指导自己的教学行为。所谓课程理论语言主要指课程纲要、课程标准、课程目标、课程结构、课程评价、课程实施、课程资源等等。这样，就有可能给大家一个全新的视野，有可能突破原有的教学体系。由于以往狭窄的课程观，教师们日常的教育教学用语大都是"教育改革"、"教学改革"，而很少使用"课程"、"课程改革"，这样就使得教师们的教育教学意识和教育教学行为局限在教育教学改革的范围里而跳不出来。这种思维定势会对课程改革的进行产生很大影响。因此，要学会使用课程理论的语言来解释和指导教育教学行为。

课程意识的强化，需要不断地学习和实践。学习既要向理论学习，也要向实践学习。向理论学习就是学习课程改革的文件和理论，如《基础教育课程改革纲要（试行）》、各科课程标准以及相关的课程改革文件，还要学习有关的课程理论研究专著、报刊、杂志。要通过理论学习，坚定课程改革的信念，掌握课程改革的精神实质，由此才能深入变革教育教学行为。向实践学习，就是向课程改革的先进区、先进校学习，学习人家先进的经验和做法。学习要采用良好的学习方式。尤其是广大中小学教师都有繁重的日常教学工作，只有讲究方式，才能取得好的效果。要理论与实际相结合。课程改革是紧密结合自己的教学实践的。通过学习发现实践中的问题，进行反思，与理论对照，进行实践。把理论与实践结合起来，通过研究探讨，解决学习中遇到的问题。论语中说："学而不思则罔，思而学则殆"。罔是迷惑的意思，殆是疑惑的意思。光学习而不思考就会迷惑，就会一无所得。光思考，光想而不学习就会陷入空想，也无所得。学习与思考要相结合。《学记》中说："教学相长"。一个意思是指教师的教和学生的学是相互促进的，另一个意思就是指教师自己的教和学是相互促进的，所以教师的教和学要相结合。

三 转变教学观念

　　课程改革表面看起来是课程方面的变革，实际上落实到实践，要通过具体的教学活动来实现。20 世纪 60 年代以来，国际课程改革强调课程实施研究，给课程实施以巨大关注，原因就在于，再好的课程设计如果不通过课程实施，课程改革只能流于形式或以失败而告终。[1] 从新世纪以来世界各国课程改革的进程及其经验来看，他们非常重视课程实施问题，无不在课程实施方面下足了功夫，政策制定、制度建设、教师培训、资金投入等，意图都在于通过课程实施过程促进课程改革的具体落实和收到实效。课程实施的关键在于教学。虽然教学活动不等于课程实施，但教学活动是主要的也是重要的课程实施活动。从课程实施与教学的关系来看，课程的变革必然引起教学的变革。

　　教学的变革不是随意的行动。这种变革要遵循课程改革的意图。每一次大的课程改革都是在教育理念的变革下推动的。因此，教学变革首先体现在观念层面，尤其是新世纪我国基础教育课程改革要实现六大功能的转变，教学观念的变革就更为重要了。《基础教育课程改革纲要（试行）》规定了"课程改革目标""课程结构""课程标准""教学过程""教材开发与管理""课程评价""课程管理""教师的培养与培训""课程改革的组织与实施"等 9 个方面的变革，明确指出了教学变革的方向和具体要求。深化和推进基础教育课程改革，必须重视教学观念的变革。

　　在一般意义上，人们普遍把教学视为教师教学生学的活动。这种描述性的教学认识可以说多年来一直或仍在支配着广大教师的教学实践活动。《基础教育课程改革纲要（试行）》中指出，教师应在教学过程中与学生积极互动，共同发展，逐步实现学生学习方式、教师教学方式和师生互动方式的变革。这实质上就是把教学过程视为一种师生双方主体性共同发挥与建构的过程。在某种意义上可以说，新课程迫切要求教学观实现时代的转变。

　　从构成来看，教学活动主要是由教师、学生、课程内容等要素构成

---

[1] 靳玉乐：《课程论》，人民教育出版社 2012 年版，第 327 页。

的。但客观上教学是一种活动过程，是内部各要素相互作用的结果。作为活动的展开，课程内容是客观的静态的要素，教师与学生是其中能动的主体要素。教学活动的展开，教学目标的达成，最根本的在于活动中的人，在于具有主体能动性的教师和学生。教师和学生绝不是消极被动地适应教学活动，而是积极能动地作用于教学活动。教学作为有目的有计划的活动，是教师主体和学生主体的目的、理想、计划、愿望的实现过程。为了实现这些目的、理想、计划和愿望，他们必须现实地运用和发挥自身的本质力量，比如掌握教学理论、学习科学文化知识、变革教材、设计教学用具、查阅文献资料、开发课程资源，充分地表达自己的所见、所思、所想、所闻，从而实现教学目的。师生主体性的发挥，是与人的存在本性相一致的，是与师生主体的存在本质相一致的。严格说来，教师主体、学生主体与教师、学生是两对不同的概念。"教师""学生"只表明教师与学生是可能的教师主体、学生主体，只有在现实的教学活动中，发挥了主体性的教师和学生才是真正的教师主体和学生主体。离开了现实的教学活动，无所谓教师主体和学生主体。"教师""学生"只是在抽象的层次上静态地看待教学时使用的概念。所以说只有当教师和学生在教学活动中充分发挥了自身的主体性，他们才能成为真正的、现实的教师主体和学生主体，才能推动教学活动的发展和演进。

教师和学生主体性的充分发挥根本上是为了建构师生特别是学生的主体性。主体性是人的本质属性。时代发展对人的素质的要求，突出地体现为人的积极性、主动性和创造性。新课程培养目标中，指出要使学生具有初步的创新精神、实践能力，具有适应终身学习的基础知识、基本技能和方法。强调倡导学生主动参与，乐于探索，勤于动手，这是对时代要求的客观现实反映。这就要求教学过程中教师与学生要着力于自身主体性的建构。一方面，教师要掌握课程计划、课程标准，要熟悉教材，了解学生，把它们内化为自己的主体内在素质结构，形成自己的教学价值观、教学技能、教学方法，同时把自己的知识、能力、品德、情感、意志、价值观等在特定的教学情境中外化出来，与学生交往，供学生学习。另一方面，在教学活动中，学生在教师的指导和帮助下，通过自身主体性的发挥，获得有效的指导和交往经验，使学习有正确的方向，积累学习经验，形成学习习惯，掌握学习方法，能动地认识、理解和掌握课程内容，把课程内容以及教师的言行、品德、价值观的影响内化为自身的主体品质，同时把自己的学习结果和成效以作业，图画，实物，对人、对物、对事的态度、情感、行为方式等外现出来。这种师生主体性的发挥和建构是一种双重双向的活动。教师主体性的发挥是为了学生主体性的发挥和建构。

教师主体性的发挥，要根据学生的变化和表现，及时把握教学进程，调整教学策略，帮助、引导和促进学生主体性的建构。教师主体性的发挥就是要建立民主、平等、和谐、愉悦的教学氛围，开发出适宜于学生接受的课程内容，为学生学习奠定基础，为学生主体性的建构提供条件，促进学生主体性的主动建构。

教学目的的实现，在以往的教学认识中，只是把学生的发展作为教学目的，而把教师发展的目的排除在外。在这种认识中，把教师视为成熟的主体，其教学主体性似乎无须在教学活动中建构，或者认为教师的教学主体性已在教师教育过程中建构了起来。实际上这种认识是不恰当、不符合实际的。应当承认，教师教育对教师教学理论的掌握、教学技能的基本形成起了很大作用，但这些只是为一个人成为教师提供了前提条件，或者说为教师教学主体性的发挥和建构提供了潜在条件和可能。职前教师还不能说已经有了教学主体性。教师的教学主体性只有在现实的教学活动中才能真正形成、确证、发展、提高和完善。接受了教师教育，只表明他具有了教师资格，具有了潜在的可能的教学主体性。他的现实的具体的教学主体性只有在现实的具体的教学活动中才能确证和实现。进一步来说，教学现实是不断发展变化的，是动态的过程，教师的教学主体性必须相应发展和提高，才能适应变化的教学现实。教师教育的效果也不可能是一劳永逸的，教师教学主体性的提高更重要的还要在现实的教学活动中来实现。从教学实践经验来看，一个刚参加工作的教师教学能力显然不能与一个老教师相比，一个成熟的教师或具有独特教学风格的教师又无一不是在长期的教学实践中通过一节课一节课的探索、研究和锻炼中成长起来的。

在教师的教授过程中，他要认识教材、认识学生、认识自身的特点，运用和发挥自己的主体性，改变教材的结构和形式，运用适合学生接受能力的语言、符号、体态等进行教授,并通过教学过程和学生的表现与反应调整自己的认识系统、教学能力和技能,不断充实专业知识、科学文化知识、教学理论、教学技能,这样教师在建构学生主体性的同时,也建构了自身的主体性。学生在学习过程中,会运用各种方式和表现主动给教师的教授活动以反馈,使教师调整和改变自己的教授活动和教学认识结构,在这个意义上,学生建构了自己,也建构了教师。

近年来我国开展的大量教育改革实验得出的一个重要经验就是:要在教师的教学实践活动中提高其教学能力和水平,要在教师的教学改革、教学研究活动中提高其能力和水平。近些年来有关研究提出,要提高教师的教学监控能力,即教师在教学的全过程中,将教学活动本身作为认识的对象,不断地对其进行积极、主动的计划、检查、评价、反馈、控制和调节的能力,实际上就是在教学过程中提高教师的教学主体意识、主体能力,提高教师的教学主体性。采用的办法主要是在职培训,在教师的现实教学活动中提高其教学监控能力。国外近些年来教育行动研究的兴起以及教师成为研究者运动的出现,其目的可以说也在于此。因此,理论分析和实践经验都表明教学活动既要发挥和建构学生的主体性,也要发挥和建构教师的主体性。从更深层意义上说,正是师生在教学中发挥和建构自身主体性这种特性才使得教学极具个体差异性、多样性,才形成了丰富多彩的教学风格、学习风格和教学效果。

学习和借鉴国外基础教育课程改革的经验,深入推进和落实我国基础教育课程改革,没有教师教学观念的变革,没有与课程改革理念相适应的思想的转变,基础教育课程改革的目标就无法实现。我国2011年颁布了义务教育阶段的各科课程标准,普通高中各科课程标准即将修订颁布。2014年教育部发布了《关于全面深化课程改革 落实立德树人根本任务的意见》,明确了课程改革发展和努力的方向。之后,与之配套的高考改革、中考改革以及中小学校考试评价改革制度等也相继出台。这些都为教学观念的变革和落实提供了空间。我们相信,在各方的努力下,课程改革的目标一定会实现。

(和学新)

参考文献

一 中文文献

（一）著作

[法] 阿兰·佩雷菲特：《官僚主义的弊害》，孟鞠如译，商务印书馆1982年版。

[美] 艾伦·C. 奥恩斯坦、费朗西斯·P. 汉金斯：《课程：基础、原理和问题》，柯森译，江苏教育出版社2002年版。

安双宏：《印度教育战略研究》，浙江教育出版社2013年版。

陈时见、杨茂庆：《高中课程改革的国际比较 侧重2000年以来的经验、问题与趋势》，西南师范大学出版社2010年版。

陈永明：《教育经费的国际比较》，天津教育出版社2006年版。

单丁：《课程流派研究》，山东教育出版社1998年版。

范国睿、刘涛、王佳佳主编：《美国公众眼中的公立学校》，教育科学出版社2009年版。

冯生尧：《课程改革：世界与中国》，广东教育出版社2004年版。

顾明远：《教育考试评价制度比较研究》，人民教育出版社2010年版。

国家教育发展研究中心：《发达国家教育改革的动向和趋势》（第6集），人民教育出版社1999年版。

韩国教育科学技术部：《高中教育课程解说2—国语科（教育人力资源部公示第2007-79号文件）》，首尔：教育科学技术部，2008年。

韩国教育科学技术部：《初等与中等学校教育课程总论（2009年修订教育课程）》，首尔：教育科学技术部，2009年。

韩家勋：《教育考试评价制度比较研究》，人民教育出版社2010年版。

何致瑜：《国际教育政策发展报告2007》，天津人民出版社2007年版。

和学新：《基础教育课程的变革与反思》，广西师范大学出版社 2015 年版。

教育部新闻办公室、中央教育科学研究所：《对话教育热点 2009》，教育科学出版社 2010 年版。

教育规划纲要工作小组办公室：《教育规划纲要学习辅导百问》，教育科学出版社 2010 年版。

靳润成：《国际教育政策发展报告》，天津人民出版社 2010 年版。

靳玉乐：《课程论》，人民教育出版社 2012 年版。

瞿葆奎：《教育学文集·英国教育改革》，人民教育出版社 1993 年版。

联合国教科文组织：《学会生存》，教育科学出版社 1996 年版。

联合国教科文组织：《教育——财富蕴藏其中》，教育科学出版社 2001 年版。

吕达、周满生：《当代外国教育改革著名文献（日本、澳大利亚卷）》，人民教育出版社 2004 年版。

马加力：《当今印度教育概览》，河南教育出版社 1994 年版。

［加］马克斯·范梅南：《教学机智——教育智慧的意蕴》，李树英译，教育科学出版社 2001 年版。

［加］迈克·富兰：《变革的力量——透视教育改革》，中央教育科学研究所、加拿大多伦多国际学院译，教育科学出版社 2000 年版。

牛道生：《澳大利亚基础教育》，广州教育出版社 2004 年版。

彭正梅：《求取与反思：新世纪以来全球教育改革研究及中国教育传统的初步考察》，福建教育出版社 2015 年版。

阮西湖、王丽芝：《加拿大与加拿大人》，中国社会科学出版社 1990 年版。

商务印书馆辞书研究中心：《新华词典》，商务印书馆 2001 年版。

汪霞：《国外中小学课程演进》，山东教育出版社 2001 年版。

王焕勋：《马克思教育思想研究》，重庆出版社 1988 年版。

王智新、潘立：《日本基础教育》，广东教育出版社 2004 年版。

吴式颖：《中外教育比较史纲》，山东教育出版社 1997 年版。

臧佩红：《日本近现代教育史》，世界知识出版社 2010 年版。

赵中建：《印度基础教育》，广东教育出版社 2007 年版。

钟启泉：《世界课程改革趋势研究》，北京师范大学出版社 2001 年版。

周成平：《外国著名学校的管理特色》，南京大学出版社 2009 年版。

祝怀新：《英国基础教育》，广东教育出版社 2004 年版。

（二）论文

阿依提拉·阿布都热依木：《民族政策推动下的俄罗斯民族教育发展及其政策特征》，《比较教育研究》2012 年第 2 期。

安富海：《我国少数民族学校课程政策：历史、特点及展望》，《西北师大学报》（社会科学版）2015 年第 2 期。

安双宏：《印度地方教育管理探析》，《黑河学院学报》2010 年第 1 期。

Barry McGaw：《经济合作与发展组织视野中的韩国教育》，《教育发展研究》2005 年第 10 期。

白晓红：《普京的"俄罗斯思想"》，《东欧中亚研究》2000 年第 2 期。

白彦茹：《日本中小学课程改革述评》，《比较教育研究》2002 年第 S1 期。

白月桥：《俄罗斯课程改革的具体剖析及其借鉴意义（上）》，《首都师范大学学报》（社会科学版）2000 年第 6 期。

贝文力、顾恒：《俄罗斯普通高中侧重专业式教学研究》，《教育发展研究》2012 年第 20 期。

本纳、彭正梅：《超越知识取向的投入控制和能力取向的产出控制：论经验、学习和教学之间的关系》，《教育学报》2009 年第 1 期。

曹燕：《澳大利亚基础教育国家统一课程大纲改革初探》，《世界教育信息》2012 年第 9 期。

陈碧娟：《澳大利亚基础教育随笔》，《江西教育》2012 年第 9 期。

陈法宝：《经验与启示：2000—2009 年加拿大 PISA 测试结果分析》，《外国中小学教育》2012 年第 11 期。

陈小青：《中国、英国、加拿大三国信息技术课程内容分析的比较研究》，《中国电化教育》2006 年第 5 期。

陈晓瑞：《当代英国中小学课程与教学改革探析》，《教育研究》2003 年第 4 期。

崔成前：《日本中学课程改革及其启示》，《辽宁教育研究》2004 年第 7 期。

崔允漷、汪贤泽：《基础教育课程改革的意义、进展及问题》，《全球教育展望》2006年第1期。

杜岩岩、朱小蔓：《服务创新经济，推进现代教育模式——基于俄罗斯国家教育纲要方案的解读》，《比较教育研究》2009年第9期。

方明生：《日本课程改革的线路图与风向标——简评〈现代日本教育课程改革〉》，《教育发展研究》2005年第18期。

冯清高：《加拿大科学课程的改革与发展》，《广东职业技术师范学院学报》2002年第2期。

高红梅：《开展与美国"2061计划"的合作研究促进我国基础科技教育改革》，《教育与现代化》1997年第3期。

高苏：《加拿大基础教育的多元文化课程》，《中国民族教育》2007年第2期。

高欣、叶赋桂、赵伟：《俄罗斯关于普通教育标准的争论》，《清华大学教育研究》2005年第6期。

高益民：《日本教育改革的新自由主义侧面》，《清华大学教育研究》2002年第6期。

葛玲霞、张伟平：《传统文化与异质文化的碰撞、消长与平衡——20世纪80年代以来美日韩课程改革问题探讨》，《外国教育研究》2009年第5期。

弓丽娜：《论日本高中课程设置对我国素质教育的启示与建议》，《太原大学教育学院学报》2012年第2期。

顾美玲：《战后日本五次中小学课程改革述论》，《四川师范大学学报》1994年第3期。

顾明远：《学习和解读〈国家中长期教育改革和发展规划纲要（2010—2020）〉》，《高等教育研究》2010年第7期。

管洪云：《20世纪80年代以来加拿大基础教育课程改革述评》，《浙江教育学院学报》2009年第4期。

管仁福：《澳大利亚基础教育的校本管理模式》，《西藏教育》2010年第8期。

郭裕茂、叶晨、张文华：《加拿大安大略省9至12年级新科学课程标准解读》，《化学教育》2012年第3期。

国家教育督导团：《国家教育督导报告 2005——义务教育均衡发展：公共教育资源配置状况》，《教育发展研究》2006 年第 5 期。

国家教育督导团：《国家教育督导报告 2008（摘要）——关注义务教育教师》，《教育发展研究》2009 年第 1 期。

贺慧敏：《芬兰在 PISA 中成功的原因分析》，《现代中小学教育》2009 年第 1 期。

黄甫全：《论课程范式的周期性突变率》，《课程·教材·教法》1998 年第 5 期。

加拿大统计局与加拿大省教育厅长理事会：《1999 年加拿大教育指标统计报告》，《世界教育信息》2000 年第 6 期。

姜晓燕：《俄罗斯教育 20 年：变革与得失》，《比较教育研究》2010 年第 10 期。

焦晓骏：《将学习的主动权还给学生——有关英国教育的四个话题》，《江苏教育》2011 年第 6 期。

靳玉乐：《多元文化背景中基础教育课程改革的基本思路》，《教育研究》2003 年第 12 期。

劳凯声：《公共教育体制改革中的伦理问题》，《教育研究》2005 年第 2 期。

冷艳丽：《韩国道德教育课程设置的主要特色及启示》，《世界教育信息》2006 年第 4 期。

李大玖：《美华裔教育学家解读上海 PISA 全球第一》，《参考消息》2010 年 12 月 16 日第 9 版。

李建忠、刘松年：《〈俄罗斯联邦教育法〉对我们的若干启示》，《教育探索》2008 年第 9 期。

李孔文：《论基础教育课程改革的中国模式》，《西北师范大学学报》（社会科学版）2013 年第 2 期。

李莉：《俄罗斯国家统一考试十年发展述评》，《俄罗斯中亚东欧市场》2011 年第 10 期。

李茂：《日本颁布最新〈学习指导要领〉宽松教育即将谢幕》，《中国教师报》2008 年 2 月 27 日第 5 版。

李协京：《从基础教育课程改革看日本注重发展个性的教育》，《比较教育研究》2002年第12期。

李协京：《对日本基础教育课程改革的考察》，《教育评论》2003年第1期。

李新成：《加拿大不列颠哥伦比亚省的教育改革》，《外国教育研究》1997年第6期。

李雪垠：《芬兰基础教育模式成功因素分析》，《基础教育参考》2006年第2期。

李艳辉：《俄罗斯基础教育创新发展动向及启示》，《中国教育学刊》2013年第2期。

梁荣华、王凌宇：《"全球化创造性人才教育"理念下的韩国基础教育课程改革——以2009年课程修订为中心》，《外国教育研究》2012年第2期。

林宠明：《对信息化社会人才素质和教育的理性思考》，《教育探索》2002年第6期。

刘常庆：《英国也"不让一个孩子掉队"——〈你的孩子，你的学校，我们的未来：建设21世纪学校系统〉白皮书评析》，《上海教育》2009年第10B期。

刘复兴：《我国教育政策的公平性与公平机制》，《教育研究》2002年第10期。

刘欢：《建构主义视角下的中国与芬兰科学课程标准的比较研究》，《时代教育》2013年第6期。

刘辉：《澳大利亚的基础教育》，《人民教育》1994年第8期。

刘绛华：《软实力——知识经济时代核心竞争力的关键》，《求实》2006年第12期。

刘京玉：《重建教育公平：法国〈重建共和国基础教育规划法〉解读》，《世界教育信息》2013年第20期。

刘楠、肖甦：《21世纪以来俄罗斯推动义务教育城乡均衡发展的政策述评》，《比较教育研究》2011年第8期。

陆南泉：《经济转型与俄罗斯经济现代化》，《中国党政干部论坛》2011年第1期。

路璟：《韩国：后发国家追赶的典型》，《教育发展研究》2003年第2期。

罗雪琳：《加拿大学校行政、课程、考试制度的考察及启示》，《成人教育》2011 年第 9 期。

马德益：《新世纪日本中小学课程改革阻力及调适》，《外国中小学教育》2010 年第 2 期。

马宇：《英国 2020 基础教育发展目标与政策实施》，《教育与管理》2013 年第 1 期。

缪学超：《布朗执政时期英国基础教育政策文本分析》，《当代教育理论与实践》2012 年第 9 期。

彭寿清：《日本基础教育课程改革及特点》，《当代教育科学》2004 年第 18 期。

彭正梅：《分轨还是合轨：关于德国中等教育三元制的一些争论的考察》，《基础教育》2012 年第 6 期。

綦春霞、洪厚柞、王瑞霖：《韩国新修订的国家课程及其启示》，《外国中小学教育》2012 年第 4 期。

钱扑：《加拿大"K—12"核心课程》，《课程·教材·教法》1991 年第 8 期。

乔莉莉、赵惠芳：《俄罗斯普通教育高年级专业化课程实施之管窥》，《外国教育研究》2004 年第 9 期。

任乐腾：《芬兰基础教育课程改革及启示》，《读与写》2009 年第 6 期。

邵明星、杨晓萍：《芬兰〈ECEC 国家课程指引〉述评及启示》，《早期教育》2013 年第 3 期。

沈旎、黄利锋、夏繁军、张滢、卢令、周慧、黄玉娟、隋晓红：《2010 课程改革再出发》，《中国教育报》2010 年 1 月 1 日第 6 版。

沈晓敏、市川博：《日本教材的编写机制》，《现代教学》2007 年第 3 期。

沈有禄、谯欣怡：《印度基础教育财力资源配置差异分析》，《教育学术月刊》2012 年第 1 期。

孙进：《变革中的教育体制：新世纪德国普通中等教育改革》，《比较教育研究》2010 年第 7 期。

孙进：《教育均衡发展政策的"结果困境"——德国义务务教育均衡发展的现状、问题与启示》，《复旦教育论坛》2012 年第 5 期。

孙进：《德国促进基础教育均衡发展的政策分析》，《教育发展研究》2012

年第 7 期。

孙进：《德国教师教育标准：背景·内容·特征》，《比较教育研究》2012年第 8 期。

孙进：《德国教师职业的魅力为何很大？——对德国教师队伍建设基本经验的分析》，《世界教育信息》2014 年第 10 期。

孙启林、杨金成：《面向 21 世纪的韩国基础教育课程改革——韩国第七次教育课程改革评析》，《外国教育研究》2001 年第 4 期。

谭菲、马金晶：《韩国 2007 年高中课程改革的背景、内容及特点分析》，《教育探索》2011 年第 3 期。

谭菲、杨柳：《韩国 2009 年中小学课程改革述评》，《比较教育研究》2011 年第 5 期。

汪霞：《20 世纪末德国中学课程改革的动向》，《学科教育》2000 年第 4 期。

汪霞：《新世纪发达国家基础教育课程改革的背景、理念及启示》，《外国中小学教育》2009 年第 8 期。

王策三：《应该尽力尽责总结经验教训——评"十年课改：超越成败与否的简单评价"》，《教育科学研究》2013 年第 6 期。

王定华：《德国基础教育质量提高问题的考察与分析》，《中国教育学刊》2008 年第 1 期。

王建梁、郭万婷：《融入全球 追求卓越——澳大利亚国家课程的特点与启示》，《外国中小学教育》2014 年第 3 期。

王洛林、余永定、李薇：《20 世纪 90 年代的日本经济》，《世界经济》2001 年第 10 期。

王青汉：《英国基础教育改革值得借鉴的几个特点》，《基础教育》2009 年第 9 期。

王纾然、庄瑜：《面向全民的信息社会——2000—2004 年芬兰信息社会教育、培训及研究的国家战略》，《外国中小学教育》2003 年第 9 期。

王晓辉：《法国教师地位的变迁》，《比较教育研究》2012 年第 8 期。

王晓辉：《法国新世纪教育改革目标：为了全体学生成功》，《比较教育研究》2006 年第 5 期。

王晓辉：《法国总统萨科奇——致教育者的一封信》，《基础教育参考》

2008 年第 1 期。

王晓辉：《重建共和国学校——法国当前基础教育改革》，《比较教育研究》2015 年第 4 期。

王旭阳、肖甦：《俄罗斯现行教育质量评估体系述评》，《比较教育研究》2011 年第 2 期。

王义高：《俄〈联邦教育发展纲要〉的要点分析》，《比较教育研究》2002 年第 1 期。

王志强：《〈2009 美国复苏与再投资法案〉教育项目解读》，《比较教育研究》2010 年第 4 期。

吴甜：《芬兰基础教育改革及对我国的启示》，《基础教育参考》2005 年第 9 期。

吴永军：《我国新课改反思：成绩、局限、展望》，《课程·教材·教法》2009 年第 7 期。

武云斐：《〈不让一个孩子掉队〉法案的理想与现实》，《基础教育》2009 年第 11 期。

夏心军：《日本义务教育课程改革及其启示》，《教学与管理》2003 年第 2 期。

徐晓红：《21 世纪澳大利亚基础教育改革政策评析》，《外国中小学教育》2014 年第 3 期。

徐星：《Ari Huovinen：我们对芬兰的教育体系保持乐观》，《上海教育》2010 年第 12 期。

薛娜娜：《美国联邦教育部〈2007—2012 年战略规划〉制定理念研究》，《文教资料》2012 年第 1 期。

颜阳、魏戚光：《日本近代基础教育课程改革的特点及启示》，《课程教材教学研究》2010 年第 Z3 期。

杨爱程：《简评美国总统布什的教育方略〈美国 2000 计划〉》，《比较教育研究》1992 年第 4 期。

杨洪琴：《芬兰基础教育民主化初探及对我国的启示》，《基础教育参考》2010 年第 7 期。

杨军：《英国促进基础教育均衡发展政策综述》，《外国教育研究》2005 年第 12 期。

杨小微：《新课程实施中若干问题的反思》，《教育研究与实验》2007年第4期。

杨雅琼：《二战以来英国小学课程发展与变革的研究》，硕士学位论文，西北师范大学，2004年。

姚继军、马林琳：《"后4%时代"财政性教育投入总量与结构分析》，《教育发展研究》2016年第5期。

姚诗鸣：《"周围世界"——俄罗斯小学一至四年级的一门课程》，《外国中小学教育》2001年第1期。

于建云：《芬兰"奇迹教育"对我国新课改的启示》，《中国农业教育》2010年第2期。

翟俊卿：《英国〈为了全体学生：更高的标准，更好的学校〉白皮书评述》，《世界教育信息》2006年第3期。

张宝钧：《加拿大安大略省中小学校长持证上岗制度》，《世界教育信息》2010年第9期。

张丹、范国睿：《更好定向更好辅导更多准备——法国新高中教育改革述评》，《全球教育展望》2011年第11期。

张国平：《芬兰基础教育中的教育平等归因分析》，《学术研究》2011年第1期。

张红、杨颖秀：《二战后韩国基础教育改革政策的嬗变与成效》，《外国教育研究》2008年第5期。

张梦琦：《国际学生评估：法国名次下降，教育不平等加剧》，《比较教育研究》2014年第2期。

张男星：《俄罗斯国家课程标准述评》，《课程·教材·教法》2005年第6期。

张男星：《俄罗斯课程权力：从"唯国家化"到"去国家化"》，《全球教育展望》2005年第9期。

张男星：《试析俄罗斯课程内容和评价手段的变化》，《俄罗斯研究》2006年第1期。

张男星：《论课程的政治权力——俄罗斯当权政治力量与课程政策的价值取向》，《比较教育研究》2006年第11期。

张晓蕾：《英国基础教育质量标准〈国家课程〉及监控系统》，《全球教育展望》2012 年第 5 期。

张奕婧、郑一筠：《21 世纪以来中国和芬兰高中阶段课程改革的比较研究》，《外国中小学教育》2011 年第 4 期。

张瑜：《韩国小学课程改革的历史演进与启示》，《教学与管理》2009 年第 29 期。

赵中建：《在"轻松宽裕"中培养学生的"生存能力"——日本〈面向 21 世纪我国教育的发展方向〉咨询报告述评》，《现代教育论丛》1997 年第 5 期。

郑铎：《德国各州中小学教育公平性问题突出》，《基础教育参考》2013 年第 13 期。

郑朗、伍慧萍：《新世纪德国移民融入政策及其理念分析》，《德国研究》2010 年第 4 期。

中国驻芬兰使馆教育组：《芬兰基础教育成功初探》，《基础教育参考》2003 年第 1—2 期。

周海银：《学校课程管理专业性的实证研究》，《西北师范大学学报》（社会科学版）2014 年第 3 期。

周丽华：《德国基础教育的改革理念与行动策略——解读德国教育论坛"十二条教改建议"》，《比较教育研究》2003 年第 12 期。

周仕德：《构建世界一流的基础教育课程》，《世界教育信息》2013 年第 10 期。

二　外文文献

（一）专著

Antikainen, A., *Transforming a Learning Society: The Case of Finland Ben*, Frankfurt, Brussels, New York: Peter Lang, 2005.

Apple, M., Kenway, J., Singh, M., *Globalizing Education: Policies, Pedagogies and Politics*, New York: Peter Lang, 2005.

An Education WeekGuide, *The Obama Education Plan*, San Francisco: Jossey-Bass, 2009.

Avenarius, H., et al., *Bildungsbericht für Deutschland: Erste Befunde*, Opladen, 2003.

Claude Thélot, *Pour la ré ussite de tous les é lèves*, *Rapport de la Commission du dé bat national sur l' avenir de l' école*, La documentation Fran? aise, Paris, 2004.

David Philips, *Education in Germany*, Britain: Routledge, 1995.

DfEE, *Excellence in Schools*, London: DfEE Publications, 1997.

Giddens, A., *The Third Way: The Renewal of Social Democracy*, Cambridge: Polity Press, 1998.

J. C. Aggarwal, *Recent Developments and Trends in Education: With Special Reference to India*, Shipra Publications, 2005.

（二）论文报告

Adams O., "Divorces in Canada, 1988", *Health Reports*, No. 1, 1990.

Akiko Shibanuma, Asahiro Arai, "Religious Education and Personal and Social Education after the 1988 Education Reform Act in England", *Comparative Education*, Vol. 1995, No. 21, 1995.

Antikainen, A., "In Search of the Nordic Model in Education", *Scandinavian Journal of Educational Research*, 2006, Vol. 50, No. 3, 2006.

Aro Sophie, "Mikkila-Erdmann Mirjamaija, School-External Factors in Finnish Content and Language Integrated Learning (CLIL) Programs", *Journal of Educational Research*, Vol. 59, No. 2, 2015.

Ben Pogodzinski, Regina Umpstead, Jenifer Witt, "Teacher Evaluation Reform Implementation and Labor Relations", *Journal of Education Policy*, Vol. 30, No. 4, 2015.

Board of Studies NSW, "Studying for the NSW Higher School Certificated", Sydney: Board of Studies NSW, 2005.

Chao Georgia T., Moon Henry, "The Cultural Mosaic: A Meta Theory for Understanding the Complexity of Culture", *Journal of Applied Psychology*, Vol. 90, No. 6, 2005.

Detlev Leutner, Joachin Wirth, "What We Have Learned from PISA so far: A German Educational Psychology Point of View", *KEDI Journal of Educational Policy*, February 2005.

Doi L. T., "Student Problems in Japan", *Medical Journal of Australia*,

Vol. 5, No. 1, 1974.

European Parliament, European Council, "Establishing an Actionprogramme in the Field of Lifelong Learning ", *Official Journal of the European Communities*, No. 11, 2006.

Gutkind E. A. , "Education and the Good Life in the Urban Setting", *Teachers College Record*, Vol. 67, No. 3, 2005.

Helen M. Gunter, "Intellectual Histories in the Field of Education Management in the UK", *International Journal of Leadership in Education*, Vol. 6, No. 4, 2003.

Helenhedges, Joycullen, "Subject Knowledge in Early Childhood Curriculum and Pedagogy: Beliefs and Practices", *Contemporary Issues in Early Childhood*, Vol. 6, No. 6, 2005.

IngridHelgy, Anne Homme, Sharon Gewirtz, "Introduction to Special Issue Local Autonomy or State Control? Exploring the Effects of New Forms of Regulation in Education", *European Educational Research Journal*, No. 6, 2007.

J. Grajczonek, "Interrogating the Spiritual as Constructed in Belonging, Being and Becoming: The Early Years Learning Framework for Australia", *Australasian Journal of Early Childhood*, Vol. 37, No. 1, 2012.

Jayne Osgood, "Rethinking 'Professionalism' in the Early Years: Perspectives from the United Kingdom", *Contemporary Issues in Early Childhood*, Vol. 7, No. 1, 2006.

Joseph J. Schwab, "The Practical 4: Something for Curriculum Professors to Do", *Curriculum Inquiry*, Vol. 13, No. 3, Autumn 1983.

Ki-Cheon Lee, Soon-Mook Cho, "The Korean National Curriculum for Physical Education: A Shift from Edge to Central Subject", *Physical Education and Sport Pedagogy*, Vol. 15, No. 5, 2014.

Lee, Jin Sook | Wright, Wayne E. , "The Rediscovery of Heritage and Community Language Education in the United States", *Review of Research in Education*, Vol. 38, No. 1, 2014.

Malinen Olli-Pekka, Vaisanen Pertti, Savolainen Hannu, "Teacher Education in Finland: A Review of a National Effort for Preparing Teachers for the future", *Curriculum Journal*, Vol. 23, No. 4, 2012.

Maryna Boichenko, "Talent Management Programmes at British, American and Canadian Universities: Comparative Study ", *Comparative Professional Pedagogy*, No. 5, 2016.

Matthew J. Burke, Josie Chundamala, Charles H. Tator, "Deficiencies in Concussion Education in Canadian Medical Schools", *The Canadian Journal of Neurological Sciences*, Vol., 39, No. 6, 2012.

Ministry of Human Resource Development, Government of India, "Status of Education in India: National Report", 2008.

Ministry of Human Resource Development, "Government of India, Statistics of School Education 2010 – 2011", New Delhi, 2012.

OECD, "Strong Performers and Successful Reformers in Education: Lessons from PISA for Japan", *OECD Publishing*, 2012.

Pinto, S. J. A., "Dalits in Higher Education: Need for Establishing a Counter Culture", *Journal of Higher Education*, No. 3, 1998.

Planning Commission, "Government of India Vision 2020: The Report plus Background Papers", New Delhi: Academic Foundation, 2004.

Raty Hannu, "Intention in School Choice among Finnish Parents", *Educational Studies*, Vol. 39, No. 2, 2013.

Ritesh Chugh, Santoso Wibowo, Srimannarayana Grandhi, "Environmentally Sustainable Information and Communication Technology Usage: Awareness and Practices of Indian Information and Communication Technology Professionals", *Journal of Cleaner Production*, Vol. 131, No. 5, 2016.

Saad Shawer, "Teacher-driven Curriculum Development at the Classroom Level: Implications for Curriculum, Pedagogy and Teacher Training", *Teaching and Teacher Education*, Vol. 63, No. 12, 2016.

Salonen-Hakomaki, Sanna-Mari, Soini Tiina, Pietarinen Janne, "The Way Ahead for Finnish Comprehensive School? Examining State-Level School Administrators' Theory of Change", *Journal of Curriculum Studies*, Vol. 48, No. 5, 2016.

Santosh Mehrotra, "Reforming Elementary Education in India: A Menu of Options", *International Journal of Education Development*, Vol. 26, No. 3, 2006.

SarahPearce, "Dealing with Racist Incidents: What do Beginning Teachers Learn from Schools?", *Race Ethnicity and Education*, Vol. 17, No. 3, 2014.

Shimura, Takashi, "Japanese Curriculum Reflections", *Teaching Geography*, Vol. 34, No. 2, 2009.

Sirkku Kupiainen, Jarkko Hautamaki, Tommi Karjalainen, "The Finnish Education System and Pisa", Ministry of Education Publications, Finland, 2009.

Steven D. Roper, "European Education Reform and Its Impacton Curriculum and Admissions: Implications of the Bologna Process on United States Education", *Journal of Political Science Education*, Vol. 3, No. 1, 2007.

Tadahiko Abiko, "Issues of Transformation in the Ideas of Curriculum Reform, Curriculum Standards and Textbooks – A Japanese Perspective", *Joumal of Textbook Research*, Vol. 3, No. 1, 2010.

Takeaki WADA, "Reconsideration of Characteristics of Information-Based Resource", *Annals of Business Administrative Science*, No. 3, 2016.

The Council, "Detailed WorkProgramme on the Follow-up of the Objectives of Education and Training Systems in Europe", *Nagoya Journal of Law & Politics*, Vol. 218, No. 4094, 2002.

Thomson, S., Bortoli, H. D., etc, "The Programme for International Student Assessment: Challenges for Australian Education: Results from PISA 2009", Melbourne: Australian Council for Educational Research Ltd, 2010.

Tom Ahn, "A Theory of Dynamic Investment in Education in Response to Account Ability Pressure", *Economics Letters*, Vol. 149, No. 10, 2016.

West H., "Basic Infant Life Support: Retention of Knowledge and Skill", *Paediatric Nursing*, Vol. 12, No. 1, 2001.

White, R. C., *Curriculum Innovation: A Celebration of Classroom Practice*, Open University Press, 1999.

Yamamoto Yoko, Holloway Susan D., Suzuki Sawako, "Parental Engagement in Children's Education: Motivating Factors in Japan and the U. S", *School Community Journal*, Vol. 26, No1, 2016.

三 网上文献

M. Kyrö, K. Ngyssölä, "Attitudes towards Education in Finland and other Nordic Countries", *European Journal of Education*, Vol. 41, No. 1, 2006, http://onlinelibrary.wiley.com/doi/10.1111/j.1465-3435.2006.00246.x/abstract.

Department of School Education and Literacy Government of India, "Sarva Shiksha Abhiyan: A Programme for Universal Elementary Education Framework for Implementation", http://www.education.nic.in/ssa/ssa1.asp, 2007-03-25.

"First Schedule to the National Council for Teacher Education (Determination of Qualifications for Recruitment of Teachers in Schools) (Amendment) Regulations", 2003, http://ncte-india.org/NCTEACT/chp 15 (2).htm, 2013-3-29, http://www.zuwanderung.de/cln183/ZUW/DE/Zuwanderunggeschiehtj-etzt/Zuwanderungsgesetz/Zuwanderungsgesetz node.html#doc921682bodyText4, 2010-09-10.

"Ministry of Human Resource Development, Government of India", Annual Report 1994-95, 1998-99, 2008-09, http://www.education.nic.in/AR/annualreports.asp.

"National Curriculum Framework 2005", http://www.ncert.nic.in/welcome.htm.

Nicolassarkozy, "Lettre auxéducateurs", http://www.education.gouv.fr/ (2008-11-12).

OECD, "What Students Know and Can Do: Student Performance in Reading, Mathematics and Science", http://www.oecd.org/pisa/46643496.pdf.

"Pisa 2000 Ergebnisse", http://www.mpib-berlin.mpg.de/Pisa/ergebnisse.pdf.Html, 2006-01-03.

"Position Paper National Focus Group on Examination Reforms", May 2006, http://www.ncert.nic.in/welcome.htm.

Stallings, Vincent L., "The Challenges Associated with the Implementation of the New Teacher Evaluation Model, Achieve NJ: A Building-Based Administrators Perspective (2015)", Seton Hall University Dissertations and Theses (ETDs). 2131, http://scholarship.shu.edu/dissertations/2131.

后　记

  本书是我近几年来为研究生开设的"基础教育课程改革专题研究"课程的教学成果之一。在本课程的开设之初主要是对我国新世纪基础教育课程改革的内容、措施及其问题进行探讨，并形成了《基础教育课程的变革与反思》（广西师范大学出版社 2015 年版）一书。随着研讨的深入，国外的相关问题也进入了我们的视野。于是，我带领学生进行了系统梳理，分国别开展研究，经过几年的努力，形成了这本专著。本书的大部分内容都以论文形式发表在学术期刊上了。我的研究生张楠、付谢好、杨静、高飞、刘瑞婷、李博、杨丹滋等参与了资料的收集、整理以及部分章节的初稿撰写工作。在此，对他们以及参与研讨的同学，对参考了大量资料的同行，一并致以深深的感谢！

和学新

2017 年 4 月 16 日